Renate und Roman Linhard

ErlebnisWandern mit Kindern

NÜRNBERG · FRÄNKISCHE SCHWEIZ

38 Wanderungen und Ausflüge

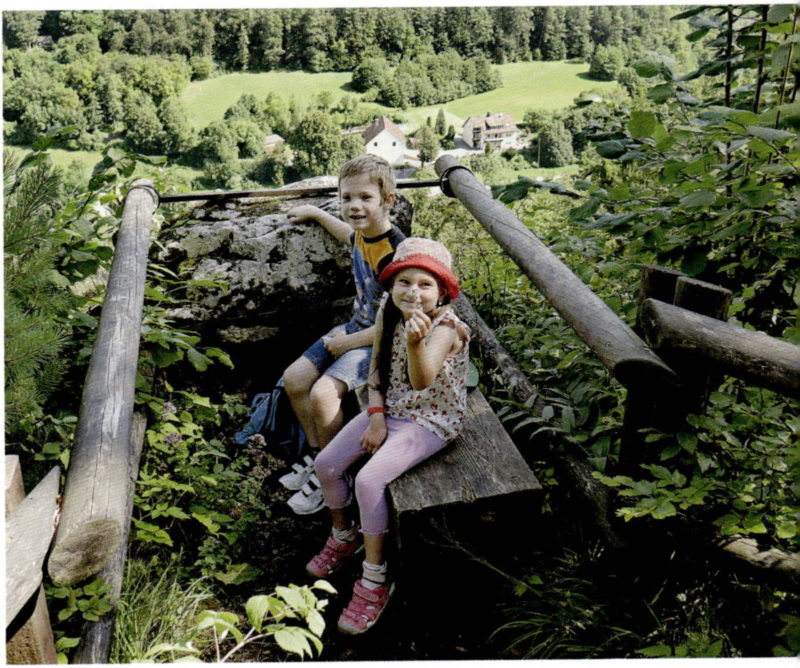

ROTHER
BERGVERLAG

Vorwort

Die Gegend rund um Nürnberg und insbesondere die Fränkische Schweiz ist ein ideales Ausflugsziel für Familien mit Kindern. Wir laden Ihre Familie ein, uns auf einer Entdeckungsreise durch dieses von tiefen Schluchten, skurrilen Felsformationen, sehenswerten Grotten und Höhlen, mittelalterlichen Burgen und herrlichen Naturschutzgebieten geprägte Gebiet zu begleiten.
Bei der Auswahl der 38 Touren lag unser Hauptaugenmerk darauf, dass den Kindern unterwegs nie langweilig wird. Die altersgerechten, nicht allzu langen Wanderungen sind gespickt mit interessanten, unterhaltsamen Aktivitäten. Entlang und nicht weit abseits unserer Wanderrouten treffen wir mitten im Wald auf abwechslungsreiche Naturerlebnispfade, schärfen unsere Sinne auf einem Sinnesparcours oder besuchen eindrucksvolle Schauhöhlen mit Sinterschmuck und Tropfsteinen. Neben all der Vielfalt, die die Natur unterwegs bietet, stellen wir Ihnen viele weitere Freizeit- und Ausflugsmöglichkeiten vor. Tierliebhaber kommen beim Füttern scheuer Tiere in Wildparks und bei der aktiven Mitarbeit auf den Erlebnisbauernhöfen auf ihre Kosten. Für Spaß und Spiel zwischendurch sorgen Wald-, In- und Outdoorspielplätze, Minigolfanlagen, Klettergärten, Rodelbahnen, Steinklopfplätze, Freizeitparks und Lustgärten. Auch Wasserratten kommen nicht zu kurz, neben vielen Planschmöglichkeiten entlang der Bachläufe locken an heißen Sommertagen Spaß- und Naturschwimmbäder, Wasserspielplätze, Tretbootfahrten oder Kanutouren. Wir kehren in urigen Hütten und alteingesessenen Biergärten ein oder stillen unseren Hunger und Durst auf idyllischen Picknickplätzen. Besondere Erlebnisse sind die Jugendfarm mit ihren Tieren und der Umweltstation, eine Fahrt mit der Dampfeisenbahn durchs Wiesenttal oder ein Besuch der Flugvorführungen im Eulen- und Greifvogelpark der Burg Rabenstein. So begeistert man den Nachwuchs für die Bewegung in der Natur und lotst ihn weg von Spielkonsole, Fernsehen und Stadttrubel. Schnell werden kleine Stubenhocker zu begeisterten Abenteurern, Tierbeobachtern, Wasserratten, Kletterprofis und Höhlenforschern.
Wir wünschen Ihnen viel Spaß mit Ihrer Familie beim Wandern – an diese gemeinsamen Erlebnisse werden Sie sich sicherlich immer wieder gerne erinnern.

Renate und Roman Linhard

Inhalt

Liebe Leserinnen und Leser,

Infolge der Corona-Krise können sich Änderungen ergeben haben, die bei Redaktionsschluss noch nicht absehbar waren. Soweit möglich, werden wir aktuelle Hinweise unter www.rother.de (beim Buch) zur Verfügung stellen. Bitte informieren Sie sich vor der Wanderung zusätzlich über die derzeitigen Gegebenheiten.
Sollten Sie geänderte Gegebenheiten vor Ort feststellen, freuen wir uns über Korrekturhinweise per E-Mail an leserzuschrift@rother.de.

Allgemeine Hinweise

Anforderungen

Die Erlebniswanderungen in diesem Buch sind in verschiedene Schwierigkeits- und Altersstufen eingeteilt. Jedoch dient dies nur als grobe Orientierungshilfe, da Kinder ganz unterschiedliche Kondition und Motivation mitbringen. Beginnen Sie daher mit leichten und kurzen Wanderungen oder evtl. Kurzvarianten, um die Grenzen Ihrer Kinder zu testen und einschätzen zu können. Nach und nach kann so der Schwierigkeitsgrad gesteigert werden, ohne dass die gute Laune auf der Strecke bleibt. Letztendlich kennen Sie als Eltern Ihre Kinder am besten und wissen, was ihnen zuzutrauen ist.

In der »Kurzinfo« der jeweiligen Tour werden die besonderen Anforderungen genauer beschrieben. Die farbige Dreiteilung der Tourenvorschläge ist nur als erster Anhaltspunkt bei der Auswahl zu verstehen. Die Farben der Tournummern bedeuten im Einzelnen:

▸ **Leicht**

Kurze Wanderungen auf gut ausgebauten Wegen oder bequemen Pfaden mit geringem Höhenunterschied. Diese Touren sind meist auch so kurz, dass sie schon von jüngeren Kindern bewältigt werden können. Sportschuhe oder Trekkingsandalen sind meist ausreichend. Einige dieser Touren können auch mit dem Kinderwagen befahren werden.

▸ **Mittel**

Etwas längere Touren, die wegen der teilweise auch größeren Höhenunterschiede schon etwas Ausdauer erfordern. Stellenweise führen diese über schmale, von Wurzeln durchsetzte oder steinige Wanderpfade. Trittsicherheit ist nötig. Gut profilierte Sport- oder Wanderschuhe sind erforderlich. Geeignet sind diese Wandervorschläge meist für Kinder ab 5 Jahren, die schon etwas Wandererfahrung mitbringen.

▸ **Schwierig**

Dies sind Wanderungen, die entweder von mehrstündiger Dauer sind oder große Höhenunterschiede aufweisen. Sie führen über schmale Wanderpfade, die stellenweise auch ausgesetzt sein können oder an steilen Hängen entlangführen. Von den Kindern verlangen sie Trittsicherheit, Schwindelfreiheit und eine gute Kondition. Sie sind ab dem Schulalter gut zu bewältigen. Gut profilierte, knöchelhohe Wanderschuhe sind meist vonnöten.

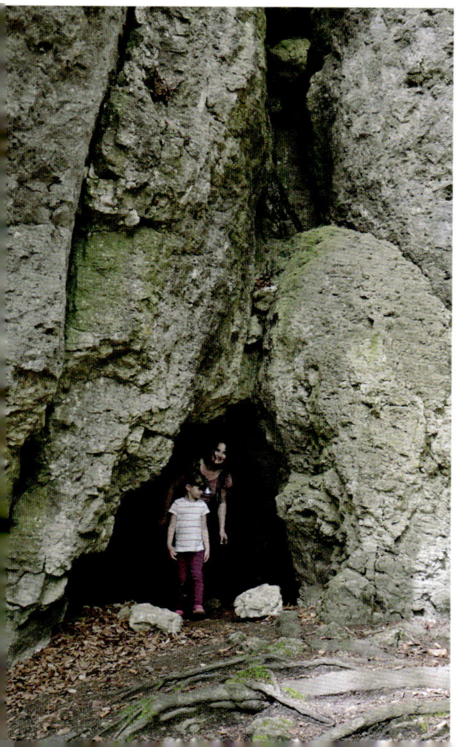

Kinder sind fasziniert von der Welt der Höhlen (Tour 21).

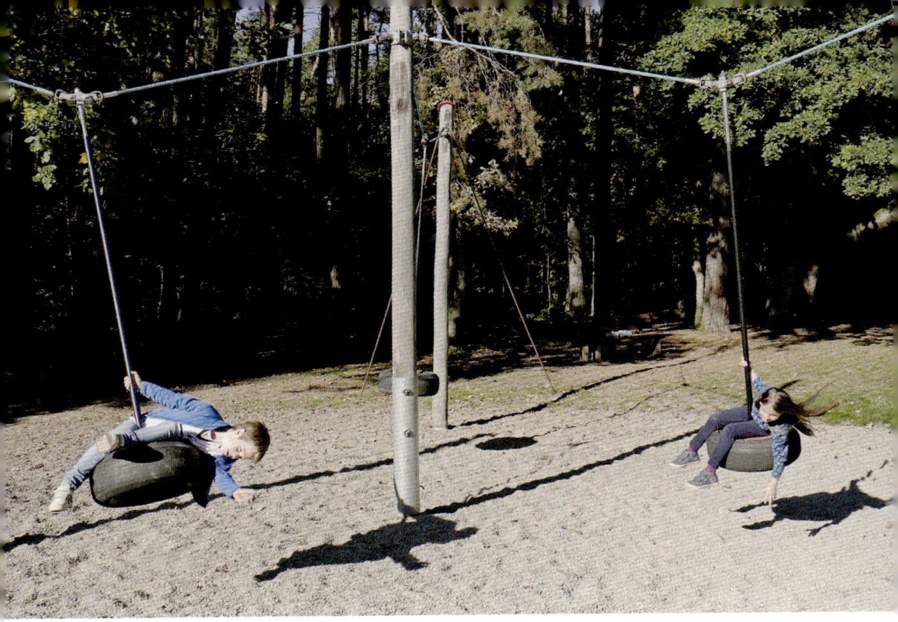

Unterwegs lockern Spielplätze die Wanderungen auf (Tour 27).

Anfahrt

Bei vielen Tourvorschlägen kann, neben der Anfahrt mit dem eigenen Auto, der Ausgangspunkt auch mit öffentlichen Verkehrsmitteln erreicht werden. Verbindungen und Preise können aktuell, schnell und bequem vorab im Internet oder von unterwegs mit dem Smartphone ermittelt werden. Der Verkehrsverbund Großraum Nürnberg VGN (www.vgn.de) bietet neben Einzel- und Mehrfahrtenkarten auch Tagestickets für die ganze Familie an. In den Tourvorschlägen ist beschrieben und ersichtlich, wie man von den Haltestellen zum Ausgangspunkt der Wanderung gelangt.
Zum leichten Erreichen der jeweiligen Ausgangspunkte sind entweder die Adresse oder die GPS-Koordinaten in der »Kurzinfo« angegeben. Eine Liste mit den GPS-Koordinaten der Ausgangspunkte steht zudem zusammen mit den GPS-Tracks der Wanderungen auch zum Download auf der Internetseite des Bergverlag Rother zur Verfügung (siehe S. 9). Hilfreich bei der Planung der Anfahrt sind außerdem die Internetseiten www.google.de/maps und www.bing.com/maps.

Gehzeiten

Die Zeitangaben verstehen sich als reine Gehzeiten und sind großzügig bemessen. Je nach Alter und persönlicher Ausdauer der Kinder kann die tatsächlich benötigte Zeit aber erheblich von dem angegebenen Richtwert abweichen. Planen Sie zusätzlich reichlich Zeit für Pausen ein, denn Kinder wollen die Gegend gerne auskundschaften, spielen und herumtollen. Bei Erlebniswegen muss zusätzliche Zeit für den Aufenthalt an den verschiedenen Stationen eingeplant werden. Eltern sollten sich auf der Wanderung an die Gehgeschwindigkeit der Kinder anpassen.

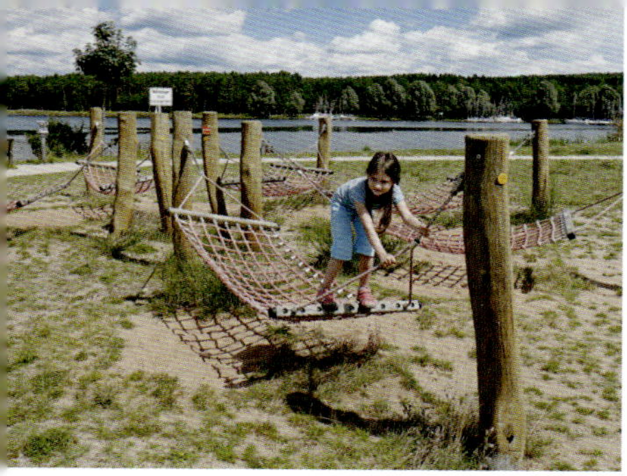

Wolkenkino der Umweltstation am Rothsee (Tour 36).

Kurzvarianten und Varianten

Da Kinder während der Wanderung manchmal die Lust am Weiterwandern verlieren oder manche Familien generell kürzere Wanderungen bevorzugen, sind bei einigen Tourvorschlägen auch Kurzvarianten beschrieben. So lassen sich längere Wanderungen abkürzen, ohne dass man auf allzu viele Erlebnisse verzichten muss. Die Kurzvarianten sind teilweise auch für jüngere Kinder geeignet als in der Haupttour angegeben; Hinweise dazu finden Sie in der »Kurzinfo«. Hingegen stellen die angegebenen Varianten eine Bereicherung der jeweiligen Hauptwanderung dar und führen zu interessanten Nebenschauplätzen wie Burgen, Höhlen und vielem mehr.

Ausrüstung

Bei jedem Tourvorschlag finden Sie unter dem Stichwort Ausrüstung wichtige Hinweise zu geeignetem Schuhwerk und Kleidung sowie zu sonstigen hilfreichen Gegenständen, die man auf die Wanderung mitnehmen sollte.

Schuhwerk: Bei einfachen Touren (»blau« markiert) sind meist schon gut profilierte Trekkingsandalen oder Sportschuhe ausreichend. Bei »rot« und »schwarz« gekennzeichneten Touren sollten gut profilierte Sport- oder Wanderschuhe getragen werden. Knöchelhohe Wanderstiefel bieten gerade auf steilen, steinigen oder rutschigen Wanderpfaden genügend Seitenhalt und Stabilität. Die Schuhe müssen gut sitzen und dürfen weder drücken noch reiben. Fabrikneue Schuhe und Stiefel sollten vor größeren Wanderungen auf kleineren Spaziergängen eingelaufen werden, damit sich die Füße an die neuen Schuhe gewöhnen können.

Kleidung: Die Kleidung muss der Jahreszeit und der Witterung angepasst sein. Auch im schönsten Hochsommer können wir von einem Regenschauer überrascht werden, daher sollte passende Regenbekleidung im Rucksack nicht fehlen. Oftmals reicht auch schon ein kompakter Regenschirm aus, um einen kurzen Gewitterschauer zu überbrücken. Dabei wird es schnell etwas kühler, sodass eine schnell überzuziehende, wärmende Jacke oder ein Fleecepulli gute Dienste leistet. Auch beim Besuch der vielen Höhlen ist wegen der ganzjährig kühlen Temperaturen warme Bekleidung Pflicht. Viele Wanderungen führen uns entlang kleiner Bachläufe, die an seichten Stellen zum Planschen oder zur Abkühlung der müden Wanderbeine einladen. Ein Handtuch zum Abtrocknen der Füße und Wechselkleidung zum Tauschen einer nass gewordenen Hose oder eines T-Shirts sind dann von Vorteil. Wichtig ist ausreichender Sonnenschutz in Form eines Sonnenhuts und reichlich Sonnencreme, die schon vor Beginn der Wanderung aufgebracht und während der Tour bei Bedarf erneuert wird. Am Ende vieler Touren laden Frei- oder Erlebnisbäder zur Erholung von den

Wanderstrapazen ein; Badesachen sollten dann nicht fehlen.

Rucksack: Viele Kinder haben Spaß daran, ihren eigenen Rucksack zu tragen. Das Gewicht des Rucksacks sollte mit Inhalt nicht mehr als 10 Prozent des Körpergewichts betragen und der Rucksack sollte über gepolsterte Gurte verfügen. Neben einer kleinen Stärkung für zwischendurch und etwas Wasser in einer unzerbrechlichen Trinkflasche sollte etwas Platz für Mitbringsel von unterwegs bleiben. Eventuell können auch ein Fotoapparat, ein Schnitzmesser mit abgerundeter Spitze oder eine Becherlupe untergebracht werden. Falls die kleinen Wanderer ihren Rucksack nicht mehr selbst tragen wollen, ist ein ausreichend dimensionierter Elternrucksack wünschenswert, in dem der Kinderrucksack verstaut werden kann.

Andere Ausrüstungsgegenstände: Eine kleine Notfallapotheke, mit Pflaster, Desinfektionsmittel und sterilen Auflagen gehört in jeden Rucksack, um kleinere Verletzungen sofort versorgen zu können. Leider zählt die Region um Nürnberg als FSME-Risikogebiet, sodass es ratsam ist, eine Zeckenzange mitzuführen. Beim Erkunden der vielen Höhlen ist ein mitgebrachter Helm zweckdienlich, damit Kopfverletzungen vermieden werden, auch eine Stirnlampe und eine leuchtstarke Taschenlampe dürfen im Gepäck nicht fehlen. Wer hingegen in luftiger Höhe unterwegs ist, schätzt die Vorzüge eines Fernglases. Um die schönsten Erlebnisse des Tages festzuhalten, darf ein Fotoapparat nicht fehlen.

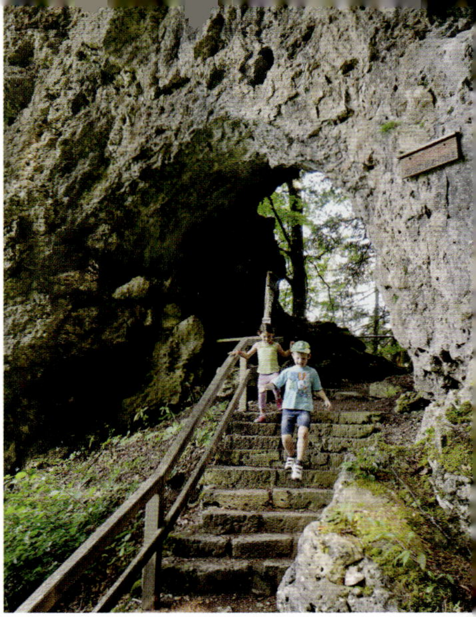

Einer der drei noch vorhandenen Felsbögen der Riesenburg (Tour 3).

GPS-Tracks und Koordinaten der Ausgangspunkte

Zu diesem ErlebnisWanderbuch stehen auf www.rother.de GPS-Tracks und Koordinaten der Ausgangspunkte zum kostenlosen Download bereit.
3. Auflage, Passwort: 317803nuf
Sämtliche GPS-Daten wurden von den Autoren im Gelände erfasst und anhand einer digitalen Karte überarbeitet. Verlag und Autoren haben die Tracks und Wegpunkte nach bestem Wissen und Gewissen überprüft. Dennoch können wir Fehler oder Abweichungen nicht ausschließen, außerdem können sich die Gegebenheiten vor Ort zwischenzeitlich verändert haben. GPS-Daten sind zwar eine hervorragende Planungs- und Navigationshilfe, erfordern aber nach wie vor sorgfältige Vorbereitung, eigene Orientierungsfähigkeit sowie Sachverstand in der Beurteilung der jeweiligen (Gelände-)Situation. Man sollte sich für die Orientierung auch niemals ausschließlich auf GPS-Gerät und -Daten verlassen.

Gefahren in der Natur

In Wald und Flur lauern leider auch einige versteckte Gefahren.

Zecken: Diese Plagegeister sind in Bayern weit verbreitet. Daher besteht eine erhöhte Gefahr, sich durch den Biss einer Zecke mit der gefährlichen Frühsommer-Meningoenzephalitis (FSME) oder mit Borreliose zu infizieren. Zecken lauern gerne im Gras, im Unterholz und auch auf Büschen bzw. Sträuchern. Daher ist es ratsam, Dickicht und hohes Gras zu vermeiden. Spätestens nach der Wanderung sollte man sich und seine Kinder gründlich auf Zecken untersuchen (v. a. Achselhöhlen, Kniekehlen, Genitalbereich und Ohren). Um das Infektionsrisiko zu senken, sollte eine Zecke sofort nach Entdeckung mittels einer Zeckenzange entfernt werden. Notieren Sie sich den Tag des Zeckenbisses im Kalender, damit man bei plötzlich auftretenden Grippesymptomen an die Möglichkeit einer FSME- oder Borreliose-Infektion denkt. Dringend notwendig ist ein Arztbesuch, wenn sich die Stelle rund um den Zeckenbiss ringförmig rötet oder eitert. Als Vorbeugung rät man zu einer FSME-Schutzimpfung, zur Verwendung von Zeckenschutzsprays und dem Tragen von geschlossener Kleidung mit langen Ärmeln und langen Hosen.

Schlangen: Gelegentlich treffen wir während der Wanderungen auf sich in der Sonne wärmende Schlangen, z. B. die giftige Kreuzotter. In der Regel flüchten die Schlangen vor dem Menschen. Schlangenbisse sind leicht zu vermeiden, in dem man stets darauf achtet, wo man hintritt, Schlangen nur aus sicherer Entfernung beobachtet und ihnen aus dem Weg geht. Kommt es trotz aller Vorsicht zu einem Schlangenbiss, bewahren Sie Ruhe, vermeiden Sie jegliche körperliche Anstrengung und holen Sie, vor allem wenn ein Kind gebissen wurde, rasch ärztliche Hilfe.

Insekten: Der Lebensraum von Wespen, Bienen und Hornissen sind blühende Wiesen und Bäume. Diese fliegenden Insekten können, wenn

Vorsichtig wandert der Schmetterling von einer Hand zur anderen (Tour 19).

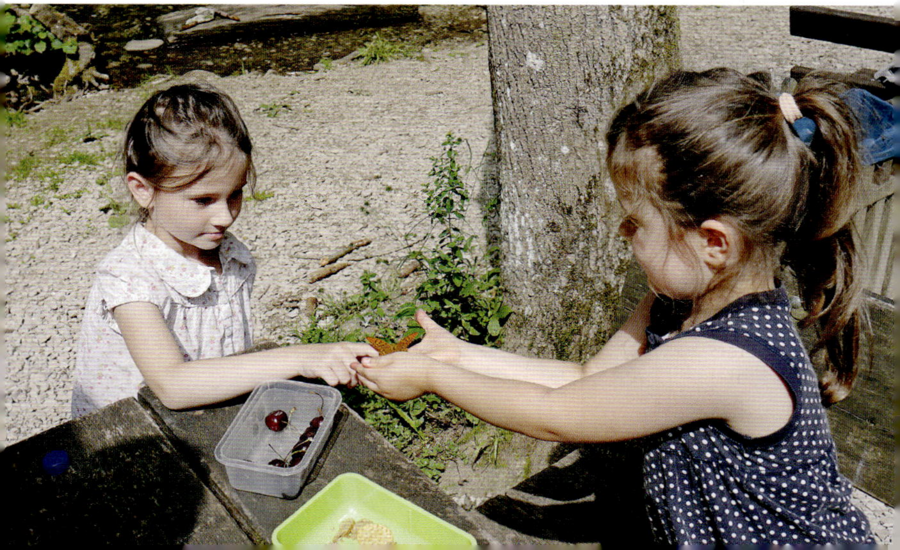

sie sich bedroht fühlen, ordentlich zustechen. Vorsicht beim Barfußlaufen, beim Essen und Trinken! Um sie fernzuhalten, gilt es Speisen und Getränke in gut verschlossenen Behältern aufzubewahren. Allergiker sollten immer ein wirksames Gegenmittel mitführen.

Pilze und Beeren: Kinder lassen sich leicht von den farbenfrohen Beeren verschiedenster Sträucher zum Kosten verleiten. Es empfiehlt sich, sie regelmäßig zu ermahnen, Beeren, Pflanzen oder Pilze in der freien Natur nicht ohne Rücksprache mit den Eltern zu essen.

Essen und Trinken

Bei den meisten Touren ist eine Einkehrmöglichkeit angegeben; teilweise werden dort auch Kindergerichte angeboten. Sofern vorhanden, sind Öffnungszeiten, Telefonnummer und Internetadresse der jeweiligen Gastwirtschaft erwähnt. Dennoch sollten Sie sich vor Antritt der Wanderung informieren, ob das Gasthaus geöffnet ist. Auch ein Picknick in freier Natur ist ein tolles Erlebnis. Neben dem Verzehr der mitgebrachten Speisen und Getränke ist genug Zeit für Spiel und Spaß auf der Wiese. Ausreichend Getränke, Obstschnitte, Brezeln oder Kekse für zwischendurch mitzunehmen, versteht sich von selbst.

Kinder-Highlights

Bei jeder Tour sind in einem kleinen Kasten die Highlights für Kinder herausgestellt. Dabei haben wir Wert darauf gelegt, dass verschiedenste Aktionen für Kinder unterschiedlichsten Alters enthalten sind. Unterwegs gibt es interessante Kindererlebnis- und Lehrpfade zu entdecken, die uns viel über die Kulturlandschaft und Tierwelt der Region

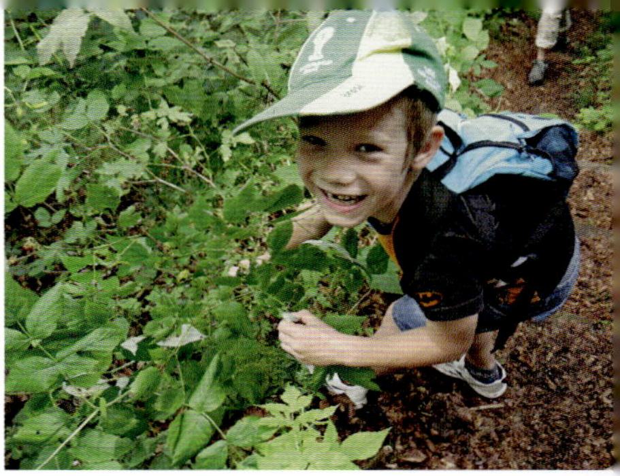

Waldhimbeeren – einfach lecker!

vermitteln. Wir erklimmen Burgen und Aussichtspunkte, tauchen ein in die geheimnisvolle Welt der Höhlen und Grotten, paddeln entlang malerischer Flüsse und Seen und erfrischen uns in Kneippanlagen. Wir kraxeln durch Kletterparks, Felsenlabyrinthe und Schluchten, besuchen Tierparks und wandern mit Lamas, toben uns auf tollen Waldspielplätzen aus oder testen all unsere Sinne im Sinnesparcours. Ausflugstipps in der Nähe, wie Museen, naturnahe Schwimmbäder und vieles mehr, runden das Angebot ab. Und dann ist da noch die kleine Fledermaus, die den Kindern zu jeder Tour spannende Geschichten und Legenden erzählt oder Naturphänomene erklärt.

Freizeit- und Schlechtwettertipps

Im Anschluss an die 38 Wanderungen werden eine Vielzahl von Freizeit- und Schlechtwettertipps vorgestellt. Sie lassen sich nach der Tour oder unabhängig davon besuchen. Eine kurze Beschreibung, Adresse, Telefonnummer und Öffnungszeiten sind bei den einzelnen Tipps zu finden. Diese sind mit einem Buchstaben und einer Ziffer markiert und auf der Übersichtskarte in der hinteren Umschlagklappe eingetragen.

Wandern mit Kindern

Tourenplanung

Wir möchten etwas erleben! Das steht bei Kindern an erster Stelle, wenn es um einen gelungenen Ausflug geht. Selbstverständlich muss die Länge der Wanderung sich am Alter und an der Kondition der Kinder orientieren (siehe auch Anforderungen und Gehzeiten S. 6/7), sonst bleibt der Spaß schnell auf der Strecke.

Pausen: In die angegebenen Gehzeiten sind keine Pausen eingerechnet. Planen Sie zusätzlich zur Einkehr in einer Gastwirtschaft oder einem Picknick unterwegs, viele kurze Pausen zum Trinken, Essen und Spielen ein. Danach haben die Kinder wieder genügend Energie, um die Wanderung fortzusetzen.

Wetter: Gewiss kann bei jedem Wetter gewandert werden, aber am meisten Lust auf Natur hat man bei schönem Wetter. Um unliebsame Überraschungen von Anfang an zu vermeiden, sollten Sie sich vorab über die aktuelle Wetterlage informieren (z. B. www.wetteronline.de, www.wetterochs.de oder www.foreca.de) und dementsprechend Kleidung und Ausrüstung wählen.

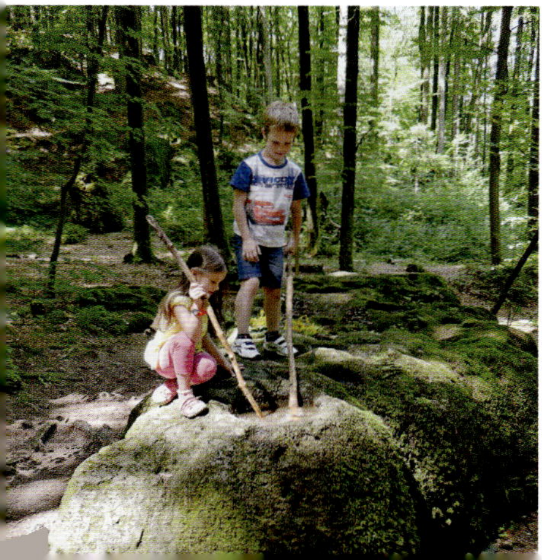

Anregungen für unterwegs

Kinder haben an Bewegung in der Natur eigentlich immer Spaß, aber gelegentlich werden Abschnitte der Wanderung doch zu lang oder zu steil, und dann schlägt die Stimmung schnell um. Ideal ist es natürlich, wenn man mit Freunden, die Kinder im ähnlichen Alter haben, unterwegs ist. Dann kommt bei den Kindern meist überhaupt keine Langeweile auf. Wir möchten Ihnen noch ein paar weitere Vorschläge und Ideen mit auf den Weg geben.

Singen und Musizieren: Ein spontan von den Eltern angestimmtes Wanderlied, vielleicht sogar im Kanon gesungen, lenkt von den »Strapazen« der Wanderung ab. Viel Spaß haben die Kinder auch beim Schnitzen und Pfeifen einer Weidenpfeife oder beim Blasen auf einem Grashalm, den man zwischen die beiden Daumen einspannt.

Legenden und Sagen: Gerade in der Fränkischen Schweiz gibt es über viele mystische Orte Legenden und Sagen zu berichten, die aus alter Zeit überliefert wurden. In den »Hallo-Kinder-Kästen« etlicher Touren erzählen wir davon. Den Kindern macht es jede Menge Spaß, an den schaurigen Orten den Geschichten zu lauschen, diese vielleicht sogar nachzuspielen oder in ihrer Fantasie weiterzuspinnen.

Naturspiele: Es muss nicht immer das eigene mitgebrachte Spielzeug sein, die Natur selbst bietet unzählige Möglichkeiten, Kinder zu unterhalten. Ein liegender Baumstamm oder ein Felsen lädt zum Kraxeln und Balancieren ein. Aus gesammelten Blättern lassen sich lustige Ge-

Umrühren des Zaubertranks (Tour 8).

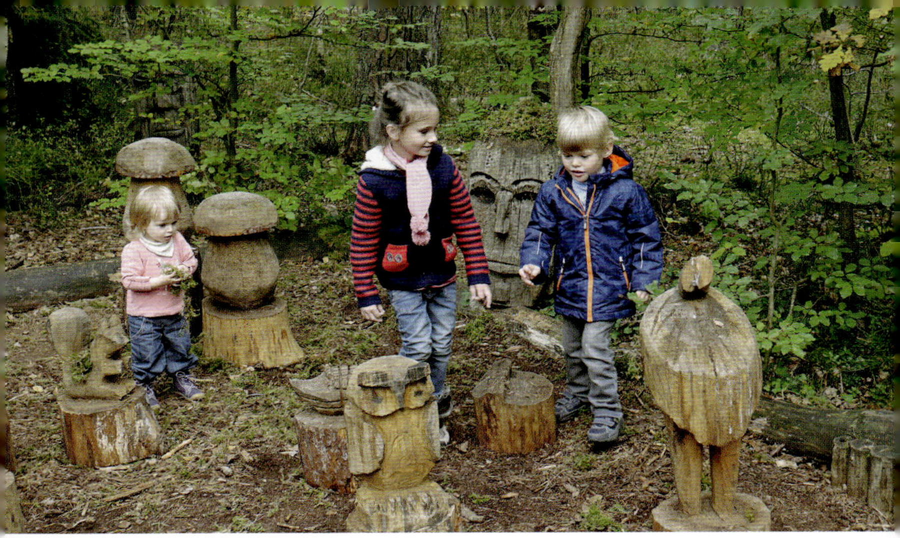

Bühne frei für das Waldtheater (Tour 28).

sichter auf dem Boden legen oder mit gefundenen Steinen Steinmännchen am Wegrand bauen. Ein auf die Nase geklemmter Ahornsamen erheitert die ganze Familie, ein Blumenkränzchen im Haar verwandelt jedes Mädchen in eine Blumenprinzessin. Kinder freuen sich, wenn sie selbst aus einem Ast einen Wanderstock schnitzen oder ihn einfach nur zum Herumstochern in Löchern und Pfützen benutzen. Interessante Entdeckungen werden sofort im Sammelbehälter verstaut oder unter der Becherlupe begutachtet. Entlang vieler Bäche finden sich immer wieder seichte Stellen, an denen man die müden Füße erfrischen und planschen kann.

Alte Spielklassiker, wie »Ich sehe was, was du nicht siehst« oder »Ich packe in meinen Koffer …« kommen bei Kindern immer gut an. Für eine etwas modernere Variante der Schatzsuche, das Geocaching, benötigt man ein GPS-Handgerät oder ein Smartphone mit eingebautem GPS-Empfänger. Damit lassen sich von anderen an interessanten Orten versteckte Dinge suchen und finden. Während einer Picknickpause ist Wolkendeuten ein lustiger Zeitvertreib. Wir legen uns dazu in die Wiese, betrachten die Formen der Wolken am Himmel und beschreiben, was sie darstellen, oder erfinden Geschichten dazu.

Beim Wandern im Wald ist das Spiel »Bäumchen, wechsle dich!« eine lustige Unterhaltung. Dabei sucht sich jeder Mitspieler, außer dem Fänger in der Mitte, einen Baum aus. Wenn der Fänger laut »Bäumchen, wechsle dich!« ruft, läuft jeder schnell zu einem anderen Baum und der Fänger versucht, einen der Mitspieler abzuschlagen. Wer erwischt wird, muss als neuer Fänger in die Mitte.

Beliebt ist auch das »Schattenfangen«, das natürlich nur bei Sonnenschein möglich ist. Dabei versucht der Fänger, die Schatten seiner Mitspieler zu fangen, indem er auf deren Schatten springt. Wer gefangen wird, ist der neue Fänger.

Nürnberg und die Fränkische Schweiz

Kaum eine Ferienregion in Bayern ist landschaftlich so abwechslungsreich wie das Gebiet, das von der Fränkischen Schweiz im Norden bis zur Metropolregion Nürnberg im Süden reicht. Während die urwüchsige Fränkische Schweiz und die Hersbrucker Alb von engen Tälern, Felsen- und Höhlenlandschaften geprägt werden, ist die Gegend rund um Nürnberg mit ihren mittelalterlichen Städten nahezu hügellos. Auffällig sind in beiden Regionen die zahlreichen, noch gut erhaltenen Schlösser, Burgen und Ruinen, die längs der mittelalterlichen Handelsstraßen auf den schroffen Felsen der Fränkischen Schweiz und in den Städten erbaut wurden. Unterwegs sieht man unzählige Fachwerkhäuser, an den Bächen liegen romantische Mühlen. Eingekehrt wird in herrlichen Biergärten, urigen Bierkellern und Gasthöfen. Regionales Brauchtum wird wie eh und je gepflegt. Im Jahr 1835 eröffnete zwischen Fürth und Nürnberg die erste Dampfeisenbahnstrecke Deutschlands und noch heute können wir an den Sommerwochenenden die historischen Dampf- oder Diesellokomotiven der »Dampfbahn Fränkische Schweiz« auf ihrer Fahrt entlang der Wiesent bewundern (siehe auch Freizeittipp M3).

Geologie

Im Jura war die Fränkische Schweiz wie ganz Süddeutschland Teil eines flachen, tropischen Meeres, das von unzähligen Schwamm- und Algenriffen durchsetzt war. Da abgestorbene Riffe immer wieder neu besiedelt wurden, bildeten sich mächtige Kalkriffkomplexe. Vor etwa 150 Millionen Jahren, gegen Ende des Oberen Juras, hob sich der europäische Kontinentalsockel und das Meer wich zurück. Im tropischen Klima der Kreidezeit begann durch Lö-

Blick über die Dächer von Frankens kleinster Stadt – Betzenstein (Tour 18).

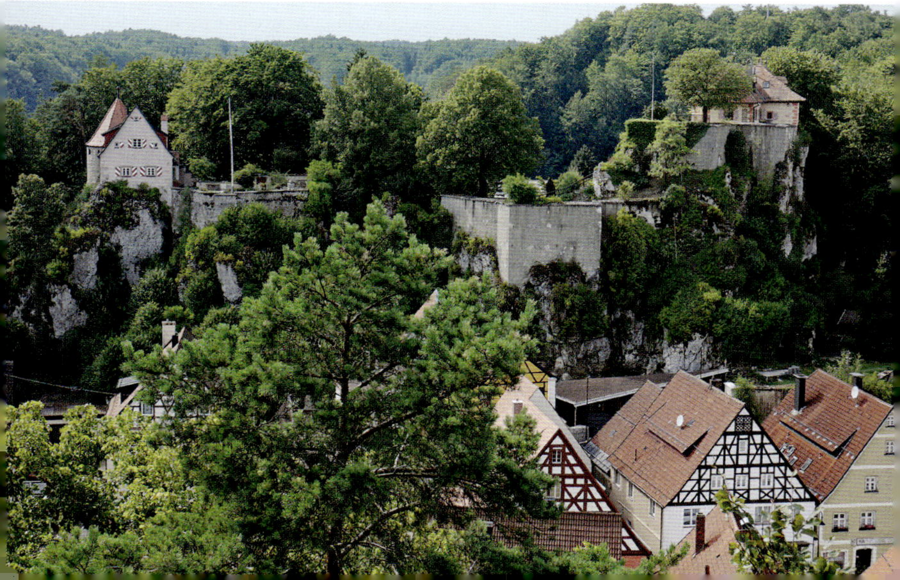

Hallo Eltern,

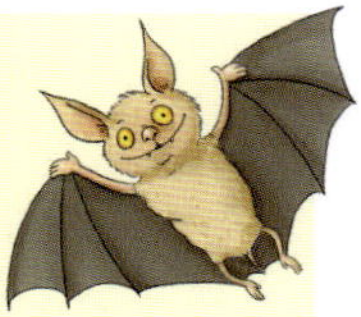

bitte begleiten Sie Ihre Kinder grundsätzlich beim Besuch von Höhlen und Grotten. Ihnen unbekannte Höhlen sollten Sie nur mit einem ortskundigen Führer, der die Eigenheiten wie z. B. senkrechte Schächte kennt, und mit entsprechender Ausrüstung betreten! Es empfiehlt sich, warme, bequeme Kleidung und wegen der Rutschgefahr auf dem feuchten, lehmigen Boden gut profiliertes, festes Schuhwerk zu tragen. Packen Sie mehrere hell leuchtende Taschenlampen und Stirnlampen ein, damit Sie nicht plötzlich im Dunklen stehen. Ein Helm schützt zuverlässig vor Kopfverletzungen beim Erkunden der Höhlen.

Den heimischen Fledermausarten und vielen anderen Tieren dienen die Höhlen als Winterquartier, deshalb sollten diese aus Gründen des Naturschutzes mindestens von Anfang Oktober bis Ende März nicht betreten werden. Rauchen und jegliche Art von offenem Feuer sind verboten. Leider wurden schon viele Tropfsteinhöhlen mutwillig beschädigt oder ihres Schmuckes beraubt. Bitte hinterlassen Sie die Höhlen so, wie Sie diese vorgefunden haben!

sungsverwitterung die Verkarstung dieser Jurakalke. Nach einem erneuten Vorstoß im Bereich der Fränkischen Schweiz in der Oberkreidezeit, zog sich das Meer im Tertiär endgültig zurück und es entstand im Laufe der Jahrmillionen eine Karstlandschaft mit tief eingeschnittenen Tälern, kargen Hochflächen und zahlreichen Höhlen. In den geschichteten Kalksteinen der Fränkischen Schweiz findet man zahlreiche Fossilien, darunter vor allem Ammoniten.

Rund um Nürnberg beeindrucken hingegen mehrere Sandsteinschluchten. Der hier anstehende Burgsandstein wurde vor etwa 210 Millionen Jahren abgelagert. Die Gegend um Nürnberg lag zu dieser Zeit am Rand eines Flachmeers und Flüsse schütteten große Mengen an Sand in das flache Becken. Mit zunehmender Überlagerung wurden die Sandkörner verbacken und es entstand Sandstein.

Höhlen

Unter der Erde im Karstgebiet zwischen Nürnberg, Bayreuth und Bamberg sind mehr als tausend große und kleine Höhlen im säurelöslichen Kalk- und Dolomitgestein versteckt. In manchen dieser Höhlen haben sich im Laufe der Jahrtausende sehenswerte Tropfsteinformationen gebildet. Neben Stalaktiten und Stalagmiten finden sich an den Höhlendecken Sinterröhrchen, -fahnen und -vorhänge. Am besten lässt sich der Höhlenschmuck in einer der vier großen Schauhöhlen bewundern: Die Teufelshöhle bei Pottenstein (Tour 11), die Sophienhöhle im Ailsbachtal (Tour 4), die Binghöhle bei Streitberg (Tour 5) und die Maximiliansgrotte bei Neuhaus an der Pegnitz (Tour 22) wurden für den Tourismus zugänglich gemacht und sind im Rahmen einer Führung zu besichtigen. Daneben gibt es noch viele weitere frei zugängliche Höhlen und Grotten, wie z. B. die Rosenmüller-, Doktors- und Witzenhöhle bei Muggendorf (Tour 7) oder die Vogelherdgrotte bei Neuhaus an der Pegnitz (Tour 22), die auf eigene Faust und mit ein bisschen Mut erkundet werden können (siehe auch Hinweise im Kasten auf S.15). Bei einigen der Wanderungen durchqueren wir auch Durchgangshöhlen, wie z. B. die Oswaldhöhle in Muggendorf (Tour 7), die »Klauskirche« bei Betzenstein (Tour 18) oder die Hohlkirche oberhalb Haselstauden (Tour 16). Zwei Schachthöhlen des Plecher Höhlenwegs, das Felsenloch und die Fleischhöhle (Tour 21), gewähren uns einen tiefen Blick in das Innere. Ein besonderes Erlebnis in der Fränkischen Schweiz ist der Besuch der Versturzhöhle Riesenburg im Wiesenttal (Tour 3), einer Höhlenruine mit überquerbarem Felsbogen.

Lehrpfade

In der Region Nürnberg/Fränkische Schweiz wurden zahlreiche Wanderwege als Naturlehrpfade gestaltet. Sie informieren uns über die hiesige Tier- und Pflanzenwelt, Bodenkunde, Geologie, Ökologie oder Kulturgeschichte. Infotafeln stellen die verschiedenen Themen anschaulich dar. An einigen Stationen dürfen wir sogar selbst Hand anlegen und experimentieren. Besonders für Kinder sind die Lehrpfade spannend und bereichern auf unterhaltsame und spielerische Art die Wanderungen mit allerlei Wissenswertem.

Fachwerkbauten, Burgen und Schlösser

Der vom 15. bis ins 19. Jahrhundert in Deutschland weit verbreitete Fachwerkbau prägt auch in Franken Ortschaften und Städte. Die Gebäude bestehen aus einem Holzskelett mit schrägen Versteifungsstreben, die Zwischenräume sind mit einem mit Lehm verputzten Holzgeflecht oder mit Steinen ausgefüllt.

Für die Untergeschosse der Häuser wurde vielfach der in Franken abgebaute Sandstein verwendet. Dieser war auch das Hauptmaterial beim Bau von Stadtmauern, Türmen, Kirchen und Burgen. Noch heute prägen gut erhaltene mittelalterliche Gebäude sowohl die Ortskerne vieler kleiner Ortschaften als auch die Zentren alter Städte wie Nürnberg, Forchheim, Bamberg, Pottenstein, Lauf an der Pegnitz, Betzenstein und Spalt.

Fränkische Brau- und Esskultur

Franken ist weithin bekannt für seine urigen Brauereiwirtschaften, Bierkeller und schattigen Biergärten. Sehr beliebte Speisen sind das »Schäuferla«, ein gebratenes Stück Schweineschulter mit knuspriger, eingeschnittener Schwarte, und der Fränkische Sauerbraten, zu denen als Beilage Klöße sowie Blau- oder Weißkraut gereicht werden. Als schneller Imbiss, den auch Kinder gerne mögen, wird die Nürnberger Bratwurst in einem Brötchen als »Drei im Weggla« angeboten. Dazu gehört für die Erwachsenen natürlich ein selbst gebrautes Bier aus einer der rund 300 kleinen Brauereien aus der Region, die die höchste Brauereidichte der Welt besitzt. Während man im Sommer in gemütlicher Runde vorm lauschigen Bierkeller sitzt, genießt man im Winter bei einer Tasse »Christkindlmarkt-Glühwein« den Nürnberger Elisenlebkuchen auf einem der vielen Weihnachtsmärkte.

Durch einen Felsspalt betritt man den hinteren Teil der Cäciliengrotte (Tour 24).

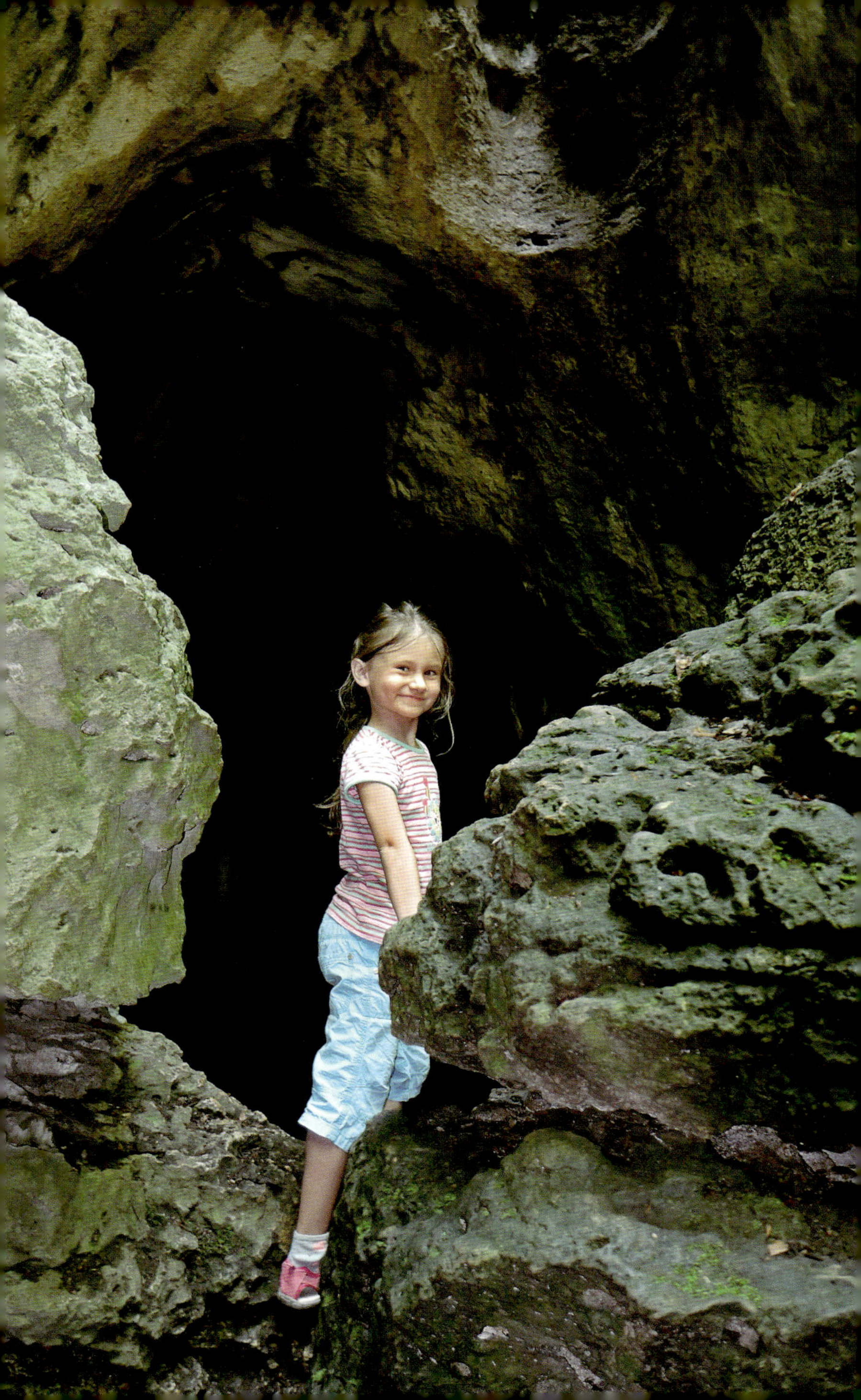

1 Mit Wolf »Lupi« durch den Bruderwald

Walderlebnispfad bei Bamberg ab 4 J.

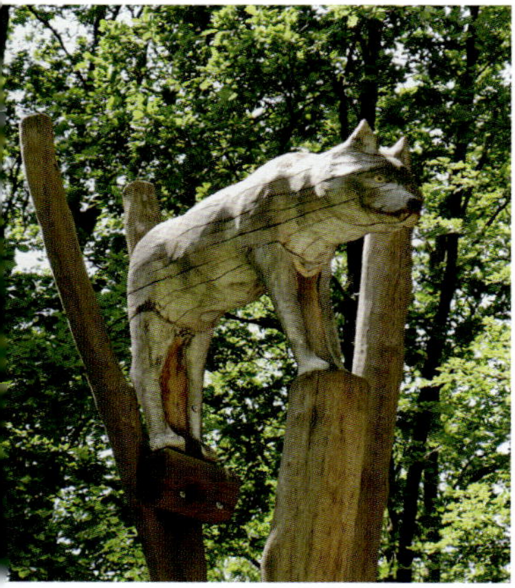

Den Wald erleben und erforschen

Täglich strömen Massen von Besuchern in die Altstadt von Bamberg, die den größten unversehrt erhaltenen historischen Stadtkern in Deutschland besitzt und 1993 in die Liste des UNESCO-Weltkulturerbes aufgenommen wurde. Fernab vom Stadttrubel liegt das Erholungsgebiet Bruderwald mit seinem Naturwaldreservat Wolfsruhe hinter dem Bamberger Klinikum und bietet für die Besucher einen unterhaltsamen Ausgleich. Auf dem dortigen Walderlebnispfad treffen sich gerne Familien und Schulklassen und verbringen den Tag mit Freude im Grünen. Dabei begleitet sie der Wolf »Lupi« und bringt sie zu 20 Stationen mit viel Informativem und einfallsreichen Spielaktionen rund um das Thema Wald. Unter »Lupis« Mottos »Denk mal!«, »Fühl mal!«, »Spiel mal!« und »Schau mal!« müssen knifflige Aufgaben gelöst und witzige Spiele absolviert werden. Somit wird den Kindern ein tiefer Einblick in den Lebensraum Wald mit seiner artenreichen Fauna und Flora vermittelt.

KURZINFO

Ausgangspunkt: Parkplatz am Waldrand (begrenzte Kapazität), 300 m (Navi: Buger Straße 111, 96049 Bamberg). Alternativ kann man entlang der Buger Straße oder auf dem gebührenpflichtigen Parkplatz des angrenzenden Klinikums am Bruderwald parken.

Anfahrt: Die A 73 an der Anschlussstelle Bamberg-Süd verlassen und weiter auf der B 22 in Richtung Bamberg-Süd/Zentrum. Etwa auf Höhe der Brose-Arena die B 22 links in die Forchheimer Straße verlassen (in Richtung Bug/Zentrum/Arena). Links weiter auf der B 22/Münchner Ring. Nach Überqueren der beiden Regnitzarme die B 22 rechts in Richtung Bug/Klinikum verlassen. Auf der Bruderwaldbrücke rechts in die Buger Straße, an deren Ende rechts der Parkplatz am Waldrand zu finden ist.

Mit dem Bus: Haltestelle »Am Bruderwald« der VGN-Stadtbuslinien 901, 908, 918 und 937.

Gehzeit: 1.15 Std. reine Gehzeit, ohne Aufenthalt an den Stationen.

Distanz: 2,4 km.

Höhenunterschied: 50 m.

Ausrüstung: Sportschuhe oder Trekkingsandalen. Proviant und Getränke, da unterwegs keine Einkehrmöglichkeit besteht. Papier und Wachsmalstifte zum Erstellen eines Rindenrubbelbildes, außerdem Papier, Stifte, Augenbinde und eine vier Meter lange Schnur für die Spielaufgaben.

Anforderungen: **Ab 4 Jahren.** Überwiegend breite Forstwege, im leichten Auf und Ab; teils schmale Pfade. Mit Kinderwagen und Laufrad machbar (siehe Hinweise in der Tourenbeschreibung). Schattige Wanderung.

Einkehr: Keine unterwegs; zahlreiche Möglichkeiten in der Stadt Bamberg.

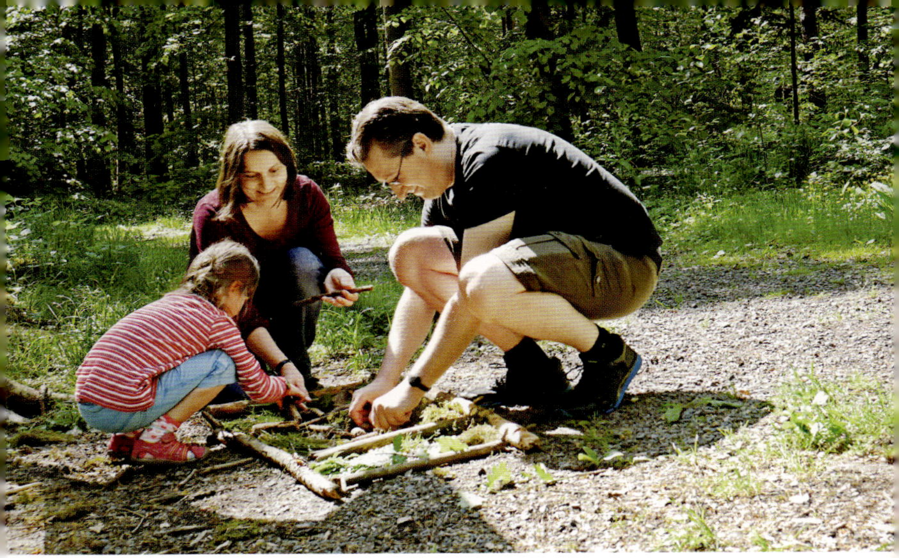

An Station 8 basteln wir ein Waldbild – ein Kunstwerk aus Ästen, Blättern, Zapfen und Moos.

Vom **Parkplatz (1)** am Waldrand laufen wir in den Wald hinein. Auf einer Infotafel gleich am Anfang des Walderlebnispfades »Erlebe Bruder Wald« stellt sich »Lupi«, der Wolf, vor und erläutert die Zeichen »Denk mal!«, »Fühl mal!«, »Spiel mal!« und »Schau mal!«. Uns rechts haltend wandern wir weiter in den Wald hinein und biegen am hölzernen Ebenbild von »Lupi« rechts ab. Die Markierung *Blauer Wolfskopf* begleitet uns auf der gesamten Wanderstrecke. Zwischen den einzelnen Stationen des Erlebnispfades stellen unzählige Infotäfelchen die verschiedenen Baumarten des Bruderwalds vor. Nach der Station 3, die uns über nachhaltige Holznutzung informiert, kommen wir an eine Kreuzung und schwenken hier nach links. Bei einer Weggabelung halten wir uns rechts und sehen schon die Erlebniswiese mit ihrem **Informationspavillon (2)**. Ringsherum wachsen allerlei Baumarten und im Pavillon erfahren wir Interessantes über die Forstwirtschaft von gestern und heute, den Wald als

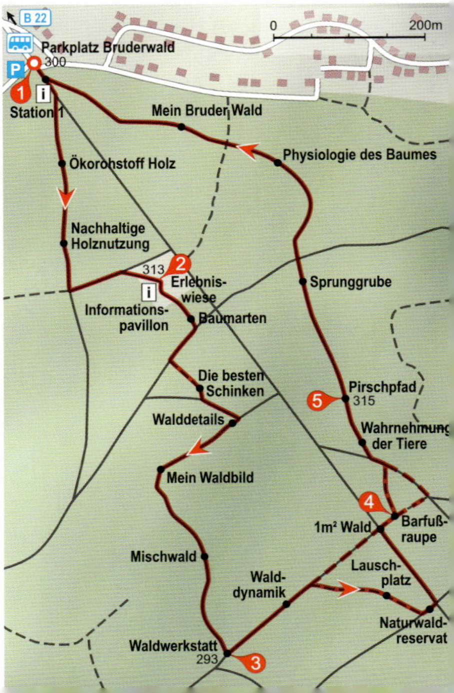

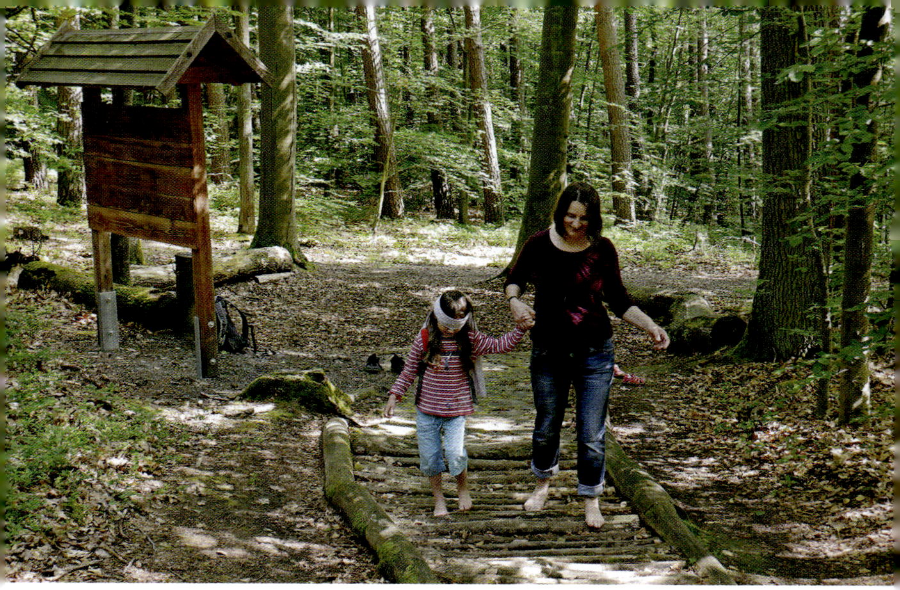

Schuhe aus! Mit verbundenen Augen geht es über die Barfußraupe.

Lebensgrundlage von Generationen und die Anpassung des Waldes an den Klimawandel.

Wir folgen weiterhin dem Erlebnispfad und erstellen an Station 5 (Baumarten) mit Papier und Wachsmalstiften ein Rindenrubbelbild. Danach halten wir uns rechts und biegen kurz darauf links in einen Pfad ein. Vorbei an Station 6 (Die besten Schinken) entdecken wir schon die Station 7 (Walddetails). Hier gilt es, ganz genau hinzuschauen! Mit einem Fernrohr können sich die Kinder auf die Suche nach der Eule begeben.

Im Rechtsbogen geht es danach hinunter zur Station 8 (Mein Waldbild). Aus Gräsern, Blümchen, Ästen, Blättern und Zapfen gestalten wir herrliche Legebilder. Nach der Bastelei wandern wir im Linksbogen weiter abwärts und erreichen, vorbei an Station 9 (Mischwald), an einem Jägerhochsitz die Station 10 mit der **Waldwerkstatt (3)**. Sowohl in als auch außen an der Hütte finden sich Schautafeln mit verschiedensten Rate- und Aktionsspielen (z. B. Verdrehter Wald, Katz und Maus im Labyrinth, Baumartenraten und vieles mehr). Wir biegen links auf einen Forstweg ein, der uns hinauf zur Station 11 (Walddynamik) bringt. Beim Blick durch das Schlüsselloch, verrät uns der Wald, in welchem Monat wir uns gerade befinden.

An der folgenden Übersichtskarte trennen sich die Wege von Wande-

HIGHLIGHTS

- ★ Abwechslungsreicher Walderlebnisweg durch den Bruderwald mit 20 Stationen, die nicht nur informieren, sondern uns spielerische Aktionen abverlangen. Nicht alle Spielstationen sind für jedes Alter geeignet, viele richten sich an Kinder im Schulalter.
- ★ Unzählige Infotafeln entlang des Weges informieren uns über die verschiedenen Baumarten.

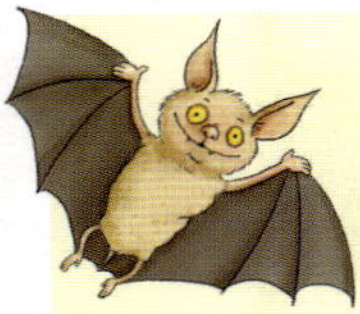

Hallo Kinder,

heute folgt ihr »Lupi«, dem Wolf, auf einer spannenden Tour durch den Bamberger Bruderwald und streift das Naturwaldreservat Wolfsruhe. Der Wolf ist ein Verwandter unserer Hunde, er lebt meist in Wäldern und jagt vorwiegend im Rudel. Die meisten von euch kennen Wölfe sicherlich nur aus Zoos und Wildparks, aus Filmen, von Bildern oder aus Märchenerzählungen. In Märchen wird der Wolf als grausames, gefräßiges Raubtier dargestellt, weil er in der Nähe menschlicher Siedlungen auch Nutztiere wie Schafe und Ziegen jagt. Rund einhunderttausend Jahre lang lebte er unter anderem auch in Europa, bis er durch menschliche Bejagung etwa vor 150 Jahren fast ausgerottet wurde. Der letzte Wolf in Bayern wurde 1882 im Fichtelgebirge erlegt. Erst seit der Jahrtausendwende wurden in Deutschland wieder einzelne Tiere entdeckt und inzwischen gibt es etwa 30 wildlebende Wolfsrudel. In Bayern sichtete man bisher nur Einzelgänger aus den Nachbarländern, welche bei der Revier- und Beutesuche auch unsere Landstriche durchstreifen. Auch wenn der Wolf seinen früheren Lebensraum bei uns Jahr für Jahr scheinbar wieder zurückerobert, müsst ihr dennoch keine Angst vor ihm haben. Er ist sehr menschenscheu und bevorzugt als Nahrung Rehe, Hirsche, Wildschweine, Schafe, Ziegen, Hasen oder andere Kleintiere. Wenn ihr einmal Wölfe aus nächster Nähe beobachten wollt, besucht doch den Wildpark Hundshaupten (siehe Freizeittipp A2).

rern und Kinderwagenschiebern/Laufradfahrern. Während Letztere geradeaus direkt zur Station 14 weiterschieben, laufen die Wanderer rechts auf schmalem Pfad über Station 12 (Lauschplatz) und Station 13 (Naturwaldreservat Wolfsruhe) ein Dreieck hinauf zu Station 14, wo wir 1 m² Wald mit der mitgebrachten Schnur oder Stöckchen abstecken. Gemeinsam geht es dann weiter aufwärts zur nahe gelegenen Station 15, der **Barfußraupe (4)**. Dort trennen sich abermals unsere Wege. Während die Wanderer mit verbundenen Augen und nackten Füßen versuchen, die unterschiedlichen Bodenbeläge der Barfußraupe zu erspüren, und so die Anhöhe erklimmen, fährt man mit dem Kinderwagen/Laufrad ein Stück geradeaus weiter hinauf und hält sich dann links zur schon in Sichtweite gelegenen Station 16. Bei Station 17 erreichen wir den Anfang des **Pirschpfades (5)**. Jetzt heißt es, Ausschau halten nach den im Wald versteckten Tieren. Die Auflösung erfährt man am Ende des Pirschpfades.

Dann bringt uns der markierte Wanderweg geradeaus bis zur letzten Station, wo sich »Lupi« von uns verabschiedet. Schon bald erreichen wir wieder unseren **Parkplatz (1)** am Bruderwald.

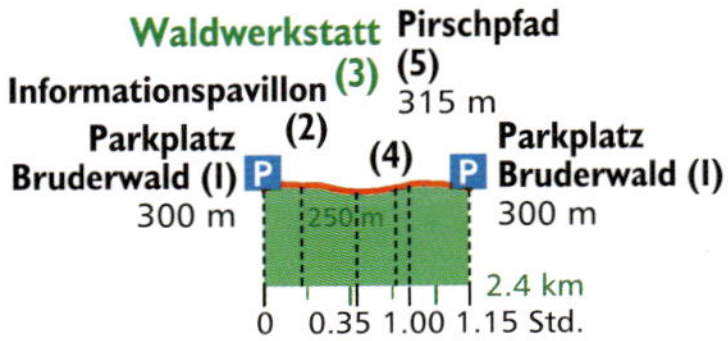

2 Felsengarten und Burg Zwernitz

Bei Sanspareil

ab 3 J.

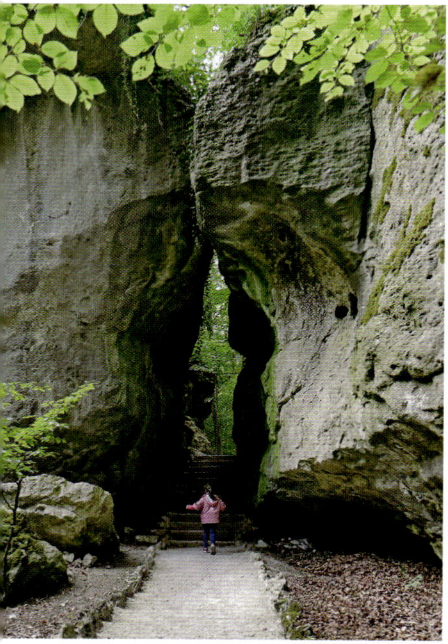

Mühelos durchqueren wir den mächtigen »Gespaltenen Fels«.

Spaziergang durch ein einmaliges Gartenkunstwerk

Die Markgräfin Wilhelmine von Bayreuth ließ 1744 die natürliche Felsenlandschaft östlich der Burg Zwernitz in einen märchenhaften Lustgarten umgestalten. Felsen und Höhlen wurden nach den Schauplätzen eines französischen Romans benannt. Einige der Felsen erhielten Treppen aus Bruchsteinen und wurden mit exotischen Häuschen oder Pavillons aus Holz bestückt, leider sind diese im Laufe der Zeit verfallen oder abgebaut worden. Das Herzstück der Gartenanlage ist das noch heute gut erhaltene Ruinentheater mit Kulissenbögen, dem Orchestergraben und einer Rückwand aus Bruchsteinen, das Kinder zum Spielen und Träumen einlädt. Als Zuschauerraum diente die natürliche »Grotte der Calypso«. Noch heute führen vom »Morgenländischen Bau« bis zum Theater verschlungene, schmale Pfade durch den alten Buchenwald mit seinen Grotten, Felsdurchgängen und Skulpturen aus der griechischen Mythologie. Der Besuch des Felsengartens ist kostenlos, auf Burg Zwernitz müssen nur Erwachsene Eintritt bezahlen.

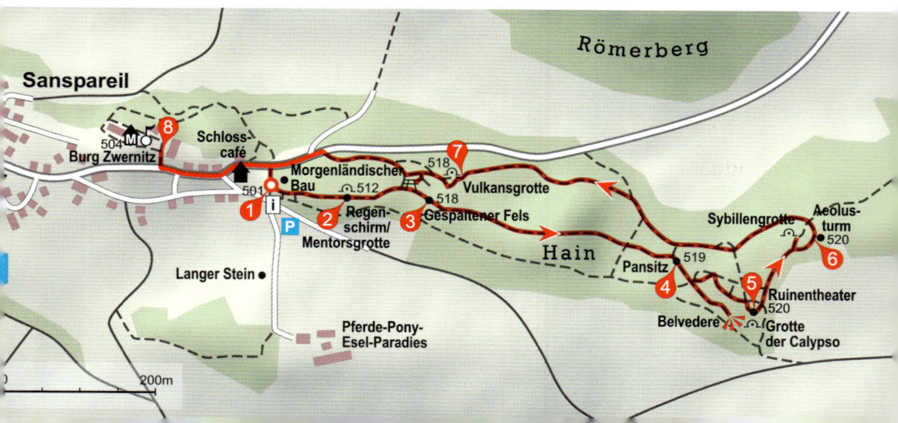

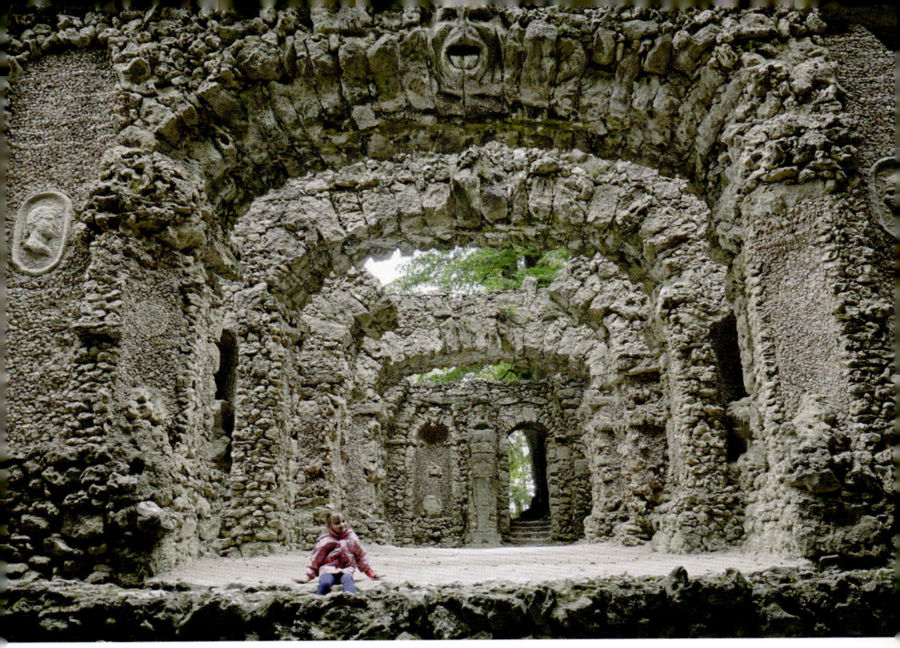

Die Bögen des Ruinentheaters – eine perfekte Kulisse zum Spielen, Tanzen und Träumen.

KURZINFO

Ausgangspunkt: Parkplatz direkt am Felsengarten an der Straße nach Kleinhül 501 m (Navi: Sanspareil 34, 96197 Wonsees).

Anfahrt: A 70 an der Anschlussstelle Schirradorf verlassen, weiter in Richtung Wonsees. Dann den Wegweisern zuerst Richtung Sanspareil und später Richtung Felsengarten Sanspareil folgen.

Gehzeit: 50 Min., ohne Besichtigung der Burg Zwernitz.

Distanz: 2,2 km.

Höhenunterschied: 40 m.

Ausrüstung: Sportschuhe oder Trekkingsandalen. Proviant und Getränke, da sich im Felsengarten viele lauschige Plätze für ein Picknick befinden.

Anforderungen: Ab 3 Jahren. Leichtes Auf und Ab auf bequemen Wegen, teilweise Treppenstufen. Die Wanderung lässt sich an vielen Stellen über Querverbindungswege verkürzen oder verlängern. Viele Sitzmöglichkeiten. Schattige Wanderung.

Einkehr: Schlosscafé am Felsengarten in Sanspareil (Sanspareil 32, 96197 Wonsees; Tel. +49 1512 4114274; geöffnet Mitte März bis Oktober Di.–So. 10–18 Uhr, Mo. Ruhetag).

Unser Rundgang beginnt rechts neben dem **»Morgenländischen Bau« (1)**. Er repräsentiert den Eingang zum Felsengarten, den wir mit der Beschilderung (Felsengarten/Naturtheater 800 m) über ein paar Treppenstufen erreichen. Schon bald passieren wir den markanten Felsen **»Regenschirm« (2)** und die »Mentorsgrotte«. Bevor wir den **»Gespaltenen Fels« (3)** durchqueren, lädt uns ein Picknickplatz im schattigen Buchenwald zu einer Pause ein. Nach der Durchquerung halten wir

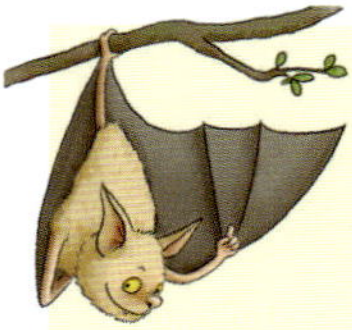

Hallo Kinder,

in Sanspareil wandert ihr heute durch einen Lustgarten. Wisst ihr überhaupt, was das eigentlich ist? Lustgärten gibt es schon seit mehreren Jahrhunderten und sie dienten früher den Adeligen zur Entspannung, zur Unterhaltung und zum Vergnügen. Zusätzliche Einrichtungen wie Theater, Tempel, Skulpturen und Pavillons machten diese Gärten sehr prunkvoll. Im Lustgarten der Markgräfin Wilhelmine von Bayreuth soll eine Besucherin einst vor Begeisterung »C'est sans pareil!« (»Das ist ohnegleichen!«) gerufen und damit dem Ort seinen heutigen Namen Sanspareil gegeben haben. Moderne Varianten der Lustgärten sind die Vergnügungsparks bzw. Freizeitparks, die ihr vielleicht schon einmal besucht habt. Tolle Freizeitparks in der Region findet ihr in den Freizeit- und Schlechtwettertipps ab Seite 165.

uns links und wandern durch einen alten, dichten Buchenwald. Wir kommen zum Fels der Liebe, dem **»Pansitz« (4)**, den wir ebenfalls durchschreiten. Nicht weit dahinter teilt sich der Weg. Für einen Abstecher zu den Resten des ehemaligen »Belvedere«-Gebäudes, steigen wir nach rechts über viele Stufen hinauf bis zum Aussichtspunkt. Von dort können wir schon einen ersten Blick von oben in das Ruinentheater werfen. Zurück an der Wegteilung folgen wir weiter der Beschilderung Naturtheater, die uns an der Sirenengrotte vorbei zum Eingang der »Grotte der Calypso« und in ihrem Inneren zum Glanzstück des Lust-

Höhlen und Grotten wollen im zauberhaften Felsengarten entdeckt werden.

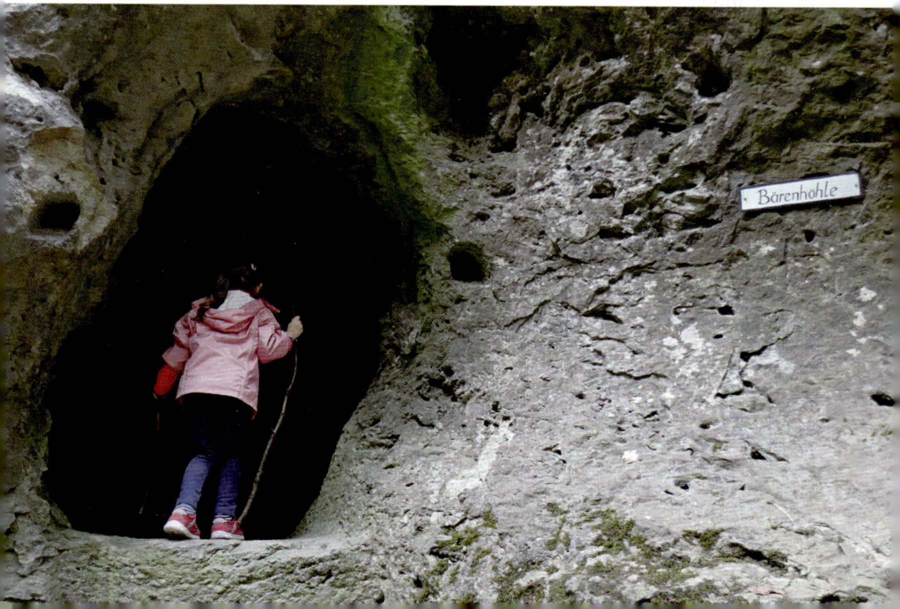

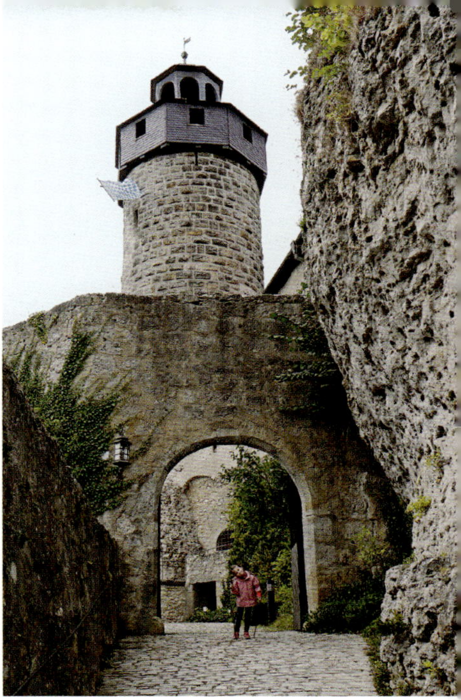

Burgfried der Burg Zwernitz.

gartens, dem **Ruinentheater (5)**, bringt. Die Grotte bildete einmal einen überdachten Zuschauerraum und noch heute sind die gut erhaltenen Überreste des Orchestergrabens und der Kulissenbögen zu erkennen. Wir verlassen das Theater wieder durch die Grotte und halten uns nun in Richtung Aeolus-/Sybillengrotte (Wegweiser). Wir gelangen zu einem Felsen, linker Hand befindet sich die Sybillengrotte und etwas weiter geradeaus treffen wir auf den **»Aeolusturm« (6)**, der bestiegen werden kann.

Im Linksbogen wandern wir nun in Richtung Sanspareil (Wegweiser) zurück. Wir gelangen zur **Vulkansgrotte (7)**, die zu einer Pause im schattigen Inneren einlädt. Im Anschluss daran passieren wir die Bärenhöhle und halten uns rechts in Richtung »Grotte der Diana«. Schon bald erreichen wir die kaum befahrene Straße von Sanspareil nach Großenhül. Auf dem Gehsteig neben der Straße laufen wir vorbei am »Morgenländischen Bau« und dem Schlosscafé bis zur **Burg Zwernitz (8)**. Die Burg lädt mit ihrer Ausstellung »Markgräfliche Jagd« und der Aussicht vom gut 34 Meter hohen Bergfried zur Besichtigung ein; Kinder und Jugendliche unter 18 Jahren bezahlen keinen Eintritt.

Anschließend kehren wir zurück zum **»Morgenländischen Bau« (1)**, wo unser Rundgang endet.

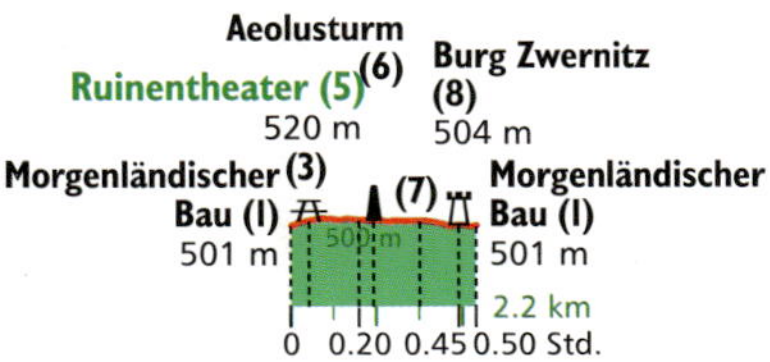

HIGHLIGHTS

★ Der märchenhafte Felsengarten Sanspareil mit dem »Morgenländischen Bau«, Grotten, Felsen, Skulpturen und dem Ruinentheater; kostenlos und ganzjährig frei zugänglich.

★ Die auf einem Dolomitfelsen thronende Burg Zwernitz mit einem 34 Meter hohen Bergfried und der Dauerausstellung »Markgräfliche Jagd«. Geöffnet von April bis September 9–18 Uhr und vom 1. bis 15. Oktober 10–16 Uhr; montags und vom 16. Oktober bis März geschlossen. Kostenloser Eintritt unter 18 Jahren, Kombiticket zur Besichtigung der Burg und des »Morgenländischen Baus« (www.schloesser.bayern.de).

★ Pferdefans können nach der Tour das Pferde-Pony-Esel-Paradies in Sanspareil besuchen (siehe Freizeittipp A1).

3 Von der Kuchenmühle zur Riesenburg

Entlang der Aufseß und Wiesent ab 6 J.

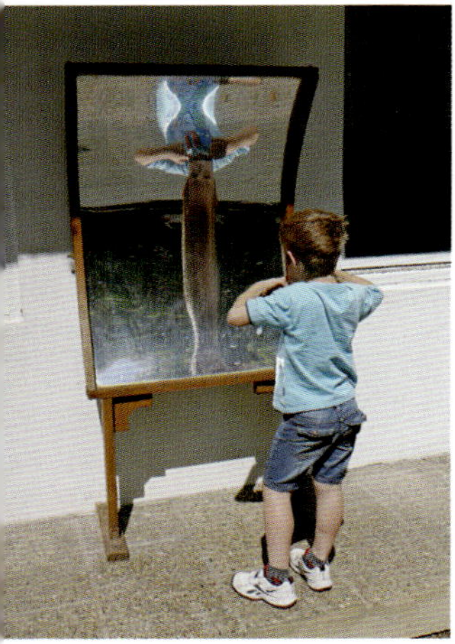

Lustige Grimassen am Zerrspiegel.

Klappernde Mühle und spannende Höhlenruine

Der Name Riesenburg lässt an eine der vielen Burgen in der Fränkischen Schweiz denken, doch es handelt sich hierbei um die Überreste einer Karsthöhle. Diese entstand im Laufe von Jahrmillionen durch Lösungsprozesse im Gestein und wurde später mit Sedimenten aufgefüllt. Als diese durch die Eintiefung des Wiesenttales in der jüngeren Erdgeschichte wieder ausgeschwemmt wurden, wurde die Höhlendecke instabil und stürzte schließlich größtenteils ein. Zurück blieben drei sehenswerte große Felsbögen, von denen einer noch überquerbar ist. Vom Tal der Wiesent führen zahlreiche Stufen durch die Versturzhöhle hindurch bis hinauf zu einem Aussichtspunkt. Schon immer waren Maler und Dichter und sogar König Ludwig I. von der Einzigartigkeit dieses Naturdenkmals angetan, und auch Ihre Familie wird begeistert sein. Auf dem Weg dorthin entdecken wir das noch klappernde Mühlrad der Kuchenmühle, durchqueren das ruhige, abgeschiedene Aufseßtal und treffen in Doos auf einen Sinnesparcours. Tipp: Wer nur einen kurzen Ausflug plant, startet direkt von Doos aus.

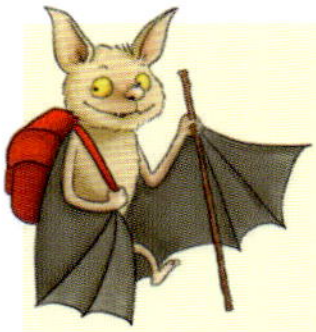

Hallo Kinder,

gerade für euch ist diese Wanderung sehr abwechslungsreich. Ihr startet am Gasthof Kuchenmühle mit seinem klappernden Mühlrad. Außer der gemütlichen Einkehr erwartet euch hinter dem Haus ein Spielplatz mit Trampolin. In Doos, am Ende des ruhigen Aufseßtals trefft ihr auf einen Sinnesparcours. Mehrere Zerrspiegel schrumpfen euer Spiegelbild auf Zwergengröße, während andere euch in die Länge oder Breite ziehen. Wer traut sich, auf einer Balancierbrücke die Aufseß zu überqueren oder findet den Ausgang des Steinlabyrinths? Auf dem Gelände des Hauses Aufseßtal gibt es jede Menge Möglichkeiten, all eure Sinne zu fordern. So genug trainiert! Jetzt wird es ernst, denn beim Bezwingen der Riesenburg braucht ihr nicht nur Ausdauer, um die vielen Stufen hinaufzusteigen, sondern auch Schwindelfreiheit, um den Felsbogen zu überqueren. Wer dann noch Lust auf weitere Abenteuer hat, der besteigt in Doos ein Miet-Kajak und paddelt damit die Wiesent hinab.

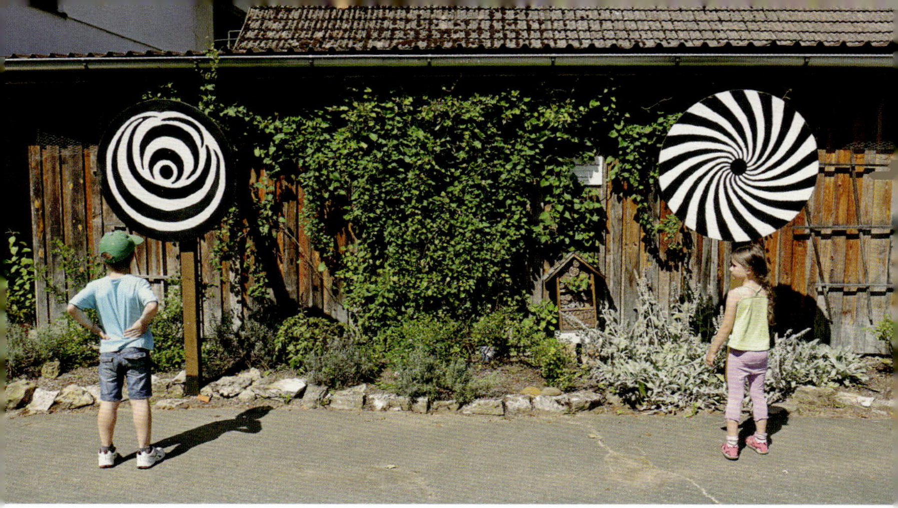

Beim Drehen der Scheiben sehen wir unterschiedliche optische Effekte.

KURZINFO

Ausgangspunkt: Parkplatz am Gasthof Kuchenmühle, 360 m (Navi: Kuchenmühle 21, 91346 Wiesenttal).

Anfahrt: Von Forchheim oder von der Anschlussstelle Pegnitz der A 9 kommend auf der B 470 bis nach Muggendorf. In der Ortsmitte von Muggendorf in Richtung Doos abbiegen. Den Dooser Berg hinauf bis zum Plateau und dort an der Kreuzung links Richtung Albertshof. In der Ortsmitte rechts abbiegen in Richtung Kuchenmühle. Nach ca. 1 km ist der im Tal liegende Gasthof Kuchenmühle erreicht.

Gehzeit: 2.30 Std.

Distanz: 6,2 km.

Höhenunterschied: 230 m.

Ausrüstung: Gut profilierte Sport- oder Wanderschuhe, Wechselkleidung und Handtuch (Planschen an der Aufseß).

Anforderungen: **Ab 6 Jahren.** Breiter, meist ebener Wanderpfad von der Kuchenmühle bis nach Doos, der für Kinder ab 3 Jahren geeignet und mit einem geländegängigen Kinderwagen befahrbar ist (siehe Kurzvariante 1). Von Doos zur Riesenburg schmaler, wurzeldurchsetzter Pfad, nicht trittsichere Kinder sollten hier an die Hand genommen werden. Viele Treppenstufen hinauf zur Riesenburg, Trittsicherheit und Schwindelfreiheit erforderlich. Achtung, Rutschgefahr bei Nässe! Der Felsbogen an der Riesenburg ist geländergesichert, jedoch sollten unsichere Kinder an die Hand genommen werden. Durchgehend markierte, größtenteils sonnige Wanderung.

Einkehr: **Gasthof Kuchenmühle** im Aufseßtal (Kuchenmühle 21, 91346 Wiesenttal; Tel. +49 9196 377; www.kuchenmühle.de; jahreszeitabhängige Öffnungszeiten und Ruhetage siehe Internetauftritt; Kindergerichte; Biergarten).

Café im Aufseßtal im Haus Aufseßtal (Doos 17, 91344 Waischenfeld; Tel. +49 9196 929480; Do.–So. 10–17 Uhr geöffnet).

Kurzvarianten: **1) Ab 3 Jahren.** Wie im Haupttext beschrieben von der Kuchenmühle (1) entlang des Aufseßtals bis zum Haus Aufseßtal in Doos (2) und auf demselben Weg wieder zurück (3,8 km, 1.30 Std. Gehzeit).

2) Ab 6 Jahren. Wie im Haupttext beschrieben von Doos (2) (Parkplatz gegenüber dem Haus Aufseßtal in Doos, 340 m; Navi: Doos 17, 91344 Waischenfeld) durchs Wiesenttal zur Riesenburg (3) und auf demselben Weg wieder zurück (2,5 km, 1.00 Std. Gehzeit).

HIGHLIGHTS

- ★ Einkehrmöglichkeit an der Kuchenmühle mit klapperndem Mühlrad.
- ★ Sinnesparcours am Haus Aufseßtal in Doos mit Wackelsteg, Kräuterbeet (hier ist Fühlen, Riechen, Reiben und Schmecken erlaubt!), Schaukel, Sandkasten, Verzerrspiegeln, rotierenden Scheiben und einem Barfußpfad (www.hausaufsesstal.de).
- ★ Mächtige Felstore und steile Felswände in der Höhlenruine Riesenburg. Auf der anderen Seite des Felsbogens, den wir überqueren können, liegt ein Aussichtspunkt mit herrlichem Blick über das Wiesenttal.
- ★ Kanufahren auf der Wiesent, Bootsverleih direkt gegenüber dem Haus Aufseßtal (weitere Informationen siehe Freizeittipp J1).

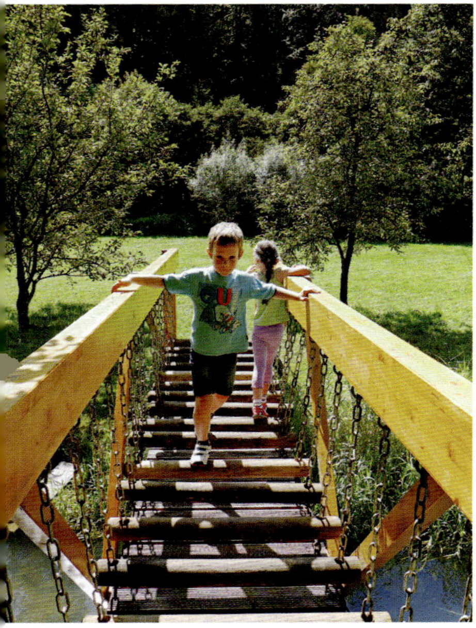

Wackelige Angelegenheit am Sinnesparcours.

An der **Kuchenmühle (1)** spazieren wir am Mühlrad vorbei und überqueren das kleine Bächlein Aufseß. Danach führt uns die Markierung *Gelber Ring* rechts Richtung Doos. Entlang des malerischen und autofreien Aufseßtals gelangen wir nach **Doos (2)**. Unterwegs finden sich am Bach mehrere seichte Stellen, an denen die Kinder am Wasser spielen und planschen können. Auf dem Gelände des Hauses Aufseßtal, einer therapeutischen Einrichtung des Deutschen Ordens, laden viele verschiedene Mitmachstationen zum Erforschen der Sinne ein. Gleich gegenüber befindet sich die Bootsverleihstation zum Kanufahren auf der Wiesent.

Nach dem Zwischenstopp am Sinnesparcours überqueren wir vorsichtig mit der Markierung die Staatsstraße und wandern nun auf einem schmalen Pfad in Richtung Riesenburg. Zuerst überqueren wir an einem Wehr die Wiesent, dann steigt der Pfad etwas an und führt uns rechts haltend, weiterhin mit dem *Gelben Ring* markiert, am Waldrand an der Wiesent entlang. Später wechselt der Wanderweg über eine lange Holzbrücke auf die andere Seite des Wiesenttales. Dort kann man einen Abstecher zu einer kleinen Quelle mit Picknickplatz machen.

Wir wandern mit dem *Gelben Ring* uns links haltend entlang der Staatsstraße weiter bis zu einer Parkbucht und steigen dann serpentinenartig über Treppenstufen steil hinauf zur **Riesenburg (3)**. Oben durchqueren

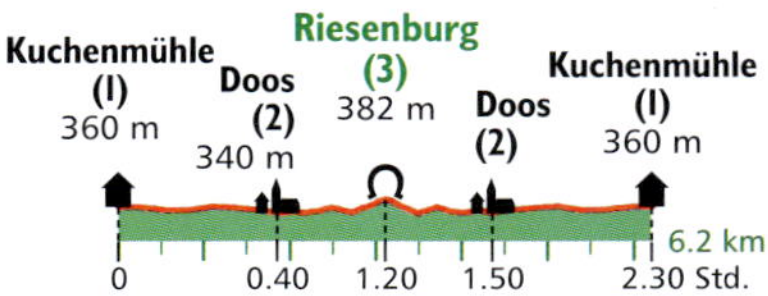

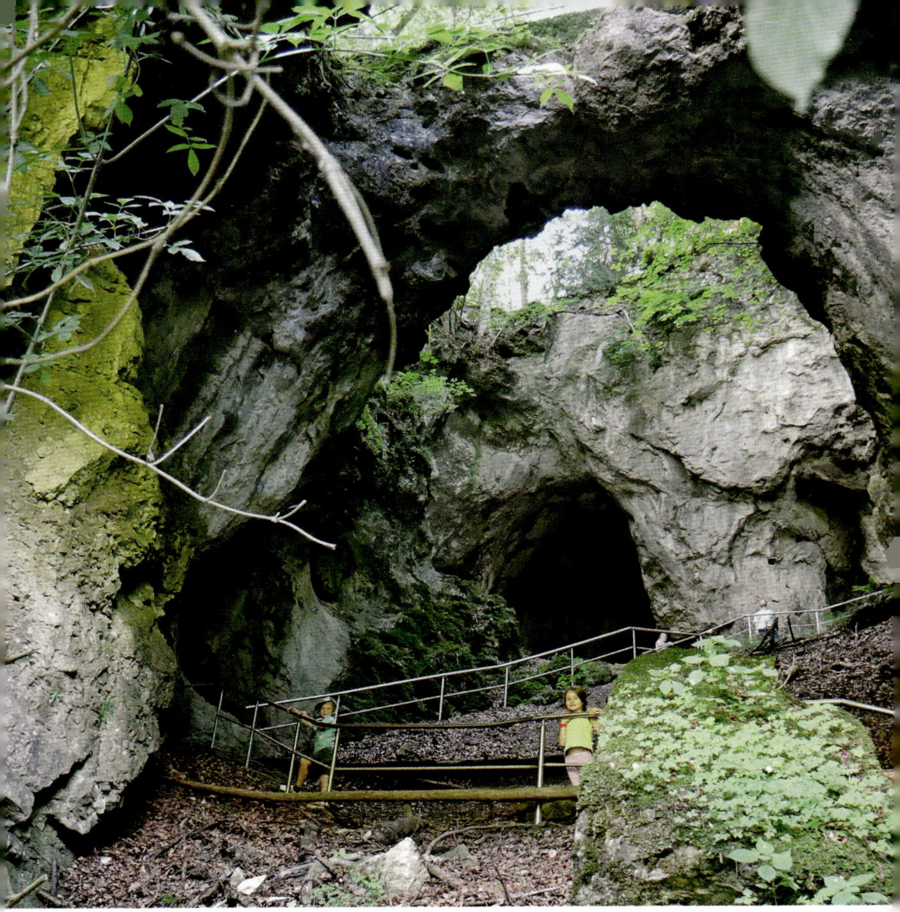

In der Riesenburg – über uns sehen wir den überquerbaren Felsbogen.

wir in einem weiten Rechtsbogen die Versturzhöhle und bewundern die als Relikte der ehemaligen Höhle erhalten gebliebenen drei Felsbögen. Nach Überqueren des mit einem Geländer abgesicherten Felsbogens gelangen wir zum Aussichtspunkt am König-Ludwig-Felsen. Schon viele berühmte Personen haben ihren Blick von hier oben über das Wiesenttal schweifen lassen.

Auf demselben Weg kehren wir wieder zurück nach **Doos (2)** und weiter zur **Kuchenmühle (1)**.

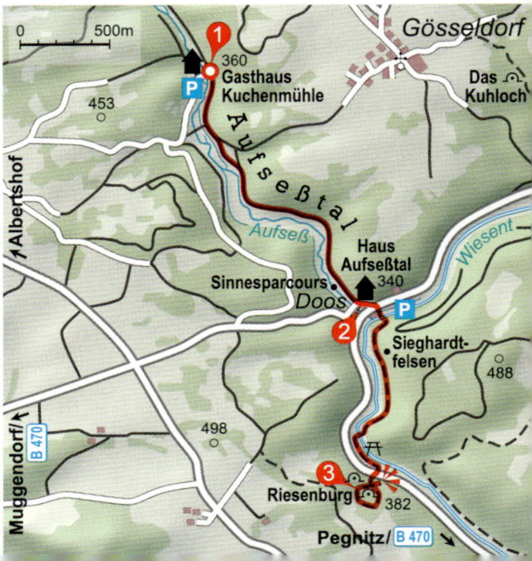

4 Naturparadies Burg Rabenstein

Promenadenweg im Ailsbachtal ab 5 J.

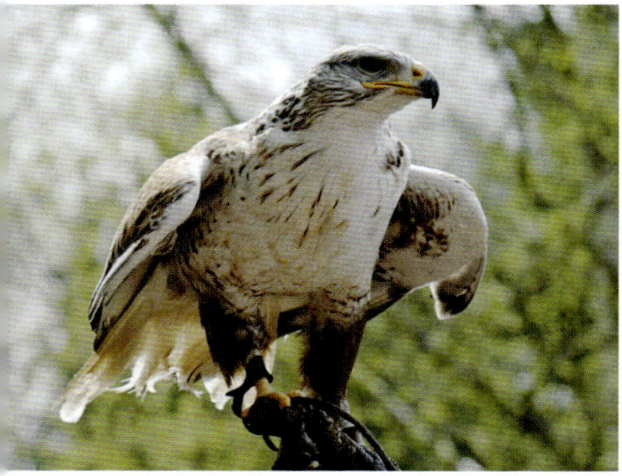

Greifvogel der Falknerei Rabenstein.

Zu Besuch in der Falknerei und der Sophienhöhle

Anlässlich eines Besuchs des Bayernkönigs Ludwig I. mit seiner Gemahlin ließ der Burgherr von Burg Rabenstein im Jahr 1840 im Ailsbachtal einen Promenadenweg anlegen. Dieser präsentiert alles, was die Fränkische Schweiz an landschaftlichen Attraktionen zu bieten hat. Ausgangsort unserer Wanderung auf dem Promenadenweg ist die hoch über dem Tal gelegene Burg Rabenstein mit ihrer Falknerei, die zu den schönsten Burgen Frankens zählt. Im reizvollen Ailsbachtal wandern wir dann auf schmalen Pfaden an schroffen Felsen vorbei, besuchen tolle Aussichtspunkte und tauchen in die geheimnisvolle Welt der Höhlen ein. Das Highlight unser Tour ist die am Weg gelegene Schauhöhle Sophienhöhle. Eine 40-minütige Führung, die Groß und Klein gleichermaßen begeistert, bringt uns in drei Höhlenabteilungen mit grandiosen Tropfsteinen, Sinterfahnen und einem gut erhaltenen Höhlenbärenskelett. Bei fränkischen Schmankerln können wir die herrliche Wanderung schließlich im schattigen Biergarten der Gutsschenke ausklingen lassen.

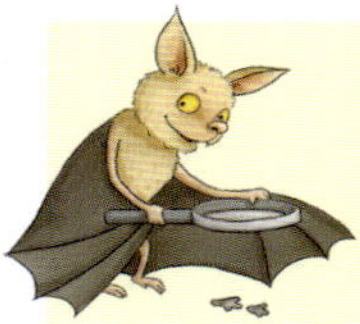

Hallo Kinder,

habt ihr einen Greifvogel schon einmal über einer Wiese kreisen sehen? Mit ihren scharfen Augen erspähen Greifvögel aus großer Höhe ihre Beute, um sie dann im Sturzflug zu ergreifen. Vor allem kleine Säugetiere, wie Feld- und Wühlmäuse, oder andere Vögel stehen auf ihrem Speiseplan. Im Greifvogel- und Eulenpark der Falknerei Rabenstein könnt ihr die beeindruckenden Vögel hautnah während der Flugvorführungen erleben. Hier erhält man tolle Einblicke in die Arbeit des Falknermeisters, der uns Interessantes und auch Lustiges über die Vögel erzählt. Wer sich traut, darf nach der Vorführung, gegen eine Futterspende, sogar einen Greifvogel auf der Hand halten. Der Vogelpark beherbergt ca. 70 verschiedene Greifvögel und Eulen, die in 28 Großvolieren und im Freisitz zu bewundern sind. An der etwa einstündigen Vorführung nehmen bis zu zwölf verschiedene Vogelarten teil, und die Zeit vergeht buchstäblich wie im Flug.

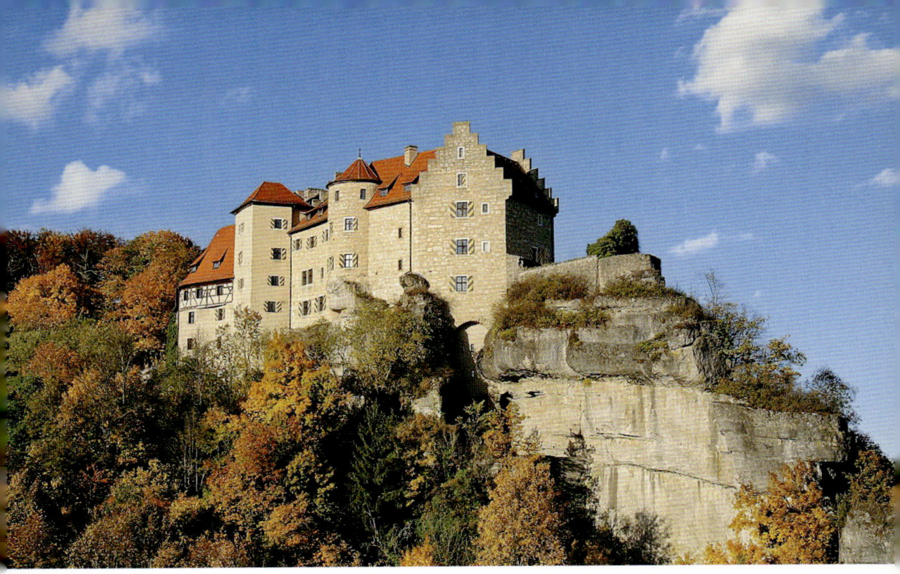

Auf einem Bergsporn über dem Ailsbachtal liegt die schöne Burg Rabenstein.

KURZINFO

Ausgangspunkt: Parkplatz Burg Rabenstein, 436 m (Navi: Rabenstein 33, 95491 Ahorntal).

Anfahrt: A 9 an der Anschlussstelle Trockau verlassen und der Beschilderung zur Burg Rabenstein folgen.

Gehzeit: 2.30 Std., ohne Besichtigung der Burg, Besuch der Falknerei und Führung durch die Sophienhöhle.

Distanz: 4,2 km.

Höhenunterschied: 190 m.

Ausrüstung: Gut profilierte Sport- oder Wanderschuhe, Taschenlampe zum Erkunden des Schneiderlochs und der Ludwigshöhle.

Anforderungen: Ab 5 Jahren. Die Wanderung verläuft überwiegend auf wurzeldurchsetzten Wanderpfaden im ständigen Auf und Ab. In den steileren Passagen sind stellenweise Treppenstufen vorhanden. Nicht trittsichere Kinder sollten an den ausgesetzten Wegstellen an die Hand genommen werden. Bei Nässe oder nach Regenfällen ist von der Tour abzuraten! Durchgehend markierte, größtenteils schattige Wanderung.

Kurzvarianten: 1) Für jedes Alter geeigneter Spaziergang vom Parkplatz (1) zur gleich unterhalb gelegenen Falknerei (2) mit gegenüberliegender Gutsschenke und weiter zur Burg Rabenstein (3); für Kinderwagen und Laufrad geeignet (350 m, 10 Min. Gehzeit).

2) Ab 3 Jahren. Vom Parkplatz (1) auf direktem Weg der Beschilderung folgend zur Sophienhöhle (7) (1,3 km, 30 Min. Gehzeit).

Einkehr: Gutsschenke an der Burg Rabenstein (Rabenstein 33, 95491 Ahorntal; Tel. +49 9202 9700440; www.burg-rabenstein.de; Anfang April bis Anfang November Di.–So. und an Feiertagen 11–18 Uhr geöffnet; Kindergerichte; Biergarten).

Hinweis: Bitte beachten Sie die Fledermausschutzzeiten und unsere Hinweise zum Erhalt der Höhlen, S. 15.

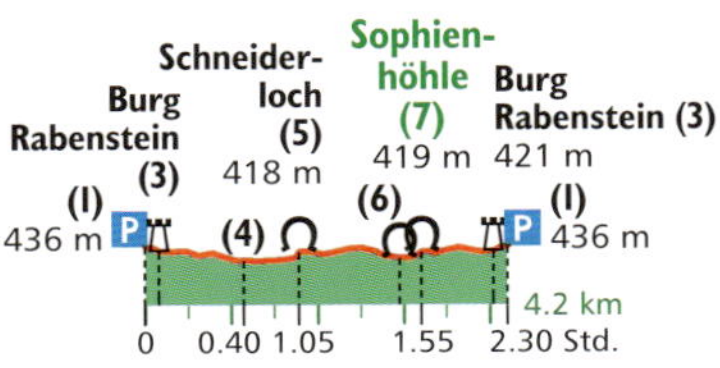

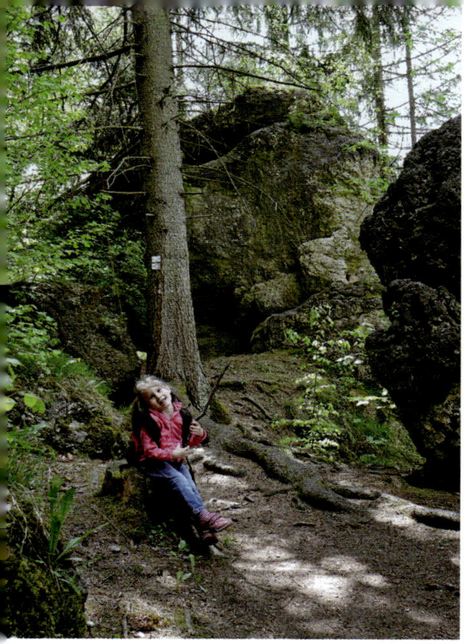

Gemütliche Rast am Wegrand.

Auf dem gesamten Promenadenweg rund um die Burg Rabenstein begleitet uns die Markierung *Weiße Dame (Schachfigur) auf grünem Grund*. Wir gehen vom **Parkplatz (1)** aus in Richtung Burg Rabenstein. Auf dem Weg dorthin kommen wir an der **Falknerei (2)** und der gegenüberliegenden Gutsschenke vorbei. Am Vorplatz der **Burg Rabenstein (3)** beginnt rechts der beschilderte Promenadenweg. Auf einem schmalen, mit Wurzeln durchsetzten Pfad geht es in ständigem Auf und Ab am teils ausgesetzten Bergkamm entlang. Anschließend steigen wir über einige Stufen steil hinab ins Ailsbachtal. An der Straße angekommen, überqueren wir diese und laufen ca. 150 m nach rechts bis zum Anfang eines Wanderparkplatzes. Dort können wir den **Rennerfelsen (4)**, eine Siedlungsstätte aus der Altsteinzeit, bewundern.

HIGHLIGHTS

- ★ In der Burg Rabenstein können Ritter-, Waffen- und Prunksäle im Rahmen einer Führung besichtigt werden. Wer sich ganz als Burgherr oder Ritterfräulein fühlen möchte, kann im Burghotel übernachten (Öffnungszeiten unter www.burg-rabenstein.de; Tel. +49 9202 9700440).
- ★ Führung durch die Sophienhöhle mit einzigartigen Tropfsteingebilden und einem Höhlenbärenskelett. Geöffnet Anfang April – Anfang November, Mo. Ruhetag (außer Feiertage), Di.–So. durchgehend Führungen 10.30–17 Uhr (Tel. +49 9202 9700440; www.burg-rabenstein.de).
- ★ Besuch der Falknerei mit Eulen- und Greifvogelpark; Flugvorführungen Di.–So. und an Feiertagen um 15 Uhr. Geöffnet April – Oktober Di.–Fr. 14–17 Uhr und Sa., So. und an Feiertagen 13–17 Uhr (Tel. +49 172 7301080; www.falknerei-rabenstein.de).
- ★ Die Ludwigshöhle, eine riesige Durchgangshöhle, und das Schneiderloch, ein kleiner Felsdurchlass.
- ★ Der Rennerfelsen, eine Siedlungsstätte aus der Altsteinzeit.
- ★ Aussichtspunkt Parasol mit Rastmöglichkeit.
- ★ An zwei Wochenenden im Jahr findet auf der Burg Rabenstein ein Mittelaltermarkt statt. Neben Aktionskünstlern und Gauklern werden mittelalterliche Feldschlachten und Schaukämpfe, Puppentheater und bei Anbruch der Dunkelheit eine große Feuershow geboten. Historische Gruppen schlagen vor der Burg ihr Lager auf. Zinngießer, Schmiede, Drechsler, Korbflechter und Bader geben Einblicke in vergessene Berufe des Mittelalters. Kinder und Erwachsene dürfen selbst Hand anlegen beim Filzen, Schmieden und Holzgestalten.

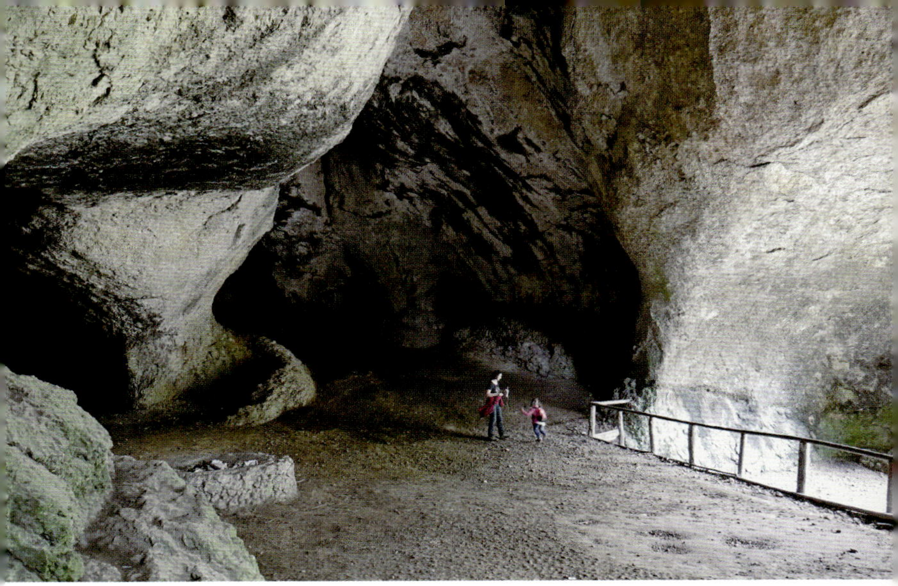

In der mächtigen Ludwigshöhle speiste einst Bayernkönig Ludwig I.

Der markierte Wanderweg weist uns in Richtung »Schneiderloch«. Die Burg hoch oben im Blick wandern wir den Ailsbach entlang. Zum **Schneiderloch (5)**, einer Karsthöhle, geht es steil über Stufen hinauf. Durch die Höhle hindurch und anschließend am Hang entlang folgen wir dem Promenadenweg und erreichen schließlich über einige Stufen den Eingang der **Ludwigshöhle (6)**. Wir durchqueren den riesigen Innenraum und bestaunen den spaltenartigen Höhlenfortsatz, der frei zugänglich ist.

Anschließend steigen wir zum Ailsbach hinab, überqueren ihn auf einem langen Holzsteg und erreichen einen Wanderparkplatz. Am Ende des Parkplatzes wechseln wir auf die andere Straßenseite hinüber. Ein schmaler Pfad mit mehreren Stufen bringt uns hinauf zum Eingang der **Sophienhöhle (7)**. Eine Führung durch die Höhle sollte man sich nicht entgehen lassen. Mit ihren verschlungenen Gängen und drei großen Höhlenabteilungen gehört sie zu den schönsten Tropfsteinhöhlen der Fränkischen Schweiz.

Nach der Besichtigung führt uns der Promenadenweg über den **Aussichtspunkt Parasol (8)** auf verschlungenen Pfaden zur **Burg Rabenstein (3)** zurück. Von dort auf bekanntem Weg zurück zum **Parkplatz (1)**.

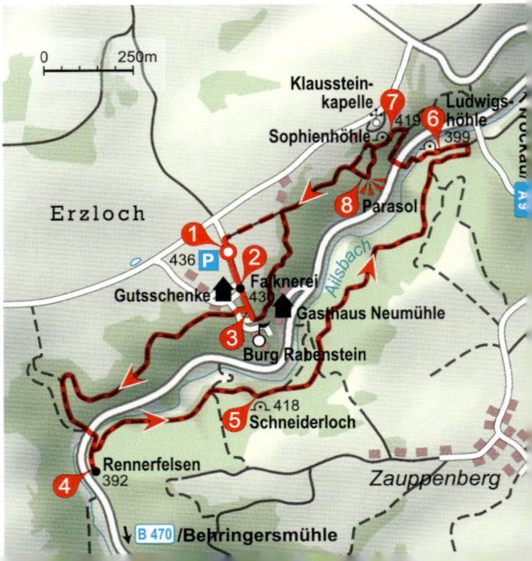

5 Streitburg und Binghöhle

Kurztour bei Streitberg

ab 4 J.

Geologischer Erlebnispfad zur Ruine und Tropfsteinhöhle

Nicht alle Kinder haben Lust auf ausgedehnte Wanderungen. Diese kurze, abwechslungsreiche Runde überrascht uns, über und unter der Erde, mit ihren vielen Facetten. Während der Wanderung stoßen wir immer wieder auf Abschnitte des »Geologischen Erlebnispfades«, der uns die Besonderheiten dieser felsigen Landschaft erklärt. Gleich am Anfang geht es steil hinauf zur Burgruine Streitburg, die uns mit einem Blick hinüber zur Burgruine Neideck (siehe auch Tour 6) für die Anstiegsmühen entschädigt. Hernach erfrischen wir unsere müden Beine in der Kneippanlage an der Muschelquelle und legen eine längere Pause am Spielplatz ein. Auf dem Weg zur Binghöhle müssen einige Treppenstufen bezwungen werden, bevor wir in das Innere der Höhle vordringen. Ein schmaler Gang schlängelt sich durch die Schauhöhle und bringt uns hautnah an mehreren uralten Tropfsteinen vorbei.

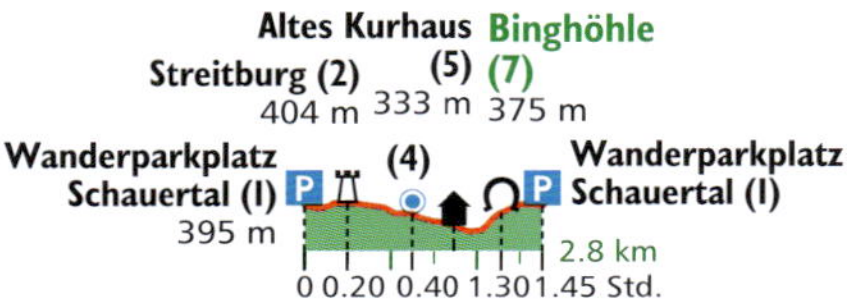

Ein markgräfliches Wappen ziert das äußere Tor der Streitburg.

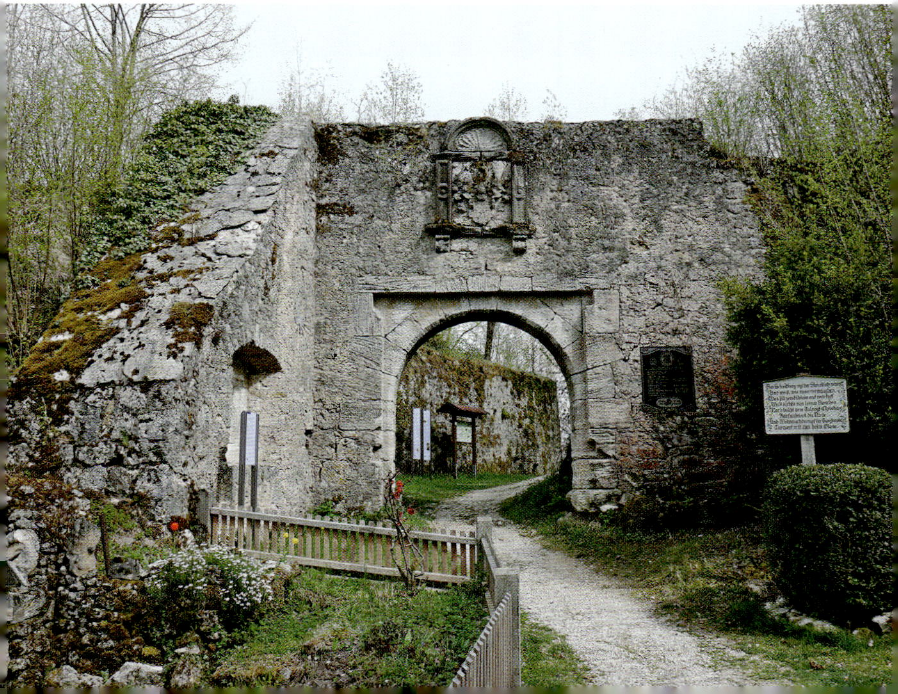

KURZINFO

Ausgangspunkt: Wanderparkplatz im Schauertal am nördlichen Ortsrand von Streitberg, 395 m (Navi: N49.815404, E11.217083).

Anfahrt: Von Forchheim über die B 470 bis zum Ortsanfang von Streitberg. Dort links gegenüber dem Bahnhof weiter über die Bahnhofstraße und den Dorfplatz ins Schauertal. Am Ortsende links großer Wanderparkplatz.

Mit dem Bus: Haltestelle »Streitberg-B 470« der VGN-Buslinie 389 von Pegnitz/Ebermannstadt. Von der B 470 durch die Straße »Am Bürgerhaus« bis auf den Dorfplatz (6) und Beginn von dort (5 Min. Gehzeit).

Mit der Dampfbahn: Von Ebermannstadt bis nach Streitberg; Betriebstage siehe www.dampfbahn.net. Nach Überqueren der B 470 durch die Bahnhofstraße bis auf den Dorfplatz (6) und Beginn von dort (5 Min. Gehzeit).

Gehzeit: 1.45 Std.; für eine Führung durch die Binghöhle sind etwa 40 Min. zusätzlich einzuplanen.

Distanz: 2,8 km.

Höhenunterschied: 140 m.

Ausrüstung: Gut profilierte Sport- oder Wanderschuhe. Für die Höhlenbesichtigung warme Kleidung (in der Höhle ganzjährig 9 °C). Wechselkleidung und Handtuch empfohlen (Wasserspielmöglichkeit und Kneippbecken an der Muschelquelle).

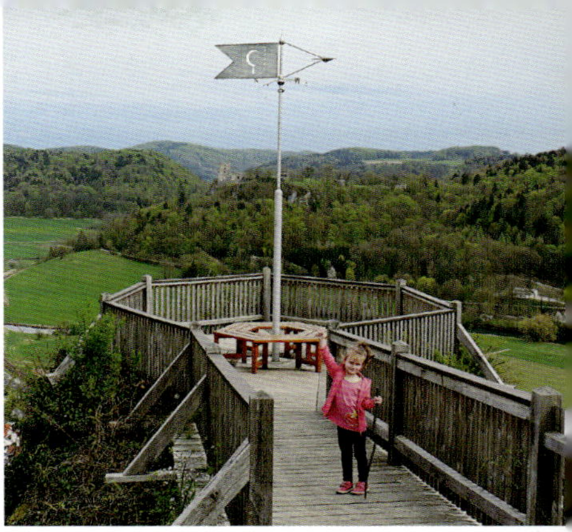

Von der Aussichtsplattform der Streitburg blickt man hinüber zur Burgruine Neideck.

Anforderungen: Ab 4 Jahren. Kurze Wanderung auf schmalen Pfaden und breiten Wegen; Teilstücke auf Straßen. Vorsicht, der Zugang zur Aussichtsplattform ist nur zum Teil geländergesichert! Hinauf zur Binghöhle müssen zahlreiche Stufen überwunden werden, dabei laden einzelne Bänke am Wegrand zum Ausruhen ein. Meist sonnige Tour.

Einkehr: Streitberger Imbiss (Bahnhofstr. 1, 91346 Wiesenttal-Streitberg; Tel. +49 173 9278267; Do.–Di. 11–21 Uhr; Mi. Ruhetag).

Etwas abseits der Route: **Restaurant Saloniki** (Bahnhofstraße 14, 91346 Wiesenttal-Streitberg; Tel. +49 9196 3030 131; Di. Ruhetag).

Wir wandern vom **Parkplatz (1)** mit der Markierung *Schwarzer Kreis* Richtung Streitberg/Guckhüll ein Stück die Teerstraße hinab. Nach den ersten Häusern geht es links hinauf Richtung Ruine Streitburg. Vorbei an der Infotafel 7 des »Geologischen Erlebnispfades« (Steinbruch bei der Streitburg) erreichen wir die Anhöhe und gehen hier zuerst rechts zur **Streitburg**. Kurz vor dem Burgtor befindet sich rechts der seit Mitte 2020 wieder zugängliche Eingang zum Lochgefängnis der Burg Streitberg. Im Inneren sind die Über-

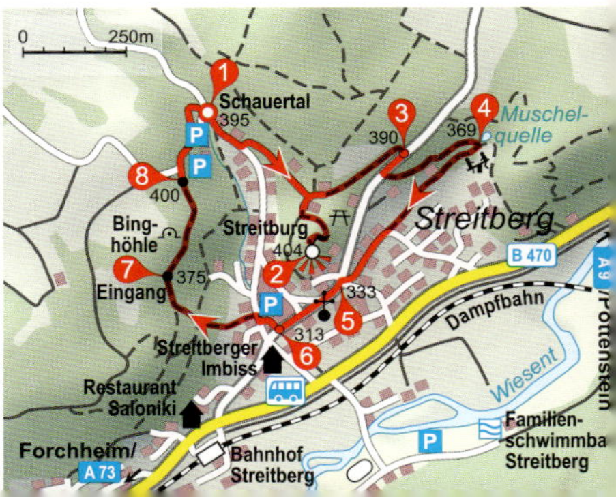

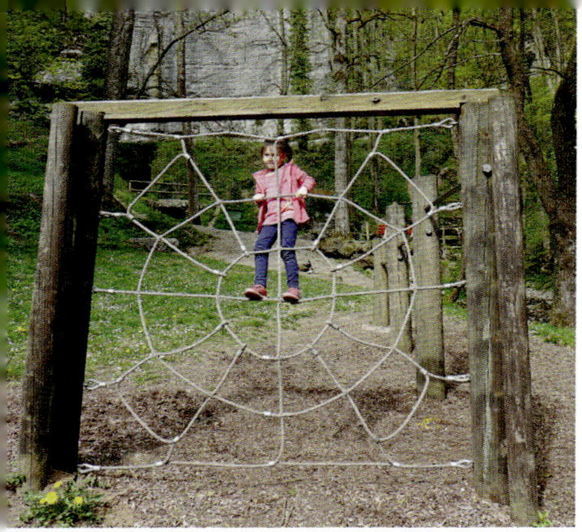

Klettervergnügen am Spielplatz bei der Muschelquelle.

HIGHLIGHTS

- ★ Die Binghöhle mit einer herrlichen Tropfsteingalerie ist von April bis Anfang November im Rahmen einer 40-minütigen, kostenpflichtigen Führung zu besichtigen. Ein ganz besonderes Erlebnis sind Märchenführungen für Kinder (3–5 Jahre) mit der Höhlenfee Sinteria und Abenteuerführungen für Kinder und Jugendliche (6–14 Jahre) (Öffnungszeiten unter www.binghoehle.de; Tel. +49 9196 340).
- ★ In der Ruine Streitburg erwartet uns ein schöner Innenhof mit Picknickplatz, Aussichtsplattform und Brunnen (www.streitburg.de).
- ★ Besichtigung des Lochgefängnisses an der Burg Streitberg mit vielen Infotafeln, die Spannendes über die bewegte Geschichte dieses schaurigen Ortes erzählen. Das ausgeleuchtete Kellergewölbe ist tagsüber kostenlos zu betreten. Jedoch zwischen Anfang Oktober und Ende März muss es aus Fledermausschutzgründen geschlossen bleiben.
- ★ Muschelquelle mit Kneippanlage und Spielplatz.
- ★ Teilstück des Geologischen Erlebnispfads mit vielen Schautafeln.
- ★ Nach der Tour: Besuch im Familienschwimmbad Streitberg (Freibad; siehe Tour 6).

reste des ehemaligen Untersuchungsgefängnisses zu sehen.
Durch das ehemalige Burgtor betreten wir den Innenhof mit der Infotafel 8 (Burgtor bei der Streitburg), ein Picknickplatz lädt zur Verschnaufpause ein. Von der nachfolgenden Infotafel 9 steigen wir über mehrere Treppen serpentinenartig hinauf und gelangen über eine Brücke zur **Aussichtsplattform (2)**. Von dort eröffnet sich ein Rundblick ins Wiesenttal mit herrlicher Aussicht auf die Ruine Neideck.
Wir verlassen die Burgruine Streitburg wieder durch das Burgtor. Zurück an der Straße folgen wir der Markierung *Schwarzer Kreis* nun in Richtung Muschelquelle und Kinderspielplatz. Kurz darauf geht die Straße in einen Schotterweg über, der an der **Staatsstraße (3)** endet. Wir verlassen kurzfristig die Markierung *schwarzer Kreis* und gehen auf der Straße ca. 40 m abwärts, um sogleich wieder links auf einem schmalen Pfad weiter in Richtung **Muschelquelle (4)** hinunterzuwandern. Dort angekommen, können wir bei der Infotafel 10 die müden Wanderbeine im Kneippbad erfrischen. Auf die Kinder warten ein kleiner Spielplatz und viele Möglichkeiten, um ringsherum im Wasser zu planschen.
Wir halten uns mit dem *Schwarzen Kreis* Richtung Ortsmitte Streitberg und treffen beim ehemaligen **Alten Kurhaus (5)** auf eine Teerstraße, die uns vorbei an der Kirche hinunter zum **Dorfplatz (6)** bringt. An der Infotafel 12 biegen wir rechts ein und laufen zwischen dem ehemaligen Gasthof und Biergarten links hindurch zum »Aufgang Binghöhle«.

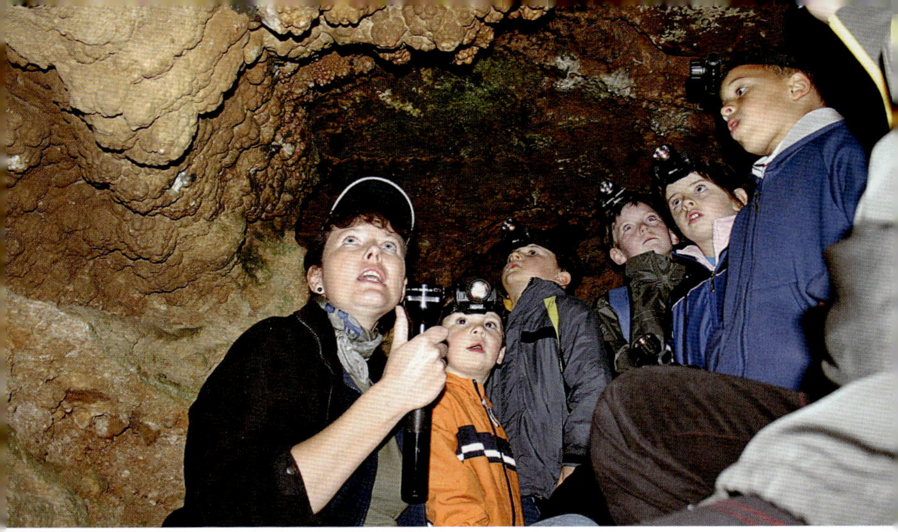

Allerlei Wissenswertes erfährt man bei der Führung durch die Binghöhle.

Viele Stufen bringen uns hinauf zum Höhleneingang, ein paar Rastbänke laden unterwegs zur Erholung ein. Wer die **Binghöhle (7)** im Rahmen einer Führung besichtigen möchte, folgt nun den Spuren eines ausgetrockneten Flusslaufes durch die Höhle und kommt vorbei an skurrilen Tropfsteingebilden und mächtigen Kalkformationen. Wer dies nicht möchte, folgt rechts neben der Höhle der Markierung *Schwarzer Kreis* vorbei an der Infotafel 3 (Felsdach) und Infotafel 2 (Langenstein) zum **Ausgang der Höhle (8)**. Von dort vorbei an Infotafel 1 weiter hinunter zum **Parkplatz (1)** im Schauertal.

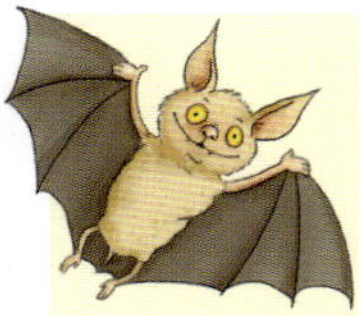

Hallo Kinder,

wisst ihr, wie die Tropfsteine in der Binghöhle entstanden sind? Wenn es regnet, versickert das Wasser und löst dabei den im Boden und im Gestein enthaltenen Kalk. Durch Felsspalten dringt das Wasser bis zur Höhlendecke vor. Bleibt es dort als Tropfen hängen und verdunstet, lagert sich der Kalk als dünne Schicht an der Höhlendecke ab. Tropfen für Tropfen wächst so die Kalkschicht und bildet nach Tausenden von Jahren einen nach unten hängenden Tropfstein, einen sogenannten Stalaktit. Tropft das Wasser jedoch auf den Höhlenboden und verdunstet dort, bildet sich nach und nach ein nach oben wachsender Stalagmit. Damit ihr euch das einfach merken könnt: »Stalaktiten hängen runter, Stalagmiten stehen munter!« Da ein Tropfstein nur etwa einen Millimeter in 13 Jahren wächst, stehen diese unter besonderem Schutz. Weitere interessante Schauhöhlen sind die Sophienhöhle, die Teufelshöhle und die Maximiliansgrotte (Tour 4, 11, und 22).

6 Burgruine Neideck

Blick ins Wiesenttal

ab 4 J.

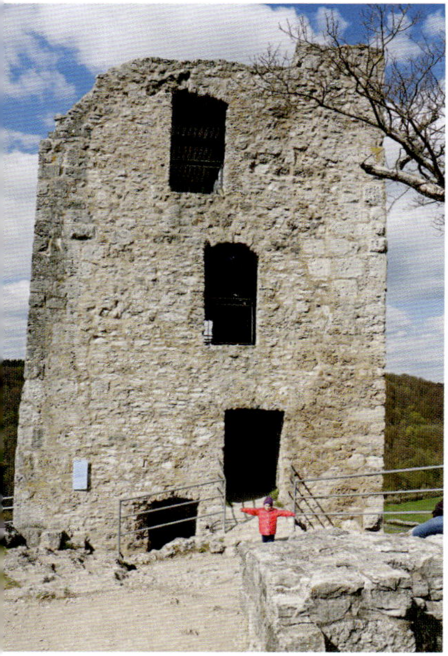

Der ehemalige Wohnturm der Burgruine Neideck.

Zum Wahrzeichen der Fränkischen Schweiz

Schon bei der Anfahrt durch das Wiesenttal sehen wir die Überreste der Burg Neideck auf einem markanten Felsstock thronen. Sie wurde im 12. Jahrhundert erbaut und ist das Wahrzeichen der Fränkischen Schweiz. Die Burgruine ist heute fester Bestandteil eines jeden Besucherprogramms in der Region. Der Hauptgraben, über den eine Holzbrücke führt, der äußere und innere Graben, die hoch aufragende Schildmauer und der gut erhaltene Wohnturm sind noch deutlich zu erkennen. Eine über Treppen erreichbare Aussichtsplattform im Wohnturm lässt uns einen Blick hinüber zur Burgruine Streitburg (Tour 5) und ins Wiesenttal werfen. Für Kinder ist diese Burganlage wie geschaffen – als Tummelplatz oder zum Tagträumen. Mit trittsicheren Kindern sollte man sich auch den Abstecher zur nahe gelegenen Neideck-Grotte nicht entgehen lassen, einer urzeitlichen Höhle im Dolomitfels.

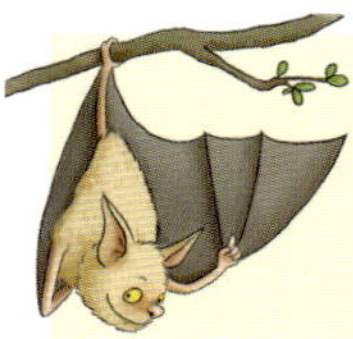

Hallo Kinder,

habt ihr schon vom Burgfräulein von Neideck gehört? Man erzählt sich, dass vor vielen Jahrhunderten ein Graf mit seiner hübschen Tochter auf der Burg Neideck lebte. Der reiche Graf schickte alle Verehrer, die um die Hand der Tochter anhielten, davon. Als der Graf eines Tages auf der Jagd unterwegs war, beschloss ein mutiger Ritter, die Gunst der Stunde zu nutzen, um das Burgfräulein zu heiraten und mit ihr von der Burg zu fliehen. Der Ritter zwang den Burgkaplan mit einem Schwert, die beiden zu trauen. Als der Graf zurückkehrte und von der Flucht seiner geliebten Tochter erfuhr, verfluchte er sie und den Ritter. Doch er hörte nie wieder etwas von den beiden. Den Kaplan aber ließ er in das dunkle Burgverlies werfen. Erst nach vielen Jahren wurde die Burg vom Feind erobert und man fand den abgemagerten, verwirrten Kaplan im Kerker.

KURZINFO

Ausgangspunkt: Parkplatz am Familienschwimmbad Streitberg, 322 m (Navi: Am Freibad 7, 91346 Wiesenttal-Streitberg).
Anfahrt: Von Forchheim über die B 470 in Richtung Pottenstein. In der Ortsdurchfahrt von Streitberg dem Wegweiser zum Familienschwimmbad folgen, zuerst rechts die Wiesent überqueren, später links abbiegen.
Mit dem Bus: Haltestelle »Streitberg-B 470« der VGN-Buslinie 389 von Pegnitz/Ebermannstadt. Von dort folgt man den Wegweisern zum Familienschwimmbad. (10 Min. Gehzeit).
Mit der Dampfbahn: Von Ebermannstadt bis nach Streitberg; Betriebstage siehe www.dampfbahn.net. Ein Stück neben der B 470 auf dem Radweg in Richtung Pottenstein, dann wie in der Anfahrt beschrieben rechts der Ausschilderung bis zum Familienschwimmbad folgen (15 Min. Gehzeit).
Gehzeit: 1.20 Std.
Distanz: 2,7 km.
Höhenunterschied: 110 m.
Ausrüstung: Gut profilierte Sport- oder Wanderschuhe, Badesachen für den Freibadbesuch, Brotzeit und Picknickdecke zur Rast an der Burgruine, Taschenlampe für den Besuch der Neideck-Grotte.
Anforderungen: **Ab 4 Jahren.** Anfangs steiler Aufstieg über Wanderpfad zur Burgruine. Rückweg anfangs sehr steil hinab, dann gemächlicher Forstweg zurück zum Parkplatz. Überwiegend schattige Wanderung.
Einkehr: Badcafé im Familienschwimmbad Streitberg (Am Freibad 7, 91346 Wiesenttal-Streitberg; Tel. +49 160 344 1000; www.badcafe-streitberg.de; geöffnet ab Mitte Mai bis Mitte September 10–19 Uhr, kein Ruhetag; Biergarten).

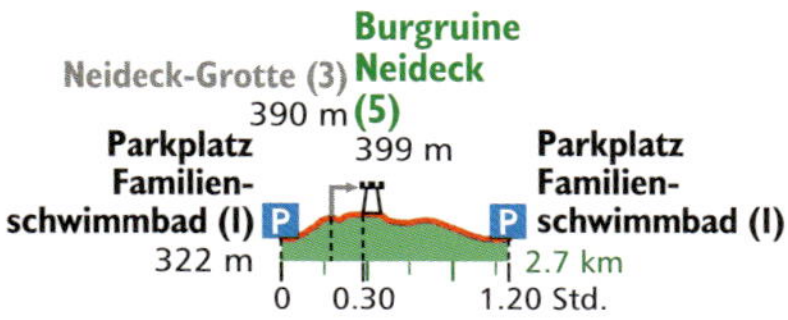

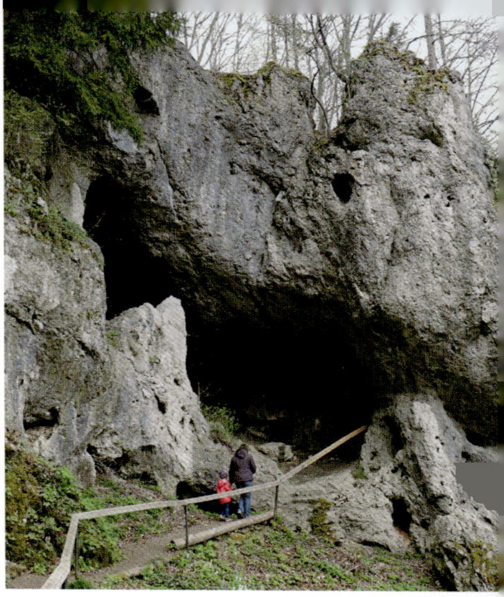

Mitten im steilen Hang befinden sich die drei Eingänge der Neideck-Grotte.

Variante: **Ab 5 Jahren.** Die Variante ist nur für Kinder geeignet, die genügend Trittsicherheit mitbringen und schwindelfrei sind, da der obere Teil der Grotte nur über schmale, ausgesetzte, stahlseilgesicherte Pfade zu erreichen ist. Es erwarten uns drei Kammern, die mit etwas Kraxelei erkundet werden können. Ein Abstecher von der Abzweigung (3) in Richtung Neideck-Grotte (Beschilderung) bringt uns über einen steilen, serpentinenartigen Wanderpfad hinauf zur sehenswerten Grotte (hin und zurück zusätzlich 0,7 km; 25 Min. Gehzeit).

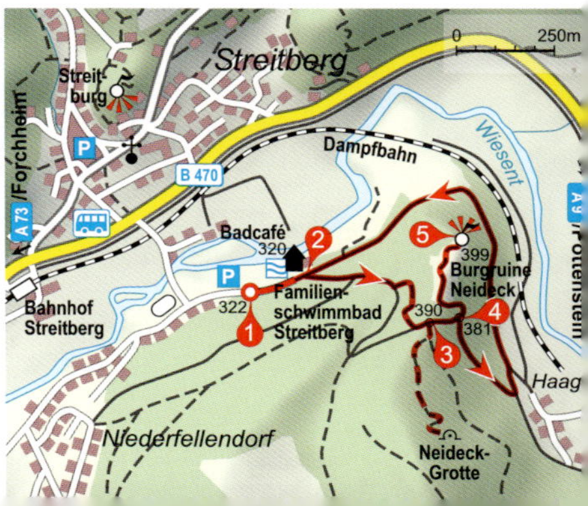

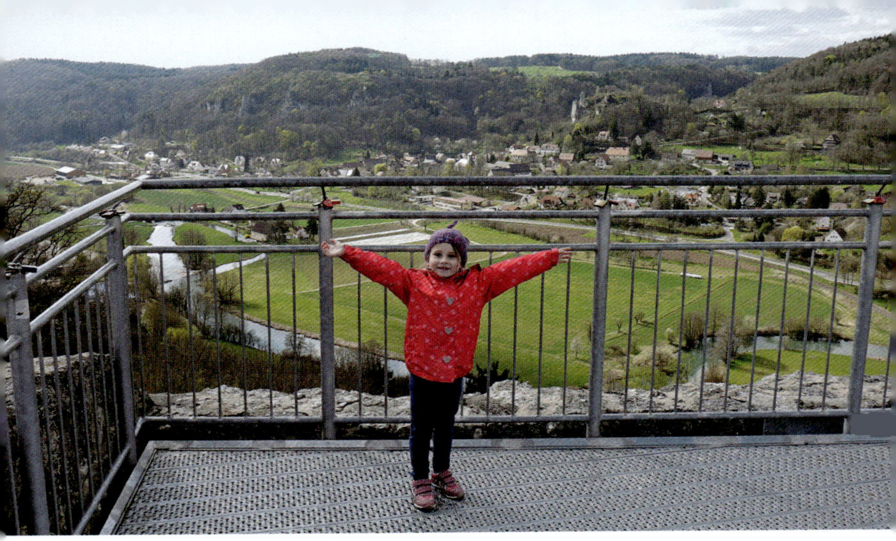

Wer den Wohnturm besteigt, hat eine schöne Aussicht ins Wiesenttal.

Vom **Parkplatz (1)** laufen wir am **Familienschwimmbad (2)** vorbei und zweigen am Ende des Schwimmbads mit dem Wegweiser »Ruine Neideck 20 Minuten« rechts ab. Der Wanderpfad steigt steil an und bringt uns immer links haltend in Serpentinen hinauf zur Anhöhe. Dort treffen wir auf die Markierung *Roter Kreis*, die uns links zur Ruine Neideck weist. Noch bevor wir die Ruine erreichen, zweigt rechts **(3)** ein Weg zur Neideck-Grotte ab, den wir für einen Abstecher dorthin nutzen können (siehe Variante). Ansonsten laufen wir geradeaus weiter zum **Zugang des Burggeländes (4)**. Wir durchqueren die Reste der Vorburg und gelangen über eine Holzbrücke hinüber zur **Burgruine Neideck (5)**. Von der Aussichtsplattform des Hauptturms ergibt sich ein sensationeller Blick ins Wiesenttal zwischen Streitberg und Muggendorf. Ein Infopavillon neben der Burgruine informiert uns über die Entstehung und den Niedergang der Burg. Einige Sitzplätze laden ringsherum zu einer Pause ein.

Wir verlassen das Burggelände wieder über den **Zugang (4)** und folgen nun der Markierung *Roter Kreis* in Richtung Streitberg/Muggendorf. Sie führt uns zuerst steil nach unten, bevor uns ein Forstweg links zurück zum **Parkplatz (1)** am Familienfreibad bringt.

HIGHLIGHTS

- ★ Die Burgruine Neideck mit einer Aussichtsplattform hoch über dem Wiesenttal. Kostenloses, frei zugängliches Gelände mit Infopavillon zur Entstehung der Burg (www.neideck.de).
- ★ Frei begehbare Neideck-Grotte mit drei Kammern (siehe Variante 1).
- ★ Besuch im Familienschwimmbad Streitberg, einem kleinen, idyllisch gelegenen Freibad. Mit Kahnverleih zum Paddeln oder Rudern auf der Wiesent. Geöffnet von Mitte Mai bis Mitte September täglich 10–19 Uhr (Am Freibad 7, 91346 Wiesenttal; Tel. +49 9196 298; www.familienschwimmbad.de).

Muggendorfer Höhlenwanderung

Zum »Hohlen Berg«

ab 6 J.

Spannender Ausflug in die Unterwelt

Sind Ihre Kinder fasziniert von Höhlen? Dann packen Sie warme Kleidung, Helme und gut leuchtende Taschen- oder Stirnlampen ein, und nichts wie ab nach Muggendorf. Rund um die Ortschaft befinden sich unzählige Höhlen, von denen jede ihren eigenen Charme hat. Hinter einem schmalen Eingang überrascht uns die Witzenhöhle mit ihrer geräumigen, drei bis sechs Meter hohen Eingangshalle. Tieferes Erkunden der Höhle empfiehlt sich aber nur in Begleitung eines erfahrenen Höhlenführers, da der Boden zum Teil sehr feucht und glitschig ist. Einfacher haben wir es da in der Doktorshöhle, deren Sinterablagerungen und -becken man komplett selbst erkunden kann. Um unsere Wanderung fortzusetzen, durchqueren wir den über 60 Meter langen, dunklen Gang der Oswaldhöhle. Zuletzt besuchen wir die Rosenmüllerhöhle, eine der ältesten Schauhöhlen der Fränkischen Schweiz. Sie wird durch einen künstlich geschaffenen Eingang betreten und zählte einst zu den schönsten Tropfsteinhöhlen. Leider wurde ihr Tropfsteinschmuck im Laufe der Zeit geplündert. Bitte denken Sie daran – Tropfsteine gehören nicht in den Rucksack, sondern müssen in den Höhlen verbleiben! Im Zeitraum von Oktober bis April, sollten die Höhlen außerdem aus Fledermausschutzgründen nicht besucht werden.

Am Nordeingang der Oswaldhöhle – während des Dreißigjährigen Krieges bot sie der Bevölkerung Schutz.

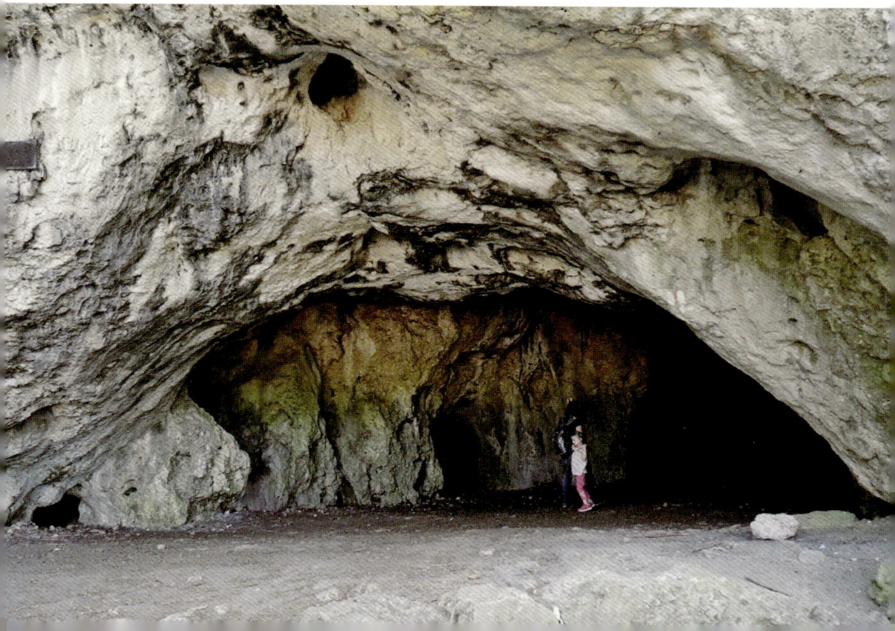

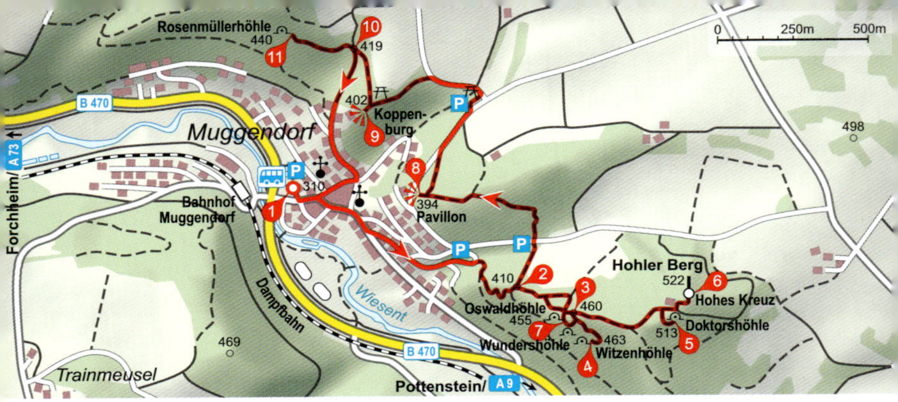

KURZINFO

Ausgangspunkt: Parkplatz an der Forchheimer Straße, 310 m, in Muggendorf (Navi: Forchheimer Straße 3, 91346 Wiesenttal-Muggendorf).

Anfahrt: Die B 470 von Forchheim kommend in Muggendorf an der Forchheimer Straße in Richtung Ortsmitte verlassen. Parkplatz gleich links zu Beginn der Forchheimer Straße.

Mit dem Bus: Haltestelle Muggendorf-Forchheimer Straße der VGN-Buslinie 389 aus Richtung Pegnitz oder Ebermannstadt.

Mit der Dampfbahn: Aus Richtung Ebermannstadt oder Behringersmühle bis zur Haltestelle Muggendorf, von dort auf der Forchheimer Straße die B 470 überqueren (150 m, 5 Min. Gehzeit). Achtung, die Dampfbahn verkehrt von Anfang Mai bis Ende Oktober in der Regel nur an Sonn- und Feiertagen! Weitere Informationen und einen Fahrplan finden Sie unter www.dampfbahn.net.

Gehzeit: 3.00 Std.; ohne Besichtigung der Höhlen.

Distanz: 5,8 km.

Höhenunterschied: 350 m.

Ausrüstung: Gut profilierte knöchelhohe Wanderschuhe, leuchtstarke Taschen- oder Stirnlampen, warme Kleidung und Helme zur Erkundung der Höhlen. Brotzeit und Getränke, da unterwegs keine Einkehrmöglichkeit.

Anforderungen: **Ab 6 Jahren.** In Muggendorf geteerte Straßen, sonst meist schmale, von Wurzeln durchsetzte Pfade. Stellenweise sehr steile Auf- und Abstiege. Nach Regenfällen ist von der Tour abzuraten, da die Wege und Höhlen dann sehr rutschig sein können. Größtenteils schattige Wanderung.

Einkehr: Restaurants und Gaststätten im Zentrum von Muggendorf.

Hinweis: Bitte beachten Sie die Fledermausschutzzeiten und unsere Hinweise zum Erhalt der Höhlen, S. 15.

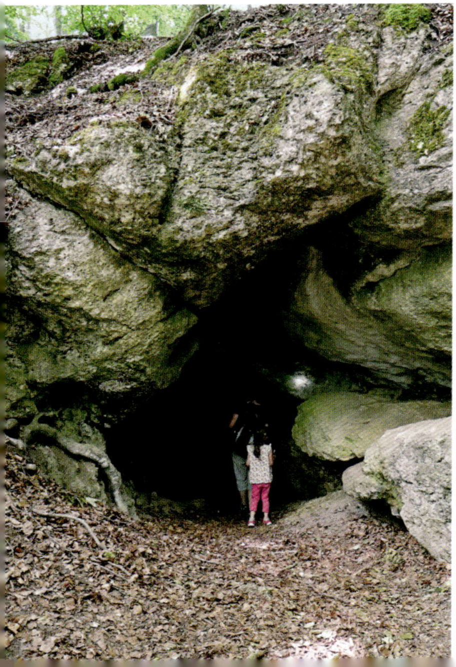

Die Doktorshöhle ist perfekt geeignet für kleine Höhlenforscher.

Vom **Parkplatz (1)** in **Muggendorf** gehen wir links auf dem Gehsteig entlang der Forchheimer Straße und biegen dann rechts in den Marktplatz ein. Ab hier begleitet uns die Markierung *Roter Senkrechtstrich* des Höhenwegs zur Oswaldhöhle. Wir wandern geradeaus ein Stück auf der Bayreuther Straße, bis wir links steil hinauf in die Straße »Lindenberg« einbiegen. Etwas weiter oben halten wir uns rechts und wandern auf der Straße »Dooser Berg« weiter aufwärts. Kurz nach einem Wanderparkplatz biegt unser markierter Wanderweg in einer Kehre rechts in den Wald ein. Auf dem Wanderpfad geht es stetig ansteigend, teils über Stufen steil hinauf in Richtung Oswaldhöhle. An der **Verzweigung (2)** und kurz vor Erreichen der Höhle entscheiden wir uns jeweils für den rechten Wanderweg, der uns auf eine **Anhöhe (3)** mit einem Aussichtspunkt über den Höhlen bringt. Treppenstufen führen rechts hinunter zur Oswaldhöhle, die wir aber erst auf dem Rückweg besuchen werden. Wir statten zuerst der Witzenhöhle einen Besuch ab, indem wir ohne Markierung oder Beschilderung auf dem Pfad zuerst leicht bergan und dann uns rechts haltend am Hang entlangwandern. Steil hinunter geht es zum **Höhleneingang der Witzenhöhle (4)**. Hinter einem unscheinbaren, kleinen Höhleneingang erstreckt sich eine große, lange Halle. Nach ausgiebiger Erkundung des Eingangsbereichs (der hintere Teil der Höhle sollte nur in Begleitung erfahrener Höhlenführer betreten werden) steigen wir den Hang wieder hinauf und laufen zurück zur **Anhöhe (3)**. Dort wandern wir mit dem

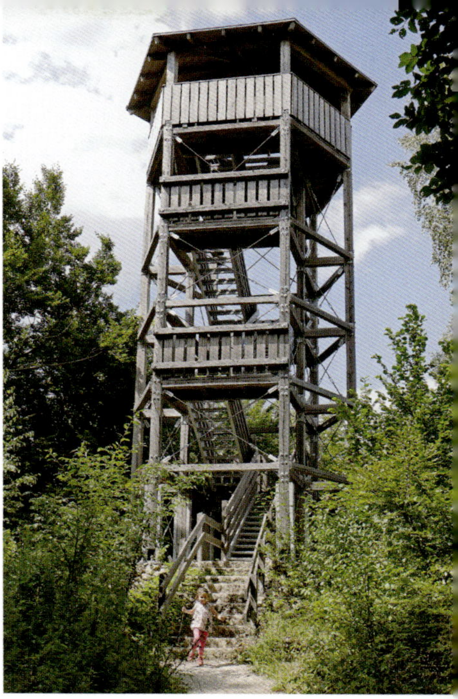

Hohes Kreuz – einer der vielen Aussichtspunkte dieser Wanderung.

Roten Senkrechtstrich rechts weiter in Richtung Aussichtspunkt »Hohes Kreuz«. An der nächsten Weggabelung entscheiden wir uns für den linken Weg und folgen der Beschilderung »kleiner Umweg über Hohes Kreuz mit schöner Aussicht«. Der *Rote Senkrechtstrich* bringt uns zu einer Scheune. Etwa 20 m davor führen einige unmarkierte Trampelpfade rechts steil hinunter zur **Doktorshöhle (5)**. In ihrem Inneren finden sich Reste von Tropfsteinsäulen,

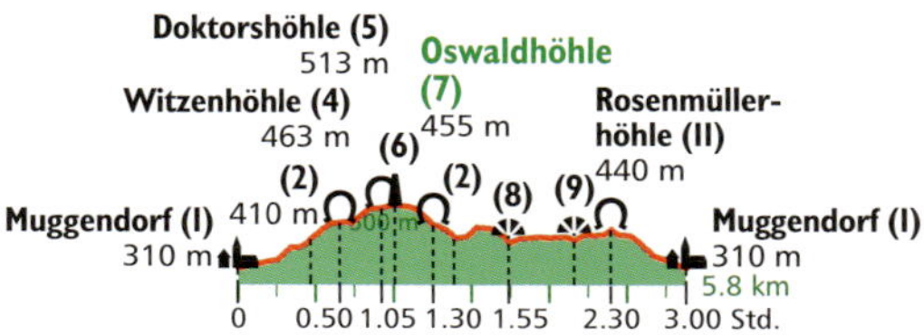

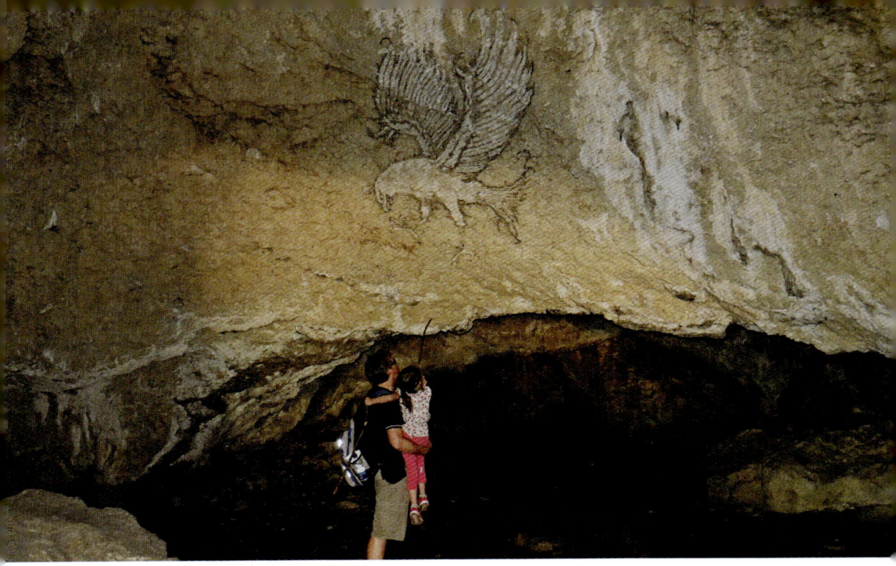

Noch heute ist der weiße Falke in der Oswaldhöhle deutlich zu erkennen.

einige schöne Sinterbecken und kleine Stalaktiten. Zurück auf dem markierten Hauptweg, sehen wir hinter der Scheune schon den Aussichtsturm **»Hohes Kreuz« (6)**, der uns einen schönen Blick auf Engelhardsberg und die Burgruine Neideck im Wiesenttal ermöglicht.
Wir kehren mit unserem Wanderweg wieder zurück zur **Anhöhe (3)** und steigen nun die Treppenstufen hinunter Richtung Oswald-/Wundershöhle. Wir passieren zunächst die Wundershöhle. Diese Höhle ist für Kinder nicht geeignet! Der Eingang kann nur kriechend passiert werden und mündet in einen drei Meter tiefer gelegenen Hohlraum. Gleich daneben befindet sich jedoch das Durchgangsloch der **Oswaldhöhle (7)**. Unser Wanderweg führt durch sie hindurch. Jetzt heißt es, Kopf einziehen, denn die niedrigste Deckenhöhe beträgt nur 1,50 m! In der Mitte der Durchgangshöhle findet ihr eine Felszeichnung, die im Film »Der Schatz der weißen Falken« (siehe »Hallo Kinder«) eine wichtige Rolle spielt. Am Höhlenausgang halten wir uns mit der Markierung *Roter Senkrechtstrich* links und kommen alsbald wieder zurück an die **Abzweigung (2)**. Unsere Markierung begleitet uns nun rechts in Richtung Pavillon/Koppenburg. Dabei überqueren wir an einem Wanderparkplatz die Straße und laufen auf der gegenüberliegenden Seite auf dem Wanderpfad bis zum **Pavillon (8)**. Wir folgen weiter der Markierung in Richtung Streitberg,

HIGHLIGHTS

- ★ Mehrere frei zugängliche Höhlen: Oswaldhöhle, Rosenmüllerhöhle, Doktorshöhle und Witzenhöhle.
- ★ Aussichtsturm »Hohes Kreuz« und die beiden Aussichtspunkte Pavillon und Koppenburg.
- ★ Viele Picknickplätze unterwegs.
- ★ Minigolfplatz und Modellbahnmuseum in Muggendorf (siehe Freizeittipps L3 und G1).

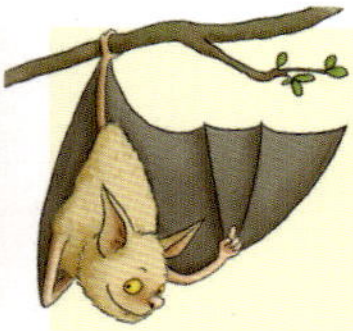

Hallo Kinder,

habt ihr schon vom Film »Der Schatz der weißen Falken« gehört? Er ist ein Kinder-Abenteuerfilm, der 2005 als Kinofilm erschien. Er erzählt von einem Sommer in den 1970er-Jahren in der Fränkischen Schweiz. Drei Freunde entdecken in einem geheimen Versteck die alte, verschlüsselte Schatzkarte der ehemaligen, im Dorf legendären Kinderbande »Die weißen Falken« und beschließen, den Schatz zu suchen. Die Schatzsuche bleibt im Ort nicht unbemerkt und so machen sich zwei rivalisierende Kinderbanden auf den Weg, den sagenumwobenen Schatz der »Weißen Falken« aufzuspüren. Einige Drehorte könnt ihr auf den Touren 6, 8 und 15 (Burgruine Neideck, Druidenhain, Walberla) besuchen. Die »Schatzkammer« ist im Film die Oswaldhöhle, in der ihr bei der heutigen Wanderung den weißen Falken als Felszeichnung an der Höhlendecke entdecken könnt. Alles wollen wir aber nicht verraten, vielleicht schaut ihr euch mal den Film an, um die Orte in den Szenen wiederzuerkennen.

überqueren eine Straße und folgen ihr nach rechts hinauf bis zum Picknickplatz. Links nun mit der Markierung weiter entlang einer Straße, bis wir kurz darauf links in einen Wanderweg einschwenken. Dieser bringt uns zum Aussichtspunkt **Koppenburg (9)**. Etwas später überqueren wir an einer **Kreuzung (10)** unseren späteren Rückweg, laufen aber zuerst ohne Markierung weiter hinauf bis zur **Rosenmüllerhöhle (11)**. Schon am Eingang nehmen wir den intensiven Geruch abgebrannter Kerzen wahr. Entlang der vielen Steinstufen im Inneren der Höhle sind viele Kerzenhalter angebracht und der Kerzenschein erzeugt eine romantische Stimmung. Eigentlich sollen in Höhlen keine Kerzen angezündet werden, in der Rosenmüllerhöhle wird das aber seit jeher leider ignoriert. Die ehemalige Schauhöhle zählte einst zu den schönsten Tropfsteinhöhlen der Fränkischen Schweiz, ist aber seit geraumer Zeit frei zugänglich.

Wir marschieren zurück zur bekannten **Kreuzung (10)** und wenden uns mit der Markierung *Gelber Kreis* rechts in Richtung Muggendorf.

Wir wandern den Schmiedsberg hinunter, biegen rechts in den Oberen Markt ein und laufen über die Forchheimer Straße zurück zum **Parkplatz (1)** in **Muggendorf**.

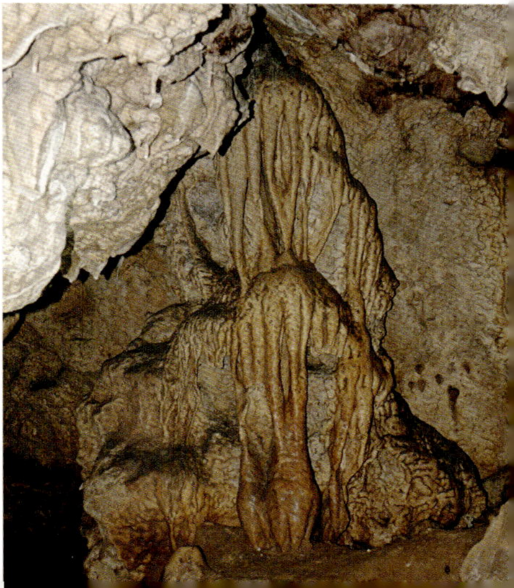

Schöne Sinterfahnen kann man in der Doktorshöhle entdecken.

8 Zum Druidenhain

Bei Wohlmannsgesees

ab 2 J.

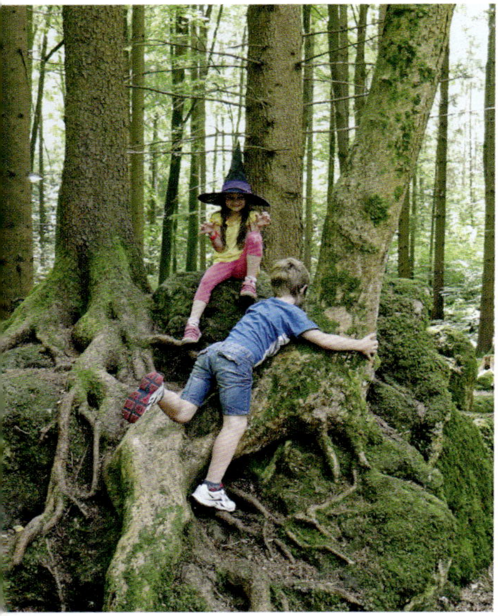

Schauriges Hexenspiel in einer märchenhaften Kulisse.

Felsenlandschaft zum Kraxeln und Verstecken

Wer den Buchen- und Fichtenwald südwestlich von Wohlmannsgesees betritt, kommt aus dem Staunen nicht mehr heraus. Große, geometrisch angeordnete, quaderförmige Felsbrocken vermitteln sofort den Eindruck eines mystischen Ortes. Die Fantasie der Besucher gab den moosbewachsenen und zum Teil von Baumwurzeln umschlungenen Felsen ihre schaurigen Namen wie z. B. Taufstein, Opferstein, Altar, Labyrinth oder Grab mit Heilsrune. Über die wirkliche Bedeutung des Druidenhains scheiden sich die Geister. Für die einen ist er eine Kultstätte der Keltenpriester, für andere ein besonderer Kraftort, wieder andere erkennen dafür keine Beweise und halten die seltsame Anordnung der tonnenschweren Felsbrocken lediglich für ein Wunder der Natur. Für Kinder jeden Alters ist diese Felsenlandschaft mit ihren verwinkelten Gängen ideal zum Verstecken, Kraxeln und Spielen. Eine natürliche Spielstätte, in der Kinder keine Spielgeräte vermissen werden und die Zeit im Nu vergeht.

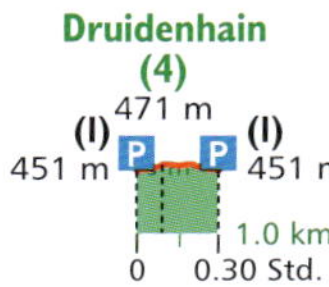

KURZINFO

Ausgangspunkt: Wanderparkplatz an der Straße zwischen Wohlmannsgesees und Windischgaillenreuth, 451 m (Navi: N49.787083 E11.262003).

Anfahrt: Von Forchheim auf der B 470 in Richtung Pottenstein. Nach dem Sportplatz in Muggendorf rechts abbiegen Richtung Wohlmannsgesees. 250 m hinter dem Ortsende Parkplatz am Waldrand auf der linken Seite.

Gehzeit: 30 Min. reine Gehzeit; der Spaziergang kann aber auch zu einem Halbtagesausflug werden.

Distanz: 1,0 km ohne Besuch des Labyrinths.

Höhenunterschied: 30 m.

Ausrüstung: Gut profilierte Sport- oder Wanderschuhe; evtl. Wechselkleidung, Picknicksachen, Verkleidung (z. B. Hexen-, Ritter- oder Feenkostüme).

Anforderungen: Ab 2 Jahren. Leichte Wanderung auf ebenen Waldwegen. Kinderwagen-/laufradgeeignet sind nur

HIGHLIGHTS

- ★ Das Felsenlabyrinth des Druidenhains lädt zum Spielen, Verstecken und Klettern ein. In dem ca. 8400 m² großen Waldstück faszinieren große Felsblöcke und -spalten in eigenartiger Anordnung. Eine Infotafel informiert über die Lage der Felsen und ihre geheimnisvollen Namen.
- ★ Schattiger Picknickplatz am Rand des Druidenhains.

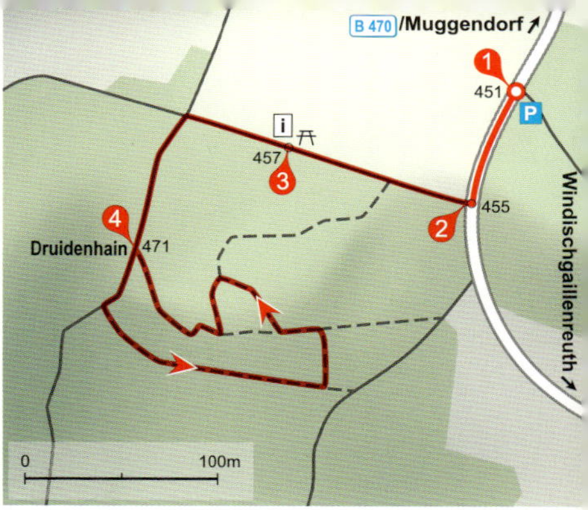

die Wege außerhalb des Labyrinths. Im Labyrinth darf nach Herzenslust gespielt und gekraxelt werden. Wegen der Absturzgefahr sollten kleine Kinder aber nicht unbeaufsichtigt auf den Felsen herumtollen oder klettern. Achtung, Rutschgefahr bei Nässe! Überwiegend schattige Wanderung.

Einkehr: Unterwegs keine. Gasthof Heid (Wohlmannsgesees 1, 91346 Wiesenttal-Wohlmannsgesees; Tel. +49 9196 306; Mo. und Di. Ruhetag, um telefonische Reservierung wird gebeten; Kindergerichte).

Aus Stöcken und Ästen bauen wir ein Dach für unsere Behausung.

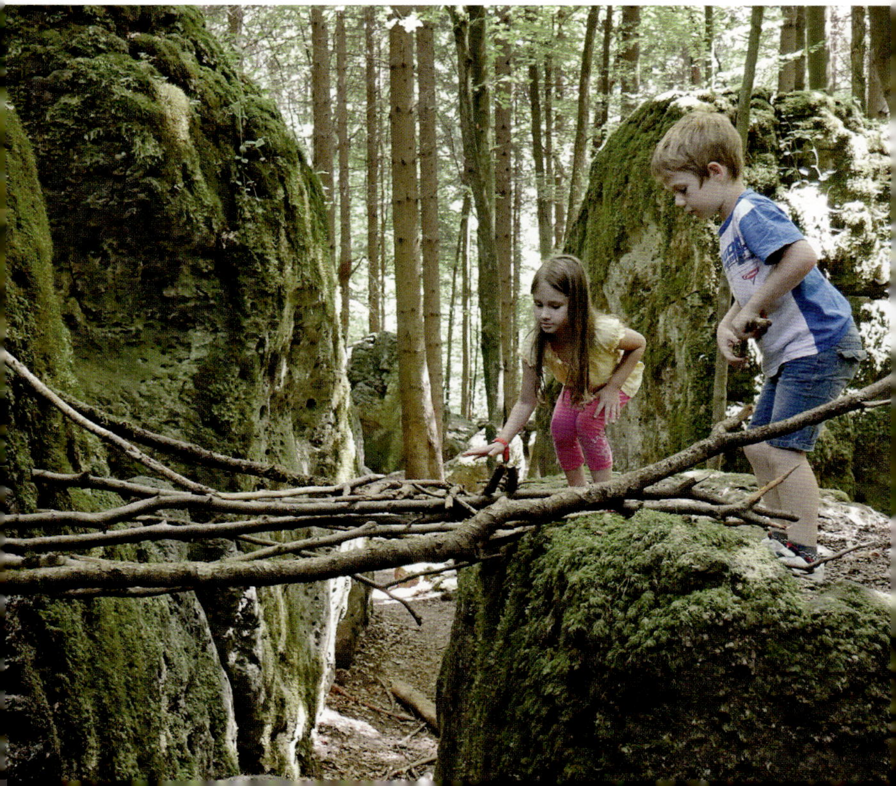

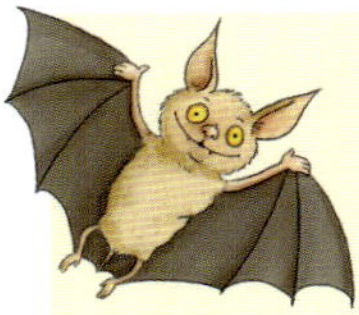

Hallo Kinder,

heute besucht ihr einen nicht alltäglichen Spielplatz. Im natürlichen Steinlabyrinth des Druidenhains könnt ihr nach Herzenslust herumtollen und eurer Fantasie freien Lauf lassen. Nehmt am besten ein paar Freunde mit und packt Ritter-, Feen- oder Hexenkostüme ein, und dann nichts wie ab zum Druidenhain. Er ist die perfekte Bühne, um Märchen-, Grusel- und Schauergeschichten nachzuspielen. Hier könnt ihr wie die Waldfeen um die Steine tanzen, Ritterschlachten auskämpfen oder einen Unterschlupf aus Ästen und Zweigen bauen. Mitten im spannenden Wald lasst ihr Banden, Bündnisse und Königreiche entstehen. Eure Eltern können es sich derweil auf einer Picknickdecke bequem machen oder ihr überredet sie zum Mitspielen. Ein Nachmittag an diesem magischen Ort wird euch sicher lange in Erinnerung bleiben.

Vom **Parkplatz (1)** gehen wir ein Stück (ca. 60 m) auf der Teerstraße in Richtung Windischgaillenreuth. Ein **Forstweg (2)** mit dem Wegweiser Druidenhain führt uns dann rechts am Waldrand entlang. Kurz darauf kommen wir an einem Picknickplatz und einer **Infotafel (3)** vorbei. Der eigentliche Eingang zum Felsenlabyrinth befindet sich etwas danach auf der linken Seite. Ein schmaler Pfad bringt uns zum **Druidenhain (4)** mit seinen moosbewachsenen Felsblöcken.

Nachdem wir das Labyrinth erkundet haben, kehren wir auf demselben Weg wieder zum **Parkplatz (1)** zurück.

Rechts und unten: Die Kinder haben viel Vergnügen an der Kletterei und am Verstecken in der verwinkelten Felsenlandschaft.

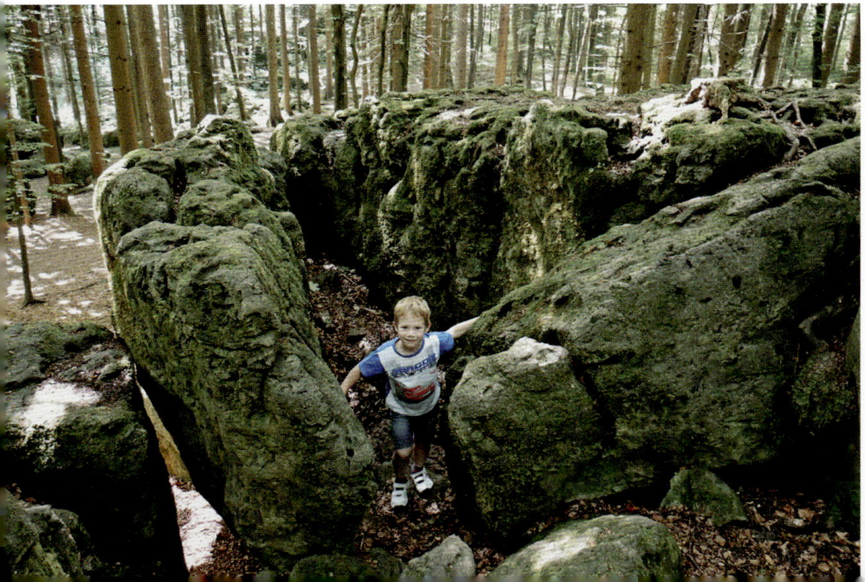

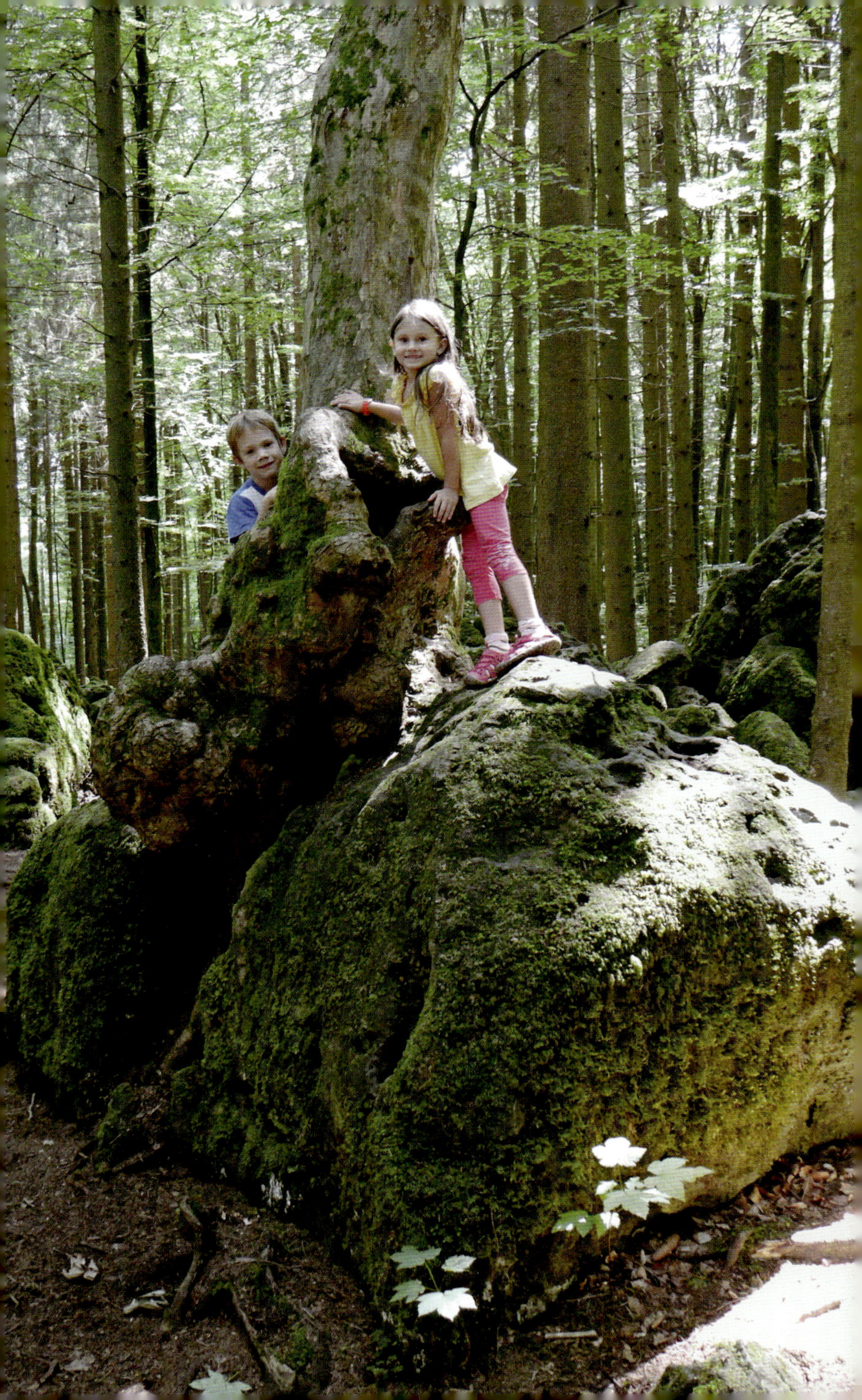

9 Von Gößweinstein zur Stempfermühle

Durch das Naturwaldreservat Eibenwald — ab 5 J.

Wanderung mit anschließendem Badevergnügen

Jedes Jahr zieht es viele Pilger nach Gößweinstein, den größten Dreifaltigkeits-Wallfahrtsort Deutschlands. Seinen Namen verdankt der Ort Graf Goswin, dem Erbauer der Burg aus dem 11. Jahrhundert. Viele Urlauber nutzen Gößweinstein als Ausgangspunkt für ausgedehnte Wanderungen. So starten auch wir dort und wandern durch das Naturwaldreservat Eibenwald hinab zur im Wiesenttal gelegenen Stempfermühle. Hier legen wir unten im Tal an der rauschenden Wiesent eine Pause ein und beobachten dabei die Kanufahrer, bevor wir uns auf den beschwerlichen Weg hinauf zur Burg machen. Der Rückweg führt über viele Treppen und schmale Pfade durch eine beeindruckende Felsschlucht. Von der Burg bietet sich uns ein herrlicher Blick ins Wiesenttal und auf die Ortschaft mit ihrer Barockbasilika. Nach der Wanderung können wir uns gratis im Natur-Höhenschwimmbad abkühlen oder die vielfältigen Freizeitangebote rund um Gößweinstein nützen.

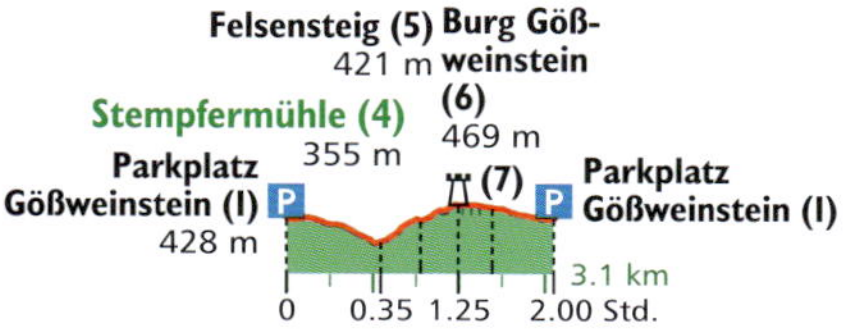

Auf dem spektakulären Felsensteig erreichen wir die Burg Gößweinstein.

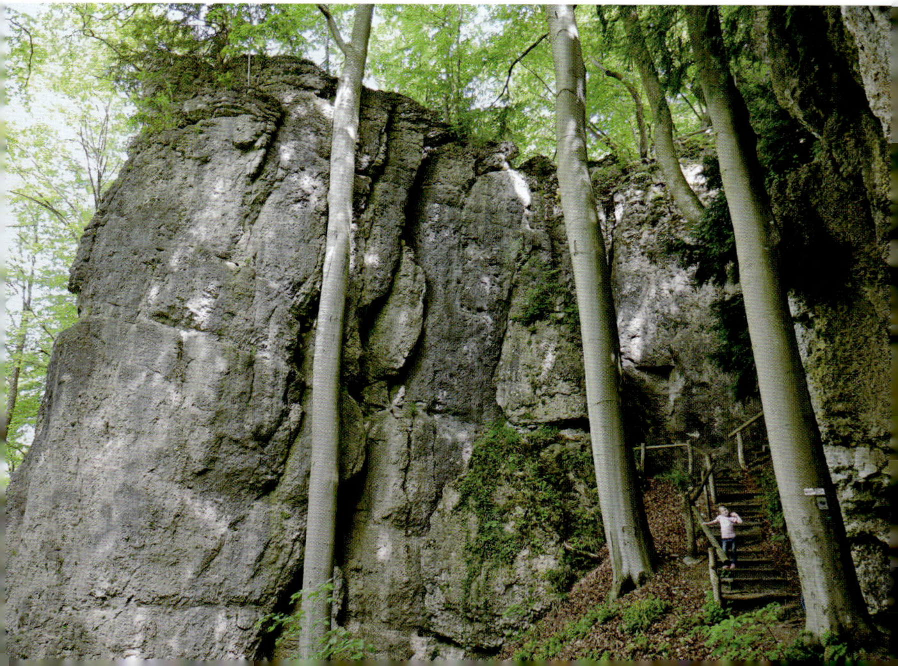

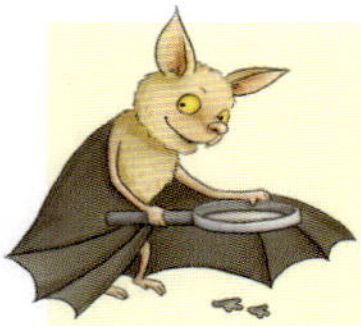

Hallo Kinder,

kennt ihr die Eibe, den wohl giftigsten und sagenumwobensten Baum im Wald? Sie ist ein ungewöhnlicher Nadelbaum, der statt Zapfen rote Beeren ausbildet. Die Germanen und die Kelten sahen in der Eibe einen Begleiter vom Tod in die Ewigkeit. Für die Jagd und den Kampf tauchten sie Pfeile in einen giftigen Sud aus Eibennadeln und -beeren, um schnell den Tod des gejagten Tieres oder des Kampfgegners herbeizuführen. Das besonders haltbare und zähe Holz der Eibe wurde für die Anfertigung von Bogen verwendet und die Druiden schrieben den Zauberstäben aus Eibenholz magische Kräfte zu. Die Baumart war so begehrt, dass sie in Mitteleuropa beinahe ausgestorben wäre. Bei der heutigen Tour durch das Naturwaldreservat Eibenwald bei Gößweinstein wandert ihr durch den größten Eibenbestand Oberfrankens.

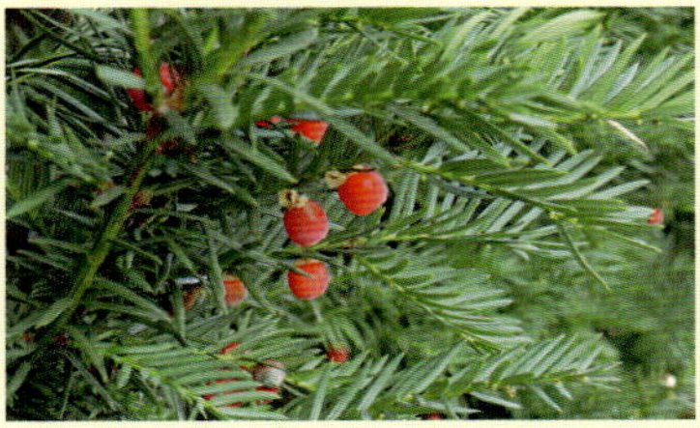

KURZINFO

Ausgangspunkt: Mehrere Parkplätze unterhalb des Höhenschwimmbads in Gößweinstein, 428 m (Navi: Schützenstraße 1, 91327 Gößweinstein).

Anfahrt: Auf der B 470 aus Richtung Forchheim oder von der A9 Anschlussstelle Pegnitz kommend bis auf Höhe Behringersmühle, dort abbiegen in Richtung Gößweinstein. Die Parkplätze befinden sich gleich gegenüber der am Ortsanfang liegenden Minigolfanlage.

Mit dem Bus: Haltestelle Gößweinstein-Freibad der VGN-Buslinie 389 aus Richtung Pegnitz und Ebermannstadt.

Mit der Dampfbahn: Aus Richtung Ebermannstadt bis zur Endhaltestelle Behringersmühle und von dort auf kleinem Fußweg entlang der Wiesent bis zur Stempfermühle (600 m, 15 Gehminuten), wo man auf die Wanderroute trifft. Achtung, die Dampfbahn verkehrt von Anfang Mai bis Ende Oktober in der Regel nur an Sonn- und Feiertagen! Weitere Informationen und einen Fahrplan finden Sie unter www.dampfbahn.net.

Gehzeit: 2.00 Std.
Distanz: 3,1 km.
Höhenunterschied: 160 m.

Ausrüstung: Gut profilierte Sport- und Wanderschuhe, Badesachen zum Besuch des Natur-Höhenschwimmbads.

Anforderungen: **Ab 5 Jahren.** Flacher Abstieg hinunter ins Wiesenttal, jedoch steiler Anstieg von der Stempfermühle hinauf zur Burg Gößweinstein. Enger Felsensteig mit vielen Treppen (zahlreiche Ruhebänke) und geländergesicherten Wegen, allerdings nicht kleinkindsicher. Kinder sollten Trittsicherheit mitbringen und schwindelfrei sein. Kleinere oder unsichere Kinder sollten an den ausgesetzten Wegstellen an die Hand genommen werden. Bei Nässe sollte diese Tour wegen Rutschgefahr nicht unternommen werden. Sonnige und schattige Wegabschnitte.

Einkehr: **Biergarten Minigolfanlage** und **Imbiss Höhenschwimmbad** (Öffnungszeiten siehe Highlights). **Gasthof Fränkische Schweiz** (Pezoldstraße 20, 91327 Gößweinstein; Tel. +49 9242 290; www.gasthof-fraenkische-schweiz.de; Biergarten).

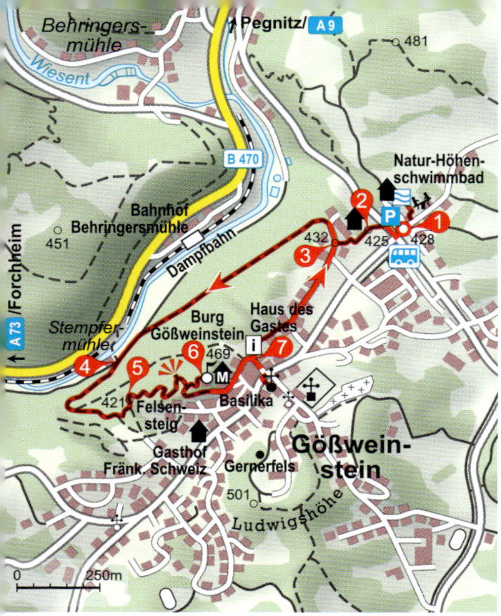

Vom **Parkplatz (1)** laufen wir hinab zum schon sichtbaren Eingang der **Minigolfanlage (2)**. Dort empfängt uns der markierte *Frankenweg*, der uns als schmaler Pfad am Zaun der Minigolfanlage entlang bis zur **Badangerstraße (3)** bringt. Dort ignorieren wir den *Frankenweg* und wandern stattdessen ohne Markierung rechts hinunter, am Kindergarten vorbei, geradeaus in den Wald hinein. Durch einen lauschigen Laubwald geht es hinab zur an der Wiesent gelegenen **Stempfermühle (4)**. Dort unten im Wiesenttal lassen sich die Kanufahrer hervorragend beobachten.

Unser Weiterweg führt kurz vor der Stempfermühle nun wieder mit der Markierung *Frankenweg* Richtung Gößweinstein links auf einem steilen Pfad aufwärts. Nach mühsamem, aber schattigem Aufstieg erreichen wir den Beginn des **Felsensteigs (5)**. Nun schlängelt sich unser Pfad an riesigen Felswänden vorbei und wir gewinnen über viele Treppenstufen schnell an Höhe. Vom Aussichtspunkt beim Marien-

Wilde Kanufahrt auf der Wiesent, vorbei an der idyllischen Stempfermühle.

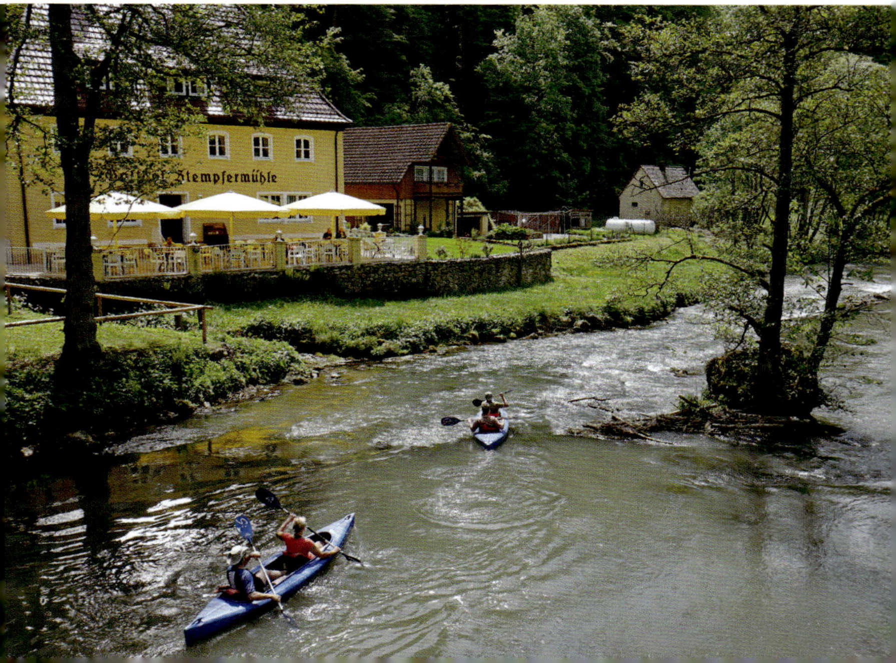

HIGHLIGHTS

- ★ Spannender Felsensteig durch das Naturwaldreservat.
- ★ Besuch des Natur-Höhenschwimmbads Gößweinstein, einem kleinen, aber feinen Naturbad mit familiärem Charakter und freiem Eintritt. Geöffnet vom 1. Mai bis 30. September bei schönem Wetter täglich 10–19 Uhr (Schützenstraße 1, 91327 Gößweinstein, www.ferienzentrum-goessweinstein.de/de/erleben/freizeit-erholung/hoehenschwimmbad).
  Über die Firma Leinen Los (www.leinen-los.de) können auf dem Eventgelände des Schwimmbades auch verschiedene Aktionen wie Bogenschießen, Soccer- und Disc-Golf gebucht werden.
- ★ Besichtigung der Burg Gößweinstein oberhalb des Ortskerns. Die Kinder können Teile der Burganlage selbst erkunden und dabei lernen, wie kärglich die Lebensweise der Menschen früher war. Geöffnet von Ostern bis Oktober täglich 10–18 Uhr (Burgstraße 30; Tel. +49 9242 2999891; www.burg-goessweinstein.de).
- ★ Besichtigung der Basilika und des Wallfahrtsmuseums in Gößweinstein; Öffnungszeiten unter www.ferienzentrum-goessweinstein.de.
- ★ Spannende Kanufahrten auf der Wiesent; Informationen unter www.leinen-los.de (siehe auch Freizeittipp J2).
- ★ Minigolf-/Pit-Pat-Platz in Gößweinstein mit kleinem Kinderspielplatz und Meerschweinchen zum Streicheln. Öffnungszeiten siehe Internetseite (Behringersmühlerstraße 3; Tel. +49 160 6718077 oder +49 9242 1718; www.minigolf-goessweinstein.de).
- ★ Fahrt mit der Dampfbahn durch die Fränkische Schweiz (siehe Freizeittipp M3).

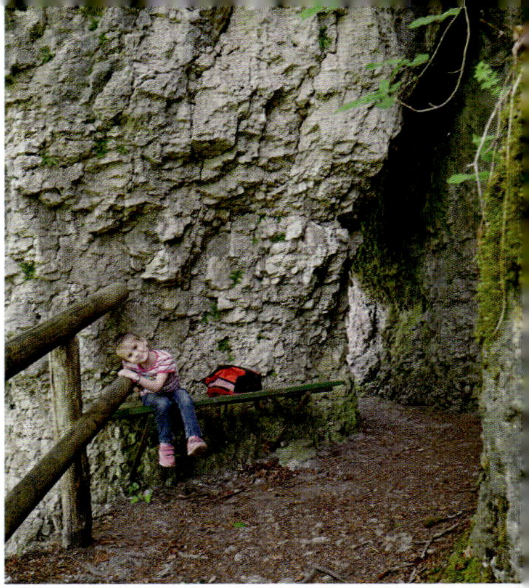

Verschnaufpause mitten im faszinierenden Felsensteig.

felsen erhaschen wir einen Blick hinunter ins Tal und erreichen kurz darauf die **Burg Gößweinstein (6)**. Von dort oben schweift unser Blick über die Dächer und die herrliche Basilika von Gößweinstein.
Wir verlassen die Burg mit dem *Frankenweg* und wandern auf der Burgstraße geradeaus abwärts bis zur Tourist-Info **»Haus des Gastes« (7)**. Dort besteht die Möglichkeit zu einem Abstecher rechts hinüber zur Basilika, die nach den Plänen von Balthasar Neumann erbaut wurde. Von der Tourist-Info gehen wir, weiterhin mit der Markierung *Frankenweg*, ein paar Treppenstufen hinauf und den Pfad »An der Wagnershöhe« entlang. Bald erreichen wir die Badangerstraße, der wir links abwärts folgen. Vor dem **Hotel Stempferhof (3)** treffen wir wieder auf den bekannten Pfad, der uns rechts zur **Minigolfanlage (2)** zurückbringt. Gleich gegenüber befinden sich der **Parkplatz (1)** und das Höhenschwimmbad, wo wir unseren Wandertag ausklingen lassen können.

10 Durch die Bärenschlucht

Bei Pottenstein

ab 5 J.

Riffe aus der Jurazeit und Badespaß im »Juramar«

Die hügelige Landschaft rund um Pottenstein ist ein wahres Wander- und Kletterparadies. Unsere heutige Tour führt uns entlang des naturbelassenen Püttlachtales nach Westen in die eindrucksvolle Bärenschlucht. Ihre schroffen Felsen waren einst Riffe im Jurameer. Die Überreste einer vorzeitlichen Siedlung, die man hier entdeckt hat, gelten als die bedeutendste prähistorische Fundstelle in der Fränkischen Schweiz. Von der Bärenschlucht kehren wir über Wald-, Wiesen- und Feldwege zurück nach Pottenstein. Vom Neubaugebiet eröffnet sich ein beeindruckender Blick auf die Dächer des Städtchens und seine hoch gelegene Burg. Anschließend lassen wir diesen schönen Tag im Freizeit- und Erlebnisbad »Juramar« oder auf dem gegenüberliegenden Kinderspielplatz ausklingen.

Entlang eindrucksvoller versteinerter Meeresriffe.

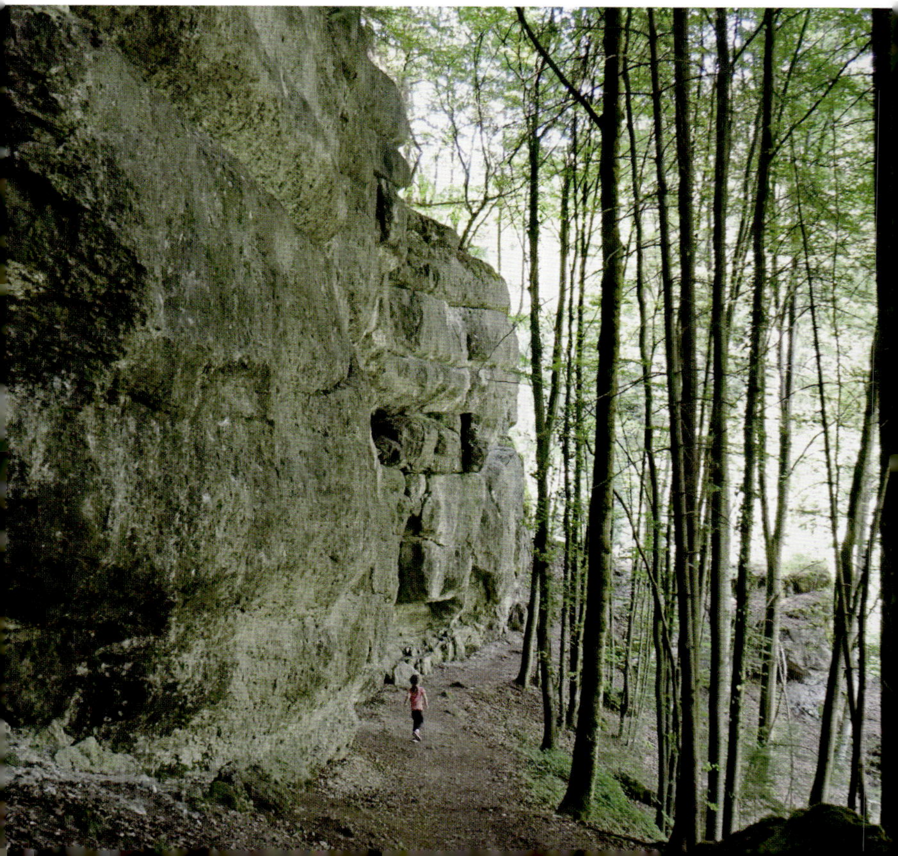

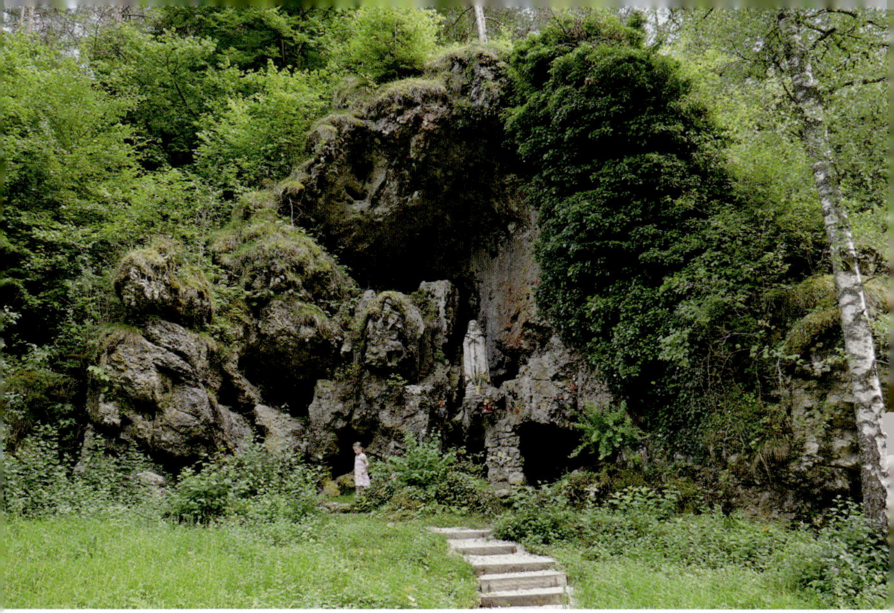

Gleich nach der Bärenschlucht liegt, eingebettet im natürlichen Fels, eine Mariengrotte.

KURZINFO

Ausgangspunkt: Zeitlich begrenzte (4 Std.) Parkmöglichkeit am Freizeit- und Erlebnisbad »Juramar«, 361 m (Navi: Am Kurzentrum 4, 91278 Pottenstein).
Alternativ, gebührenpflichtiger Parkplatz an der B 470, 372 m (Navi: N49.768130, E11.409260).

Anfahrt: Von der Anschlussstelle Pegnitz der A 9 oder von Forchheim kommend über die B 470 in Richtung Pottenstein. In Pottenstein in die Hauptstraße abbiegen und gleich darauf links in die Straße »Am Kurzentrum«. Der Parkplatz befindet sich direkt vor dem »Juramar«.

Mit dem Bus: Haltestelle »Pottenstein – B 470« der Linien 343 von Neuhaus/Waischenfeld, 389 von Pegnitz/Ebermannstadt und 397 von Bayreuth/Gößweinstein; weiter entlang der B 470 bis zum Parkplatz (5 Min. Gehzeit).

Gehzeit: 2.15 Std.

Distanz: 4,9 km.

Höhenunterschied: 170 m.

Ausrüstung: Gut profilierte Sport- oder Wanderschuhe, Badesachen für den Besuch des Freizeit- und Erlebnisbades »Juramar«.

Anforderungen: Ab 5 Jahren. Meist schmale Wanderpfade und bequeme Forstwege. Teilstücke entlang kaum befahrener Nebenstraßen. Jedoch müssen ca. 20 m an der Bundesstraße entlang gewandert und diese zweimal überquert werden. Sowohl sonnige als auch schattige Wegabschnitte.

Einkehr: Gaststätte des Campingplatzes Bärenschlucht (Bärenschlucht 1, 91278 Pottenstein; Tel. +49 9243 206; www.baerenschlucht-camping.de; Di.–So. 9–23 Uhr geöffnet, Montag Ruhetag, Spielplatz; Kindergerichte). Gaststätten und Biergärten in Pottenstein.

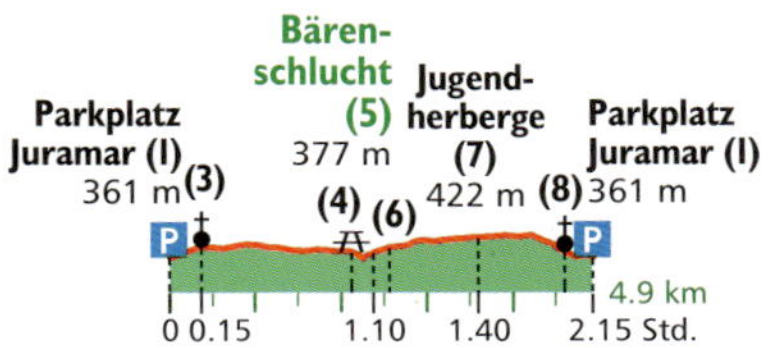

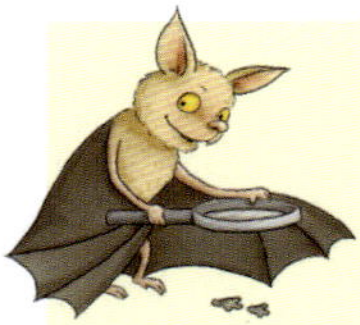

Hallo Kinder,

vor Millionen von Jahren war die Gegend um Pottenstein Teil eines tropischen Meeres. Seine Riffe waren besiedelt von unzähligen Meeresschwämmen, deren kalkhaltige Skelette sich am Meeresboden ablagerten und auf denen sich wiederum Schwämme und andere Meeresbewohner ansiedelten. Auch die Überreste von Algen, Muscheln und Seeigeln lagerten sich im Laufe der Zeit als Kalkschlamm ab. Später verwandelte sich dieser Schlamm unter hohem Druck in festes Kalkgestein und durch das Anheben des Meeresbodens wurde das ehemalige Riff zum Festland. Die geschichteten Kalkablagerungen könnt ihr deutlich an den Felsen in der Bärenschlucht und im Püttlachtal erkennen. An mehreren Fossilienklopfplätzen in der Fränkischen Schweiz dürft ihr euch auf die Suche nach den versteinerten Überresten der ehemaligen Meeresbewohner machen (siehe Freizeittipps M5 und M6).

Am **Parkplatz (1)** halten wir uns links und gehen am Kurpark und dem großen, abwechslungsreichen **Spielplatz (2)** vorbei. Kurz darauf biegen wir rechts in die Forchheimer Straße ein und überqueren vorsichtig die Bundesstraße B 470. Auf der anderen Seite weist uns eine große Wandertafel rechts hinauf zur **Evangelischen Kirche (3)**. Gleich hinter dem Kirchengebäude steigen wir über ein paar Treppenstufen rechts gemütlich wieder hinab zur Bundesstraße. Etwa 20 m laufen wir neben der Straße, dann führt uns die Markierung *Roter Ring* in den Wald hinauf in Richtung Bärenschlucht. Wir folgen dem *Roten Ring* auf stellenweise verschlungenen Pfaden entlang schroffer Kletterfelsen durch den Wald, bis wir einen **Picknickplatz (4)** erreichen. Gegenüber sehen wir schon den Campingplatz am Eingang zur Bärenschlucht. Der markierte Wanderweg führt uns rechts haltend hinunter zur Bundesstraße. Diese überqueren wir vorsichtig und machen einen Abstecher zum links gelegenen Gasthaus des Campingplatzes mit seinem hauseigenen Kinderspielplatz. Eine schmale Teerstraße schlängelt sich ab dem Campingplatz durch die eigentliche **Bärenschlucht (5)**. Am Schluchtende liegt rechts am Wegrand, etwas verborgen, die **Mariengrotte (6)**.

In einer Linkskurve biegen wir mit der Markierung *Roter Ring* rechts in den Wald ein. Der Wanderweg

HIGHLIGHTS

- ★ Abwechslungsreicher Spielplatz gegenüber dem Parkplatz.
- ★ Herrlich verschlungene Pfade zu einem Picknickplatz und den Felsen der Bärenschlucht, an denen man oft Kletterer beobachten kann.
- ★ Blick über die Dächer von Pottenstein und auf die Burganlage.
- ★ Besuch des Freizeit- und Erlebnisbades »Juramar« mit leicht salzhaltigem Schwimmwasser. Öffnungszeiten unter www.pottenstein.de/startseite-juramar (Am Kurzentrum 4, 91278 Pottenstein; Tel. +49 9243 903166).
- ★ Besuch der »Erlebnismeile« von Pottenstein z. B. mit »Erlebnisfelsen«, Kletterwald oder E-Fun-Park (siehe Tour 11, Freizeittipps E2, K1 u. L5).

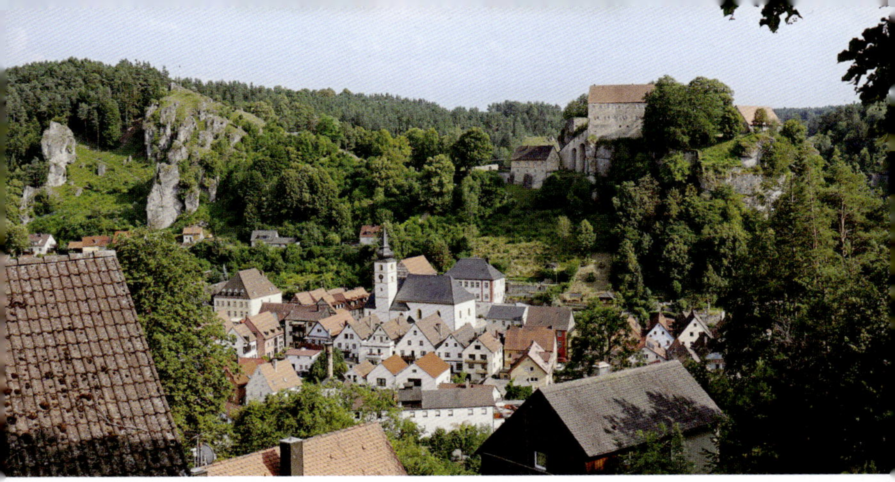

Herrlicher Blick auf die Altstadt von Pottenstein am Ende der Wanderung.

bringt uns durch den Wald, zwischen Feldern und Wiesen hindurch zur **Jugendherberge Pottenstein (7)**. Leider ist die Markierung *Roter Ring* ab dort nur noch sehr spärlich gesetzt, sodass wir entlang der Jugendherbergstraße zurück in Richtung Ortsmitte Pottenstein laufen. Geradeaus geht es weiter durch die Straße »Bayreuther Berg«, bis wir gleich nach der Hausnummer 5 den markierten Wanderweg verlassen und rechts auf einer schmalen Treppe zur **Kunigundenkirche (8)** absteigen. Von hieraus hat man einen herrlichen Blick zur Burg Pottenstein. Weiter geht es rechts hinunter bis kurz vor das Hotel Steigmühle. Dort halten wir uns links, wandern auf einem schmalen Pfad und über eine Brücke in Richtung Brauerei Wagner. Vor der dortigen Brücke biegen wir rechts auf einen Pfad ein und laufen neben dem Bach in Richtung Kurcafé. Vorbei am Hotel Schwan erreichen wir schließlich das Freizeitbad »Juramar« und den nebenan liegenden **Parkplatz (1)**.

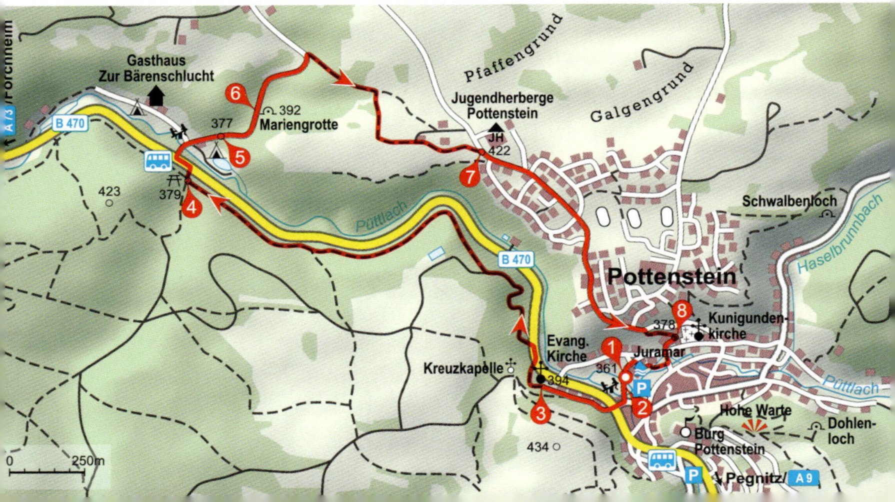

11 Durch das Weihersbachtal

»Erlebnismeile« Pottenstein

ab 4 J.

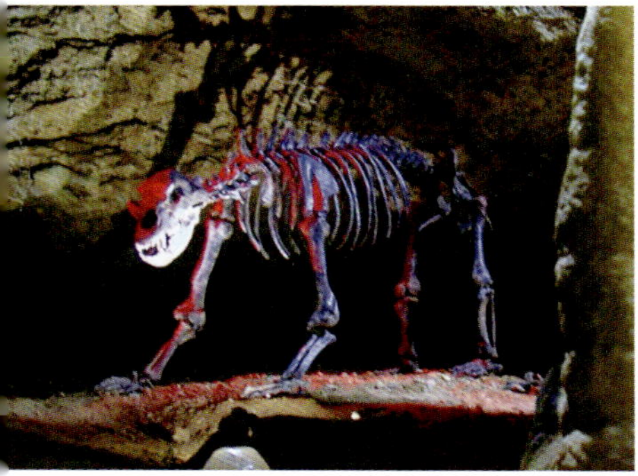

Ein komplettes Höhlenbärenskelett sehen wir in der Teufelshöhle.

Wanderpfad zur Sommerrodelbahn und zur Teufelshöhle

Pottenstein ist weithin bekannt für seine gut erhaltene Burg, die auf einem markanten Felssporn thront. Die darunterliegenden Fachwerkhäuser sind wunderbar eingebettet in die umgebende Felsenlandschaft. Darüber hinaus hat die Ortschaft im angrenzenden Weihersbachtal auch eine »Erlebnismeile« mit 21 Freizeiteinrichtungen für jeden Geschmack zu bieten. Besonders Kinder werden von den vielen Attraktionen begeistert sein. Dazu zählen der neue »Erlebnisfelsen Pottenstein« mit Skywalk, Hexenbesen, Frankenbob und Frankenrodel, das Felsenbad, der Schöngrundsee mit seinem Ruder- und Tretbootverleih und vieles mehr. Die größte Attraktion aber ist die Teufelshöhle. Mit einer Länge von ca. drei Kilometern ist sie eine der größten Tropfsteinhöhlen Deutschlands. Etwa die Hälfte der Höhle kann im Rahmen einer teils mit Musik und Lichteffekten unterlegten Führung besichtigt werden.

»Erlebnisfelsen Pottenstein«: jede Menge Attraktionen für Jung und Alt.

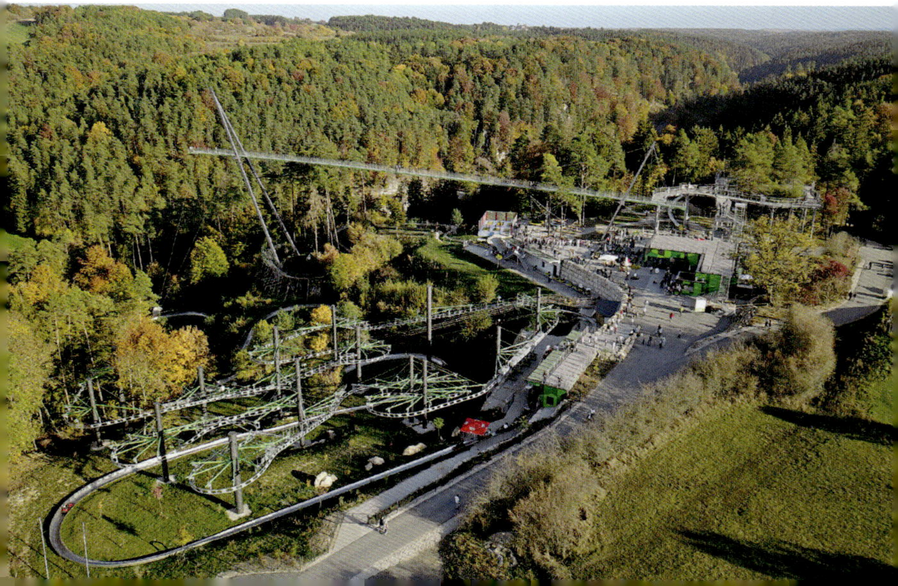

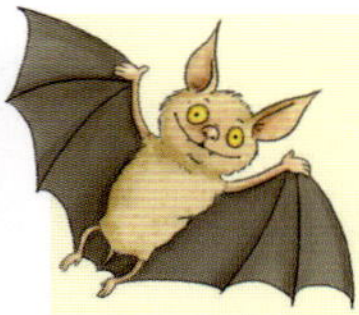

Hallo Kinder,

glaubt ihr, dass der Teufel in der Teufelshöhle wohnt? Einst machte die Sage vom Raubritter Udo von Wichsenstein die Runde. Er sorgte in der Umgebung von Pottenstein für Unruhe und stahl sogar Pferde. Die Bevölkerung wollte ihn deshalb bestrafen und an einem Baum aufhängen. Doch der Raubritter flüchtete sich in die Teufelshöhle und schloss dort mit dem Teufel einen Vertrag, den der Ritter mit seinem eigenen Blut unterzeichnete. Der Verlobten des Ritters aber erschien im Traum ein Engel und verriet ihr das Versteck des geheimen Dokuments. Das Burgfräulein schlich sich in die Höhle und fand den Vertrag im Riesensaal unter einem Tropfstein. Sie zerriss den Vertrag vor den Augen des Teufels und rettete so die Seele des Ritters. Zum Glück ist dies nur eine Sage, denn bis heute ist in der Teufelshöhle noch niemandem der Teufel begegnet.

KURZINFO

Ausgangspunkt: Kostenloser Parkplatz des »Erlebnisfelsens Pottenstein«, 425 m (Navi: N49.76154, E11.41021).
Anfahrt: Von der Anschlussstelle Pegnitz der A 9 oder von Forchheim kommend auf der B 470 in Richtung Pottenstein. Dann Richtung Gößweinstein die Straße Am Langen Berg hinauf bis zum ausgeschilderten Parkplatz des Erlebnisfelsens.
Mit dem Bus: Haltestelle Pottenstein-Schöngrundsee der Linien 343 von Neuhaus, 389 von Pegnitz/Ebermannstadt. Beginn und Ende der Tour dann am Wegpunkt Schöngrundsee (3).
Gehzeit: 1.45 Std.; ohne Besuch der Teufelshöhle und der vielen Freizeiteinrichtungen.
Distanz: 3,9 km.
Höhenunterschied: 145 m.
Ausrüstung: Sportschuhe oder Trekkingsandalen, warme Kleidung für den Besuch der Teufelshöhle, Badesachen für den Besuch des Freibades, evtl. Wechselkleidung und Handtuch für eine Bootsfahrt auf dem Schöngrundsee. Kleingeld für Fischfutter und Kleinspielgeräte.
Anforderungen: **Ab 4 Jahren.** Die vollständige Wanderung ist nur während der Öffnungszeiten der Höhle möglich (siehe »Highlights«), da ein Tor an der Teufelshöhle sonst den Durchlass versperrt. Meist bequeme, schmale und ebene Pfade. Am Anfang und Ende der Wanderung steiler, breiter Schotterweg. Überwiegend schattige Wanderung, jedoch sehr sonniges Gelände im Bereich des »Erlebnisfelsens Pottenstein«.
Einkehr: **Kiosk & Bootsverleih** mit großem Biergarten am Schöngrundsee (an der B 470 gelegen, 91278 Pottenstein; Tel. +49 9243 813; Ostern bis Oktober täglich ab 10 Uhr geöffnet, bei schlechtem Wetter geschlossen; Kindergerichte). **Terrassencafé an der Teufelshöhle** (Schüttersmühle 5b, 91278 Pottenstein; Tel. +49 9243 330; www.cafe-teufelshoehle.de; ab den bayerischen Osterferien bis einschließlich Herbstferien täglich 9–18 Uhr geöffnet; Kindergerichte). **Heiner's Forellenräucherei** (Schüttersmühle 5, 91278 Pottenstein; Tel. +49 9243 7011737; www.forellenraeucherei.com; von April bis Oktober Do.–Di. 10.30–18.30 Uhr geöffnet, Mi. Ruhetag; Biergarten).

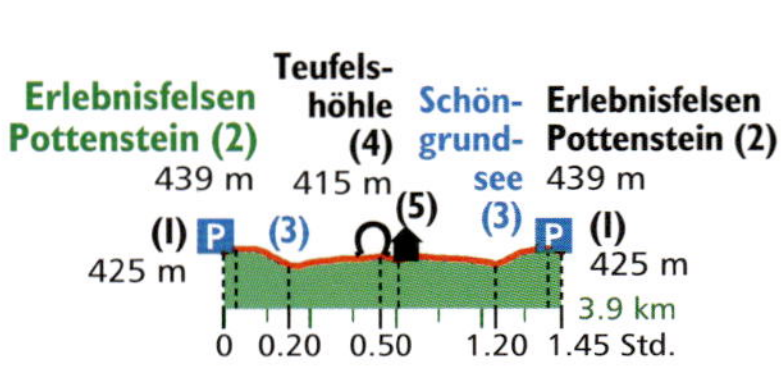

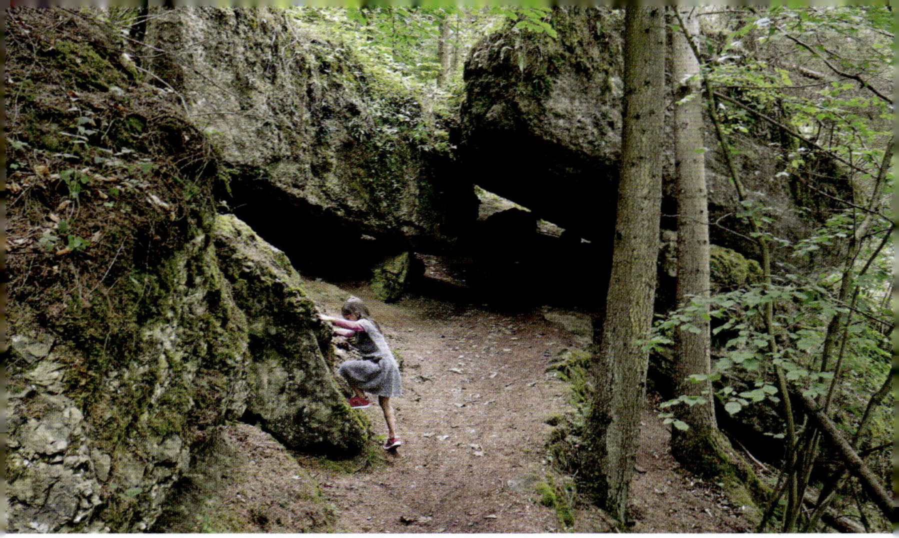

Kraxelspaß entlang des Wanderpfades.

Vom **Parkplatz (1)** laufen wir ohne Markierung hinauf zum schon in Sichtweite liegenden **»Erlebnisfelsen« (2)**. Wir bekommen einen Eindruck davon, wieviel Spaß es macht im Anschluß an die Wanderung mit

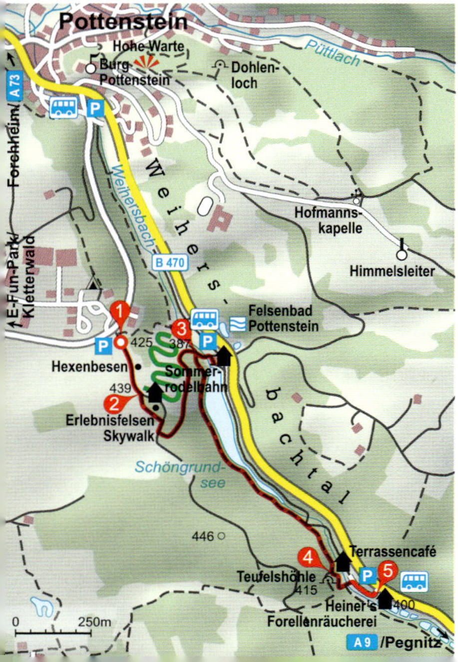

dem Frankenrodel oder bei jedem Wetter mit dem Frankenbob den Berg hinabzusausen. Zusätzlich stehen das neu errichtete Höhenerlebnis Skywalk, der rasante »Hexenbesen« und viele weitere Attraktionen bereit, um ausprobiert zu werden. Auf einem hinter dem Kassenhäuschen verlaufenden Teerweg wandern wir weiter in Richtung Waldrand. Dort wenden wir uns zuerst nach rechts, um dann auf einem Schotterweg in weitem Linksbogen entlang der Rodelbahn steil hinunter bis zum Parkplatz am **Schöngrundsee (3)** zu wandern. Den malerischen See kann man mit Ruder- oder Tretbooten erkunden. Wer einen Abstecher zum gegenüberliegenden Felsenbad mit seiner impossanten Felsenkulisse und einem schönen Biergarten unternehmen möchte, überquert hier Parkplatz und Bundesstraße. Mit der Markierung *Blauer Querstrich* (Richtung Teufelshöhle) laufen wir durch den lauschigen Wald auf einem schmalen Pfad entlang des Schön-

HIGHLIGHTS

- ★ Besichtigung der Teufelshöhle, der größten Tropfsteinhöhle der Fränkischen Schweiz. Von Anfang April bis Ende der bayerischen Herbstferien täglich 9–17 Uhr geöffnet, während der Wintermonate an Sonntagen 11–15 Uhr (Sonderöffnungszeiten unter www.teufelshoehle.de; Tel. +49 9243 208).
- ★ Rasante Fahrt auf der Sommerrodelanlage des »Erlebnisfelsens Pottenstein«. Während der Frankenbob bei jedem Wetter startklar ist, saust man im Frankenrodel nur bei schönem Wetter ins Tal, fährt mit dem Hexenbesen oder läuft über den Skywalk. Geöffnet von März bis Oktober täglich 10–17 Uhr bei passendem Wetter; Details siehe Internetauftritt (Am Langen Berg 50, 91278 Pottenstein; www.erlebnisfelsen-pottenstein.de; Tel. +49 9243 7016800).
- ★ Schöngrundsee mit Kiosk und Ruder- und Tretbootverleih. Geöffnet von Ostern bis Oktober täglich ab 10 Uhr bei geeigneter Witterung (an der B 470 gelegen; Tel. +49 9243 813).
- ★ Felsenbad Pottenstein, eines der schönsten Naturbäder Deutschlands mit Kinderbecken und Biergarten. Geöffnet bei schönem Wetter täglich 10–19 Uhr (an der B 470 gelegen, 91278 Pottenstein; Tel. +49 9243 700592; www.felsenbad.eu).
- ★ Fischefüttern an der Forellenräucherei (ein Fischfutterautomat ist vorhanden).
- ★ Nach der Tour: Besuch des Erlebnisbades »Juramar«, des Kletterwalds Pottenstein oder des E-Fun-Parks in Pottenstein (siehe Tour 10, Freizeittipps E2, K1 und L5).

grundsees. Im Felsenlabyrinth heißt es, Kopf einziehen! Zwei Felsblöcke versperren den Weg, doch eine niedrige Felsspalte gewährt uns Durchgang. Bei den nächsten beiden Weggabelungen halten wir uns jeweils rechts und erreichen durch ein Tor am Terrassencafé die **Teufelshöhle (4)**. Achtung, das Tor ist nur während der Öffnungszeiten der Höhle geöffnet!

Im Rahmen einer 45-minütigen Führung können wir nicht nur die herrlichen Tropfsteinformationen der Höhle bewundern, sondern auch das vollständige Skelett eines Höhlenbären.

Anschließend geht es, vorbei an Terrassencafé, Kassenhäuschen und Höhleneingang, über eine Treppe hinunter zum Parkplatz. An dessen Ende erreichen wir die **Forellenräucherei (5)**, wo wir leckere geräucherte Fische genießen können. Zur Unterhaltung der Kinder dürfen die Fische in den Teichen gefüttert werden, dazu ist Fischfutter sowohl am Automaten als auch an der Fischverkaufstheke erhältlich.

Unser Heimweg führt uns auf derselben Route zurück durch das Weihersbachtal und hinauf zum **Parkplatz (1)** des »Erlebnisfelsens Pottenstein«.

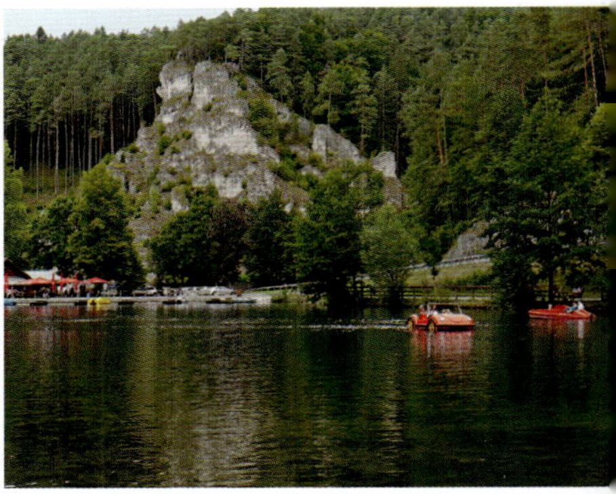

Mit Auto-Tretbooten unterwegs auf dem Schöngrundsee.

12 Zur »Himmelsleiter«

Wanderparadies »Oberes Püttlachtal« ab 8 J.

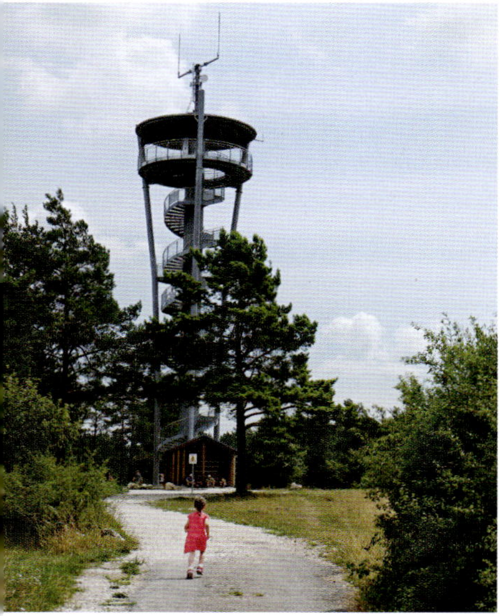

Da gibt es kein Halten mehr, wenn die »Himmelsleiter« vor Augen ist.

Luftiger Aussichtsturm und Kneippvergnügen am Bach

Auf dem Höhenrücken zwischen Pottenstein und Elbersberg plante man, einen Funkturm zu errichten. Dieser sollte sich möglichst unauffällig in die natürliche Umgebung einfügen, und so wurde er in einen Aussichtsturm »verpackt«. Es entstand ein 37 Meter hoher Turm, dessen 150 Treppenstufen sich wie eine »Himmelsleiter« zur Aussichtsplattform hinaufwinden. Das Hinaufsteigen auf den luftigen Gitterrosten und das leichte Schwanken des Turms erfordert von manchen Kindern viel Mut und Schwindelfreiheit. Anschließend wandern wir am Bergkamm entlang und gelangen zur Elbersberger Kapelle. Von dort geht es hinunter in das unberührte, idyllische Obere Püttlachtal. Seine bizarren Felswände und der lebhafte Lauf der Püttlach sind Wanderern alleine vorbehalten. Viele Rast- und Ruhemöglichkeiten sowie eine Kneippanlage an der Püttlach lassen uns die Schönheiten des Tals genießen und lockern den Rückweg auf.

KURZINFO

Ausgangspunkt: Gebührenpflichtiger Parkplatz an der B 470, 372 m (Navi: N49.768130, E11.409260).

Anfahrt: Von der Anschlussstelle Pegnitz der A 9 oder von Forchheim kommend auf der B 470 in Richtung Pottenstein. Der Parkplatz liegt, unterhalb der Burg, gegenüber einer Tankstelle, direkt an der B 470.

Mit dem Bus: Haltestelle Pottenstein-B 470 der Linien 343 von Neuhaus/Waischenfeld, 389 von Pegnitz/Ebermannstadt und 397 von Bayreuth/Gößweinstein; weiter entlang der B 470 bis zur Burgstraße (60 m, 2 Min. Gehzeit), dort beginnen wir wie beschrieben mit unserer Wanderung.

Gehzeit: 3.00 Std.

Distanz: 8,7 km.

Höhenunterschied: 220 m.

Ausrüstung: Gut profilierte Sport- oder Wanderschuhe. Wechselkleidung und Handtuch (Kneippanlage). Bei der Wanderung über den sonnigen Bergrücken sollte Sonnencreme und Sonnenhut im Gepäck nicht fehlen. Für die Kurzvariante: stark leuchtende Taschenlampe für die Höhlenbesichtigung des »Großen Hasenlochs«.

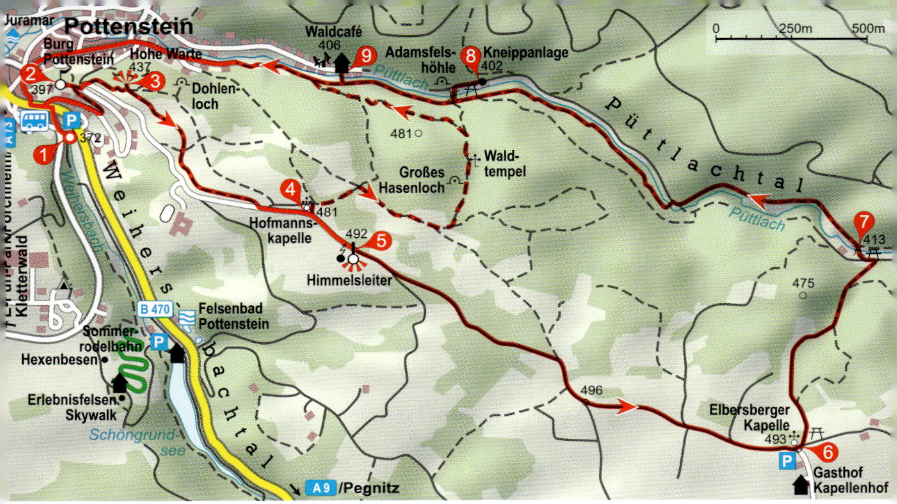

Anforderungen: Ab 8 Jahren. Anfangs steil hinauf zur Burg, dann grob geschotterter Aufstieg zur Wetterfahne. Schmale Wiesenpfade bis zur »Himmelsleiter«. Breite Landwirtschaftswege bis hinunter ins Püttlachtal. Entlang der Püttlach schmaler Wanderpfad. Rückweg durch die Innenstadt auf geteerten Straßen. Überwiegend sonnige Wanderung mit schattigen Abschnitten.

Einkehr: Landgasthof Kapellenhof Elbersberg (Kapellenweg 13, 91278 Pottenstein; Tel. +49 9243 449; www.kapellenhof-elbersberg.blogspot.de; von der Jahreszeit abhängige Öffnungszeiten und Ruhetage, siehe Internetauftritt; Kindergerichte). Waldcafé in Pottenstein (Oberes Püttlachtal 40, 91278 Pottenstein; Tel. +49 9243 903040; Sa., So. und feiertags 12.30–18 Uhr geöffnet, Mo.–Fr. Ruhetag; Biergarten; Spielplatz). Gasthäuser und Cafés in Pottenstein.

Kurzvariante: Ab 5 Jahren. Nach dem Besuch der »Himmelsleiter« (5) laufen wir zurück zur Hofmannskapelle (4) und biegen mit der Markierung *Grüner Punkt* zum »Großen Hasenloch« und zum »Waldtempel« ab. Die Markierung bringt uns vorbei am »Großen Hasenloch«, einem ehemaligen Aufenthaltsort steinzeitlicher Jäger. Die Höhle kann mit etwas Kraxelei erkundet werden. Etwas weiter unten befindet sich der »Waldtempel«, ein kleiner Andachtsort. Steil geht es hinunter zur Püttlach, wo wir kurz nach dem Waldcafé (9) auf den mit dem *Roten Kreuz* markierten Weg treffen. Von dort wie in der Hauptroute beschrieben zurück zum Parkplatz (5,1 km, 150 m Höhenunterschied, 2.00 Std. Gehzeit).

Vom **Parkplatz (1)** gehen wir mit der Markierung *Blauer Senkrechtstrich* in Richtung Burg/Elbersberg/Höhenweg. Nach Überqueren der Bundesstraße B 470 am Fußgängerübergang wandern wir die Burgstraße hinauf, bis uns hinter den letzten Häusern die Markierung links über etliche Treppenstufen zur **Burg Pottenstein (2)** bringt. Sie ist die älteste Burg in der Fränkischen Schweiz und kann besichtigt werden.

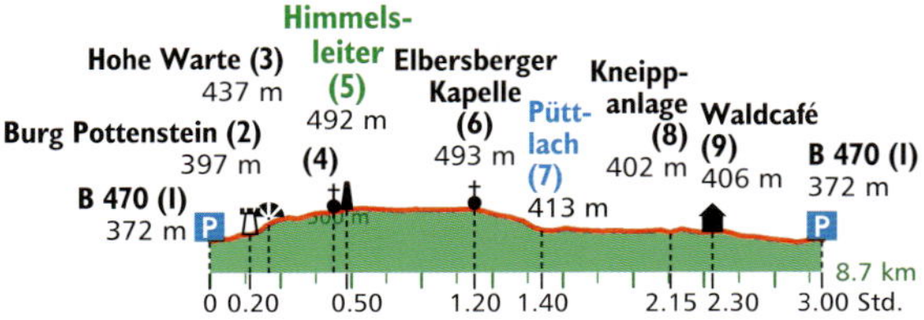

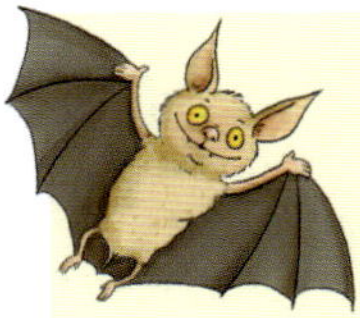

Hallo Kinder,

heute genießt ihr die herrliche Aussicht vom Bergrücken zwischen Pottenstein und Elbersberg. Könnt ihr euch vorstellen, dass auf den Hängen und den Hügeln rings um Pottenstein alljährlich am Dreikönigstag (6. Januar) etwa 1000 kleine Feuerstellen entfacht werden. Anlass dafür ist die kirchliche Tradition der »Ewigen Anbetung«. Bei anbrechender Dunkelheit zieht eine von mehreren Heiligenfiguren begleitete Prozession betend durch die festlich mit Triumphbögen geschmückte Altstadt von Pottenstein. Gleichzeitig werden an den Hängen ringsum die vielen aufgestapelten Holzscheite entfacht. Die aufflammenden Feuer und Lichter tauchen die Umgebung von Pottenstein in einen hellen Lichtzauber.

Anschließend gehen wir ein kurzes Stück auf der Burgstraße zurück und biegen links in die Finkenleite ein. Wir verlassen die markierte Wanderroute und folgen links dem Wegweiser steil hinauf zur Wetterfahne an der **Hohen Warte (3)**. Von dort oben haben wir einen großartigen Blick auf die Dächer von Pottenstein. Zurück an der Verzweigung etwas unterhalb der Hohen Warte, folgen wir dem Weg »Auf den Spuren der heiligen Elisabeth« durch die von Schaf- und Ziegenherden beweideten Trockenhänge. Etwas später treffen wir wieder auf den mit dem *Blauen Senkrechtstrich* markierten Wanderweg. Auf ihm links weiter sehen wir in der Ferne schon den Aussichtsturm »Himmelsleiter«. Zuvor aber passieren wir noch die **Hofmannskapelle (4)**, an der die Kurzvariante hinunter ins schattige Püttlachtal abzweigt. Uns trennt nun aber nur noch ein kurzes Wegstück von der Besteigung der **»Himmelsleiter« (5)**.

Nach dem Turm führt uns der *Blaue Senkrechtstrich* weiter am Bergkamm entlang bis zum Picknickplatz an der **Elbersberger Kapelle (6)**. Wer einkehren möchte, folgt der Beschilderung zum nahe gelegenen Landgasthof Kapellenhof.

Unsere Markierung führt uns von der Kapelle links hinunter ins Püttlachtal. Bei der ersten Weggabelung halten wir uns rechts, dann links und zweigen später links zu einem Picknickplatz ab. Danach überqueren wir auf einer Brücke die **Püttlach (7)**. Nun verlässt uns der *Blaue Senkrechtstrich* rechts und die Markierung *Rotes Kreuz* übernimmt die Führung links zurück nach Pottenstein. Entlang des Bachlaufs entdecken wir hoch aufragende, schroffe Felswände. Später führt uns die

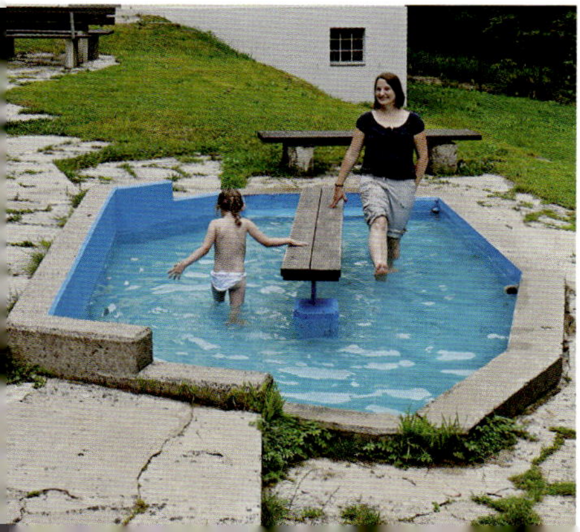

Willkommene Erfrischung während der Wanderung im Kneippbecken.

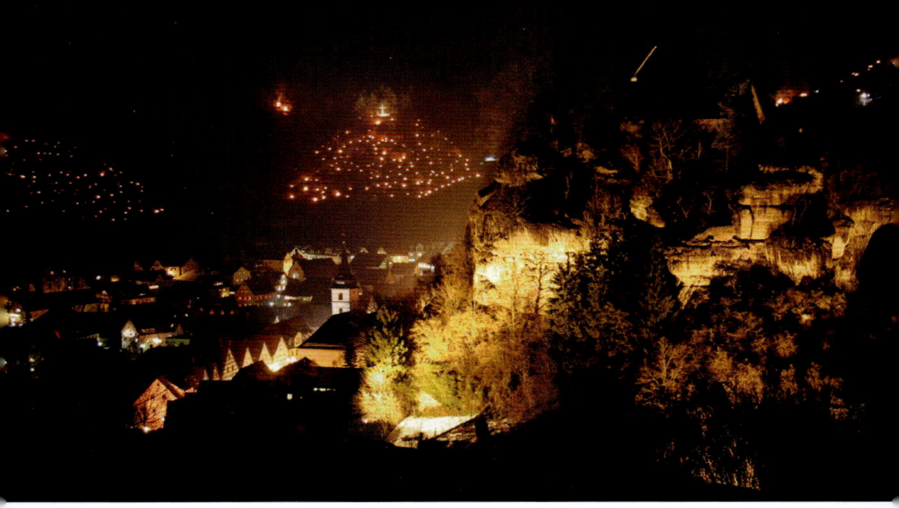

Zum Ende der »Ewigen Anbetung« sind die Hänge um das Städtchen Pottenstein beleuchtet.

Markierung links über einen Steg und auf einem Wanderpfad weiter bachabwärts bis auf die Höhe der **Kneippanlage (8)**. Sie liegt auf der anderen Seite des Baches und lässt sich über einen Steg erreichen. Das glasklare, kalte Wasser macht müde Wanderbeine wieder munter. Erfrischt folgen wir auf der anderen Seite des Baches weiter unserem Wanderpfad. Bald darauf kommen wir am **Waldcafé (9)** mit seinem Spielplatz vorbei, das wiederum auf der anderen Bachseite liegt und zu dem wir über ein paar Treppenstufen und einen Steg gelangen. Mit dem *Roten Kreuz* folgen wir anschließend weiter dem Bachlauf durch das Löhrgässchen bis ins historische Ortszentrum von **Pottenstein**. Wir durchqueren es auf der Hauptstraße, biegen dann links in die Pegnitzer Straße ein und stoßen wieder auf die Bundesstraße B 470, die wir überqueren. Auf dem bekannten Weg kehren wir zum **Parkplatz (1)** zurück.

HIGHLIGHTS

- ★ Besichtigung der Burg Pottenstein. Zugänglich sind der Burghof der Unterburg sowie der Rittersaal, der Rote Salon und das Elisabethzimmer in der Oberburg. Öffnungszeiten siehe Internetauftritt (Burgstraße, 91278 Pottenstein; Tel. +49 9243 7221; www.burg-pottenstein.de).
- ★ Schaf- und Ziegenherden, die die unter Naturschutz stehenden Trockenhänge beweiden.
- ★ Faszinierende Rundblicke am Aussichtspunkt Hohe Warte mit Wetterfahne und vom Aussichtsturm »Himmelsleiter« mit großer Aussichtskanzel in 26 Meter Höhe.
- ★ Mehrere ruhig gelegene Picknickplätze am Wegrand.
- ★ Erfrischende Kneippanlage an der Püttlach.
- ★ Waldcafé mit Spielplatz.
- ★ An der Kurzvariante: die prähistorische Wohnhöhle »Großes Hasenloch« und der »Waldtempel«.
- ★ Nach der Tour: Besuch des Freizeit- und Erlebnisbades »Juramar« oder der »Erlebnismeile« von Pottenstein mit E-Fun-Park, Kletterwald oder »Erlebnisfelsen« (Touren 10 u. 11, Freizeittipps E2, K1, L5).

13 Über den Jägersteig

Im Klumpertal

ab 6 J.

Fische füttern und planschen im Quellwasser

Schon wenige Meter nach dem Parkplatz im Weihersbachtal tauchen wir in das enge und von Kletterern geschätzte Klumpertal ein. Entlang des Jägersteigs, hoch über dem Tal, erleben wir eine beeindruckende Felsenlandschaft. Wir kraxeln auf Felsen, verstecken uns hinter Felsbrocken und in Felsnischen, treten durch ein Felstor und genießen die herrliche Sicht hinunter ins Tal. Der Rückweg durch den Talgrund bringt uns an mehreren Fischteichen vorbei, die von Karstquellen am Fuß der Felsen gespeist werden. In den flachen Becken dürfen wir die Fische füttern (Futterautomat vor Ort) und können sie in dem glasklaren Wasser gut beobachten.

Kleines Guckloch mitten im Fels entlang des Jägersteigs.

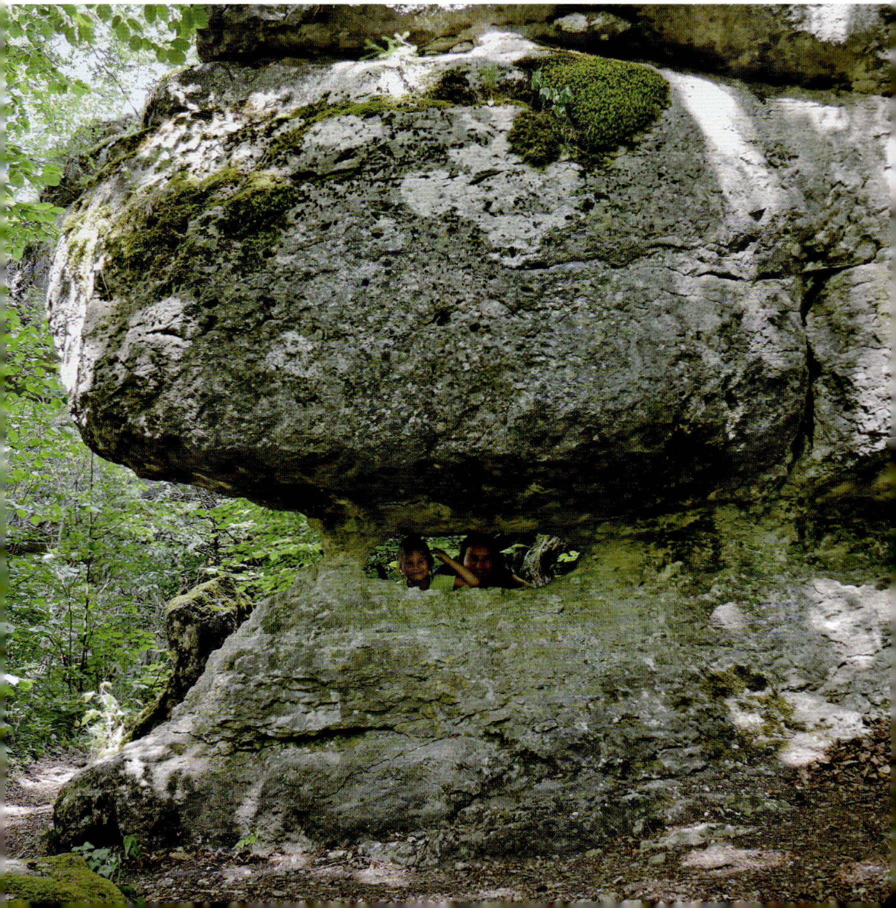

KURZINFO

Ausgangspunkt: Kleine Parkbucht links an der abzweigenden Straße von der B470 nach Kirchenbirkig, 398 m (Navi: N49.751175, E11.427235).
Anfahrt: Auf der B470 von der Anschlussstelle Pegnitz der A9 oder von Pottenstein kommend bis zur Abzweigung nach Kirchenbirkig kurz nach bzw. kurz vor dem Gasthof Schüttersmühle. Alternative Parkbucht an der B470 etwas weiter in Richtung Pottenstein gelegen (Navi: N49.75247, E11.42627).
Mit dem Bus: Haltestelle »Schüttersmühle B470« der VGN-Buslinien 343 von Neuhaus und 389 von Pegnitz/Ebermannstadt.
Gehzeit: 1.30 Std.
Distanz: 3,4 km.
Höhenunterschied: 95 m.
Ausrüstung: Gut profilierte, knöchelhohe Wanderschuhe, Handtuch und Wechselkleidung (Planschen im Weihersbach). Proviant und Getränke, in dem ruhigen Tal gibt es viele Picknickmöglichkeiten. 50-Cent-Münzen für den Fischfutterautomaten.
Anforderungen: **Ab 6 Jahren.** Überwiegend bequeme Wanderpfade und Forstwege. Kurzer Anstieg zum Jägersteig. Mehrere ungesicherte Stellen am Weg und am Aussichtspunkt, dort sollten unsichere Kinder an die Hand genommen werden. Nur die Kurzvariante ist mit dem Kinderwagen und dem Laufrad befahrbar. Meist schattig.
Einkehr: **Kiosk Zum Klumpertal** (Tel. +49 9243 7335, von Ostern bis Ende Oktober täglich 10–18 Uhr geöffnet). **Restaurant Jamas** (Schüttersmühle 4, 91278 Pottenstein; Tel. +49 9243 7014014; www.jamas-restaurant.eu; Mo.–Fr. 17–23 Uhr und Sa. und So. 11–14.30 Uhr und 17–23 Uhr geöffnet, kein Ruhetag; Biergarten).
Kurzvariante: **Ab 3 Jahren.** Der Jägersteig ist mit dem Kinderwagen/Laufrad nicht befahrbar, daher bleibt man an den Trittsteinen (4) auf der Forststraße und fährt auf ihr mit der Markierung *Gelber Querstrich* bequem weiter bis zu den Fischweihern (6) und auf demselben Weg wieder zurück zum Parkplatz (2,6 km, 1.00 Std. Gehzeit).

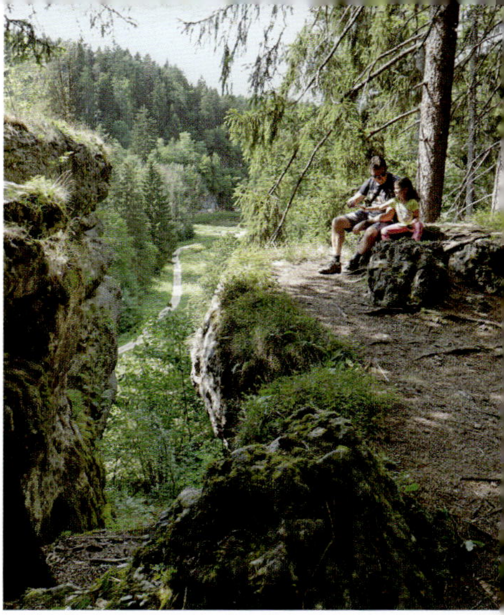

Pausenplatz in luftiger Höhe mit Blick hinunter ins Klumpertal.

Von der **Parkbucht (1)** gehen wir hinunter zur Bundesstraße B470 und mit der Markierung *Gelber Querstrich* rechts weiter auf dem Gehweg entlang der Straße bis zur **Schüttersmühle (2)**. Die Markierung bringt uns rechts quer durch das Anwesen in den Wald hinein. Der Wanderweg schlängelt sich durch das Klumpertal und vorbei an überhängenden Felsen, wo manch waghalsiger Kletterer bewundert werden kann. Am Waldende gelangen wir zur kleinen Siedlung **Mittel-**

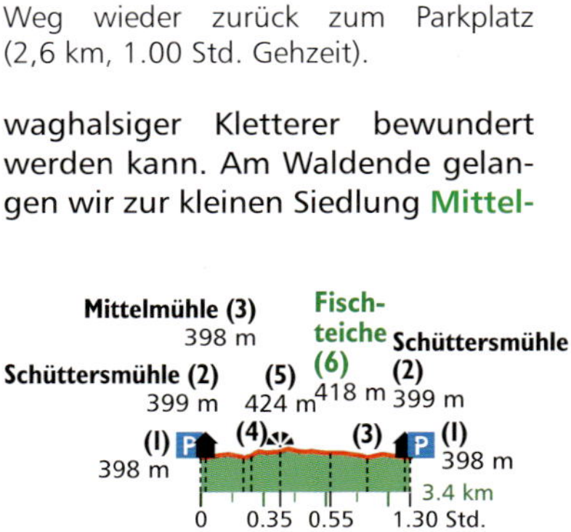

HIGHLIGHTS

- ★ Malerisches Felsental mit vielen Versteck- und Kraxelmöglichkeiten sowie einem Aussichtspunkt.
- ★ Planschmöglichkeiten an mehreren seichten Stellen des Weihersbachs sowie an der Karstquelle.
- ★ Fischefüttern an mehreren Fischteichen. Futter kann vor Ort am Automaten erworben werden (50-Cent-Münzen).
- ★ Ruhiges Tal mit vielen Rastbänken und einem Picknickplatz.
- ★ Nach der Wanderung: In direkter Nähe befinden sich im Weihersbachtal der neue »Erlebnisfelsen Pottenstein« mit Skywalk, Hexenbesen, Frankenbob und Frankenrodel, das Felsenbad, der Schöngrundsee mit Bootsverleih und die Teufelshöhle (siehe Tour 11).

mühle (3). Wir überqueren den Weihersbach und folgen rechts der Markierung *Gelber Querstrich*. Nach ca. 100 m hüpfen wir links auf ein paar **Trittsteinen (4)** über den Bach und folgen nun der Markierung *Schwarzer Ring*. (Wer mit dem Kinderwagen oder dem Laufrad unterwegs ist, bleibt auf der breiten Forststraße und fährt sich links haltend weiter zu den Fischteichen; siehe Kurzvariante). Uns aber bringt der Jägersteig, teils über Stufen, steil hinauf und bietet dann zwei Wegvarianten an. Wir entscheiden uns für die Variante I., steigen links noch etwas weiter aufwärts und biegen noch im Wald rechts ab. Entlang des Bergrückens spazieren wir durch den herrlichen Felsengarten, schlüpfen durch Felsentore und verstecken uns in Felsnischen. Etwas später erreichen wir einen ungesicherten **Aussichtspunkt (5)** mit schönem Blick hinunter ins Klumpertal.

Wir steigen noch etwas weiter bergan, bis wir kurz unterhalb einer Forststraße rechts weiter auf dem Wanderweg bleiben. An der nächsten Weggabelung halten wir uns rechts und wandern abwärts, bis sich etwas später die Variante II. des Jägersteigs zu uns gesellt und uns hinunter zur breiten Forststraße bringt. Auf ihr halten wir uns mit der Markierung *Gelber Querstrich*

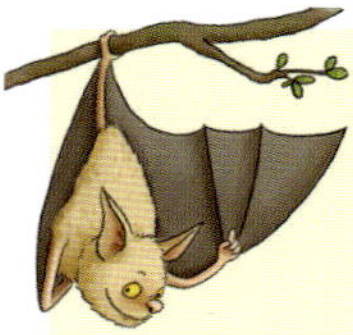

Hallo Kinder,

man munkelt, dass ein unterirdischer Gang von der Teufelshöhle ins Felsenlabyrinth entlang des Jägersteigs im Klumpertal führen soll. Eine Legende erzählt von einem Pfarrer aus Pottenstein, der sich während des Dreißigjährigen Krieges auf der Flucht vor heidnischen Soldaten in der Teufelshöhle versteckte. Die Soldaten durchsuchten jeden Winkel der Höhle, konnten den Pfarrer aber nicht finden. Einige Tage später stellte sich heraus, dass der Pfarrer bereits in der Kirche im Nachbarort Bronn weilte. Keiner konnte sich erklären, wie der Pfarrer unbemerkt aus der Höhle nach Bronn gelangen konnte. Er selbst nahm dieses Geheimnis mit ins Grab. Tatsächlich wurde bei der Erschließung der Teufelshöhle ein geheimer Stollen entdeckt, der vom Hauptgang in Richtung Klumpertal abzweigt. Nach wenigen Metern aber war der Gang durch Stein und Geröll versperrt – auch hat noch keiner den Ausgang ins Klumpertal gefunden. Vielleicht entdeckt ihr ihn?

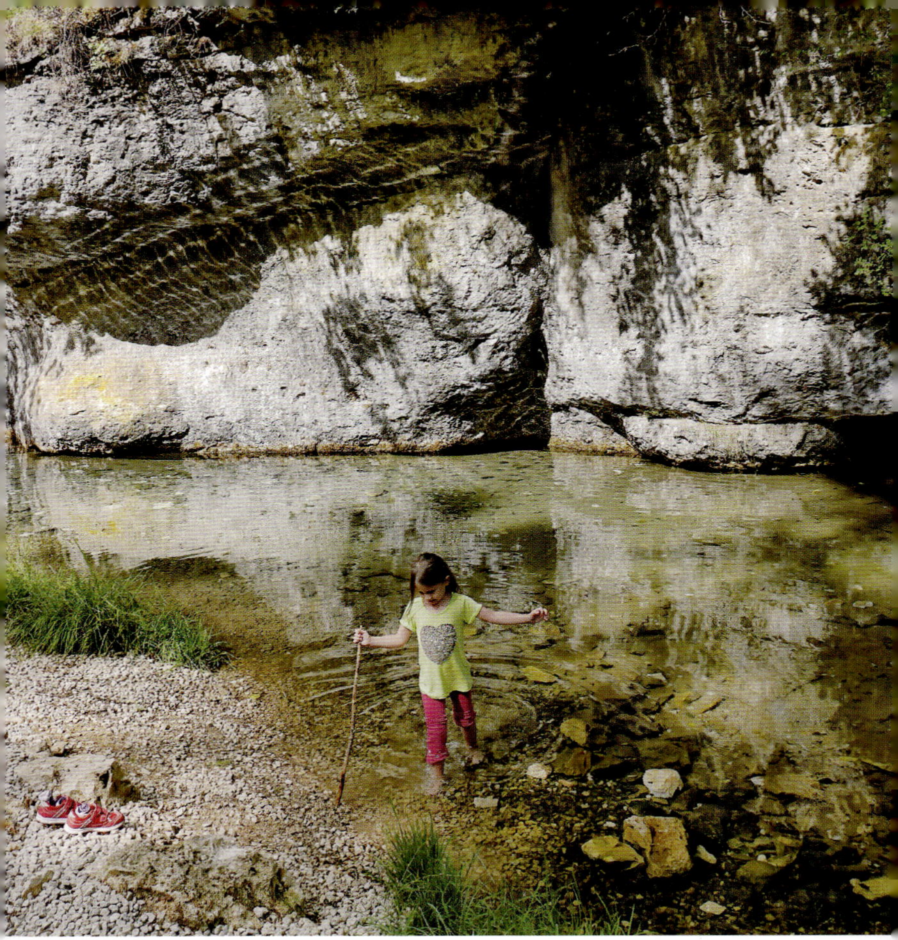

Erfrischende Abkühlung im kalten, glasklaren Karstquellenwasser.

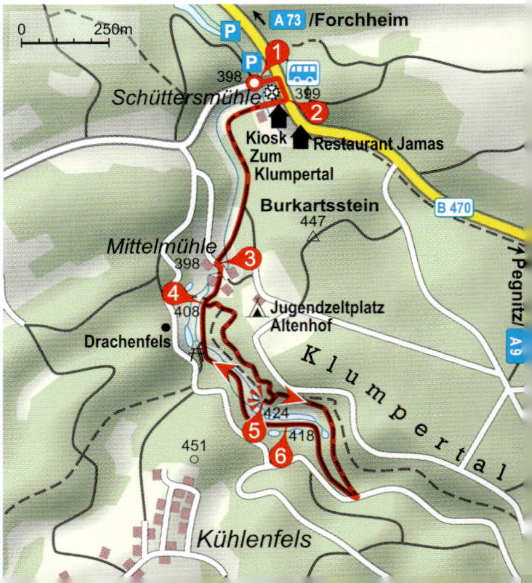

rechts in Richtung Schüttersmühle und Klumpertal. Kurze Zeit später kommen wir an der am Fuß der Felsen austretenden Karstquelle und den **Fischteichen (6)** vorbei. An den Teichen ist das Füttern erlaubt (Futterautomat). Mit der Markierung passieren wir einen Picknickplatz und wandern über die **Mittelmühle (3)** auf dem bekannten Weg wieder zurück zum **Parkplatz (1)** im Weihersbachtal.

14 Zwergenhöhle und Gnomenbrünnlein

Von Hollenberg durchs Brandtal

ab 6 J.

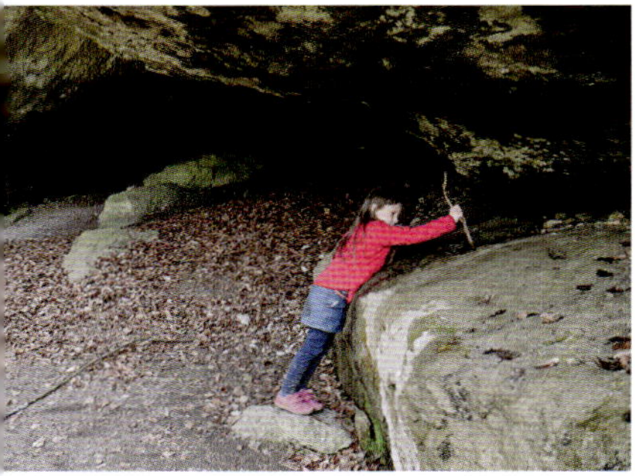

Gnomenbrünnlein: Wie tief wird es wohl sein?

In der Heimat der Zwerge

Was wünscht sich ihr Kind, wenn es ein toller Wanderausflug werden soll? Eine Burgruine, Höhlen und Felsen, die zum Entdecken und Kraxeln einladen, einen Bach zum Planschen, Wiesen und Weiden mit Schafherden und Pferden? Dann ist diese Tour für ihre Familie genau richtig. Wir besuchen die Burgruine Hollenberg, die vom böhmischen Kaiser Karl IV. im 14. Jahrhundert erbaut und vermutlich im Bauernkrieg 1525 zerstört wurde. Leider sind auf dem Hochplateau nur noch die Mauerreste der Höhenburg zu besichtigen, aber die Aussicht in die Fränkische Schweiz entschädigt für den Aufstieg. Versteckt im Fels unterhalb der Burgruine liegt die Zwergenhöhle, deren Eingangsbereich mit etwas Kraxelei leicht erkundet werden kann. Das tiefere Vordringen in die Höhle sollten wir aber den Profis mit Höhlenerfahrung überlassen. Am Fuß des Berges befindet sich am Höhleneingang des Kühlochs das Gnomenbrünnlein, ein kleines Wasserloch, das von einem Rinnsal aus dem Fels gespeist wird. Der weitere Weg verläuft durch das unberührte Brand- und Püttlachtal mit blütenreichen Wiesen und Felslandschaften.

Genießen der ersten Frühlingsstrahlen auf den Resten der Burg Hollenberg.

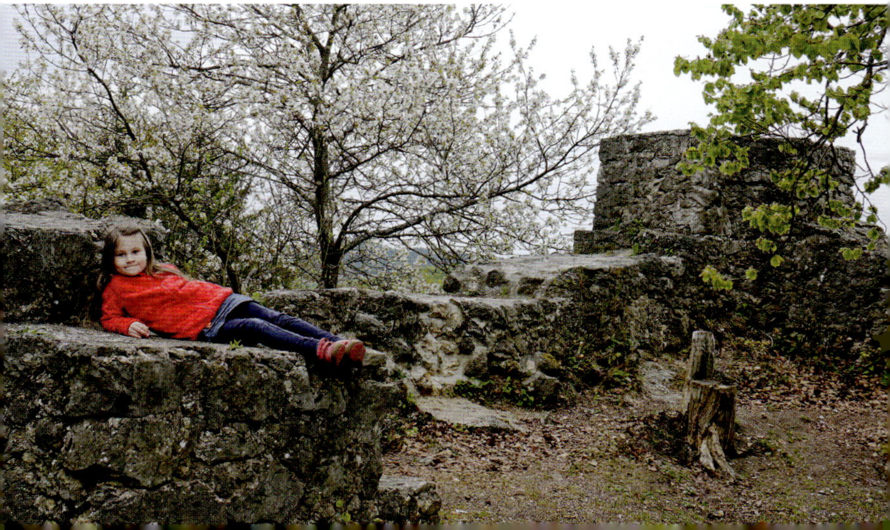

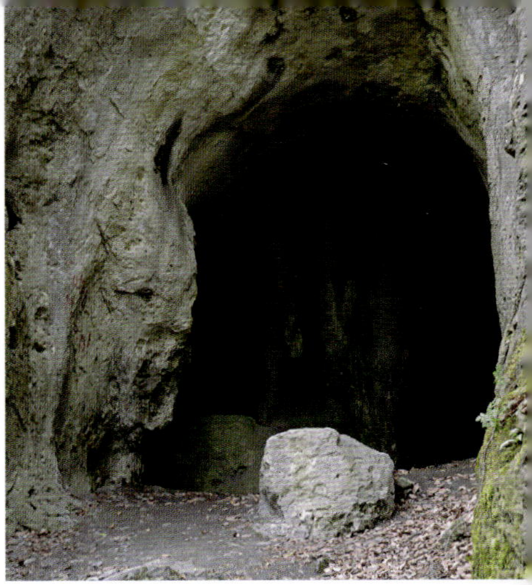

Der Eingang zur Zwergenhöhle.

KURZINFO

Ausgangspunkt: Kleine Parkbucht am Ortsanfang von Hollenberg, 504 m (Navi: N49.766047, E11.483735).
Anfahrt: Die A 9 an der Anschlussstelle Pegnitz verlassen und auf der B 2 Richtung Pegnitz. In Pegnitz die B 2 links in die Straße »Schmiedpeunt« verlassen. Auf ihr und weiter über die Straße »Langer Berg« bis Körbeldorf. Am Ortsanfang gleich links in den Hollenberger Weg und weiter bis zur Parkbucht am Ortseingang von Hollenberg.
Gehzeit: 2.30 Std.
Distanz: 5,7 km.
Höhenunterschied: 150 m.
Ausrüstung: Gut profilierte, knöchelhohe Wanderschuhe, Taschenlampe zur Erkundung der beiden Höhlen, Wechselkleidung und Handtuch (Planschen an der Püttlach).
Anforderungen: **Ab 6 Jahren.** Meist breite Forststraßen im leichten Auf und Ab, nur rund um den Hollenberg steile Pfade. Der Anstieg hinauf zur Zwergenhöhle und die Erkundung der Höhle sollte nur von trittsicheren Kindern in Begleitung Erwachsener in Angriff genommen werden. Bei Nässe Anstieg unterlassen! Sowohl schattige als auch sonnige Wegabschnitte.
Einkehr: Kiosk »Bergstation« in Hollenberg (Tel. +49 9241/2149; kleine Auswahl an Brotzeiten und kühlen Getränken, bei schönem Wetter Sa., So. und an Feiertagen 12–16.30 Uhr geöffnet).
Kurzvariante: **Ab 4 Jahren** (ausgenommen die Kraxelei hinauf zur Zwergenhöhle, die man nur mit älteren, trittsicheren Kinder angehen sollte). Wie im Haupttext beschrieben von der Parkbucht (1) in Hollenberg zur Burgruine Hollenberg und vorbei an Zwergenhöhle und Gnomenbrünnlein hinunter bis zur Forststraße (6). Von dort mit dem *Wanderweg 2* hinauf zur Zufahrtsstraße des Ortes und auf ihr zurück bis zur Parkbucht (1) am Ortsanfang (1,3 km, 35 Min. Gehzeit).

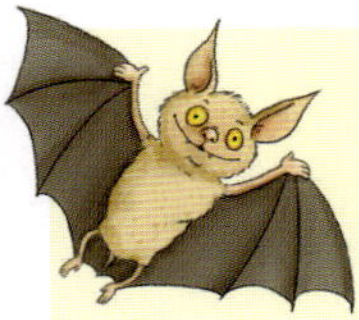

Hallo Kinder,

wenn ihr Zwergenhöhle oder Gnomenbrünnlein hört, denkt ihr sicherlich gleich an kleine Wichtel aus der Märchenwelt. Aber haben am Hollenberg wirklich einmal Zwerge gelebt? Das ist leider nicht bewiesen, aber ihr könnt es euch in eurer Fantasie vorstellen. Denn schon kurz nach dem Eingang der Zwergenhöhle führen kleine, verwinkelte Gänge weiter in das Berginnere, wo vielleicht einst die Zwerge wohnten. Spätestens, wenn ihr das Gnomenbrünnlein seht, seid ihr bestimmt überzeugt, dass dies einmal die Wasserstelle der kleinen Waldbewohner war. Lasst euren Gedanken freien Lauf und erfindet eure eigene Zwergengeschichte oder malt, wenn ihr wieder zu Hause seid, ein Bild.

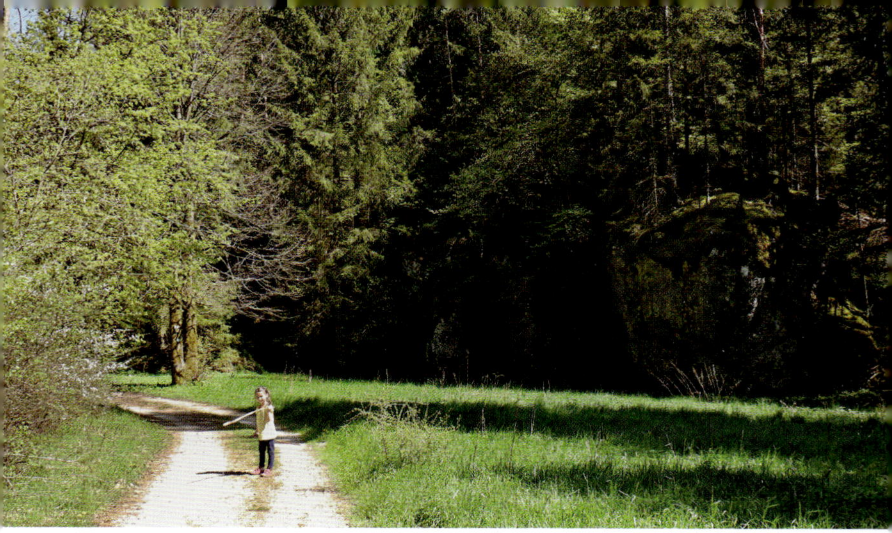

Bunte Wiesen und prächtige Felsenlandschaft im Brandtal.

Von der **Parkbucht (1)** aus wandern wir durch die kleine Ortschaft und kommen am Ortsende zum **Kiosk »Bergstation« (2)**. Wir wenden uns hier nach links und folgen nun dem Wegweiser in Richtung Ruine Hollenberg/Zwergenhöhle/Gnomenbrünnlein und der Markierung *Rotes Kreuz* auf einem schmalen Pfad bergan. Auf der **Anhöhe (3)** steigen wir zuerst ohne Markierung weiter hinauf zur **Ruine Hollenberg (4)**. Von der ehemaligen Burg, die vermutlich im Bauernkrieg 1525 zerstört wurde, sind nur noch Mauerreste übrig. Doch von hier oben hat man einen tollen Rundblick über weite Teile der Fränkischen Schweiz. Zurück an der **Anhöhe (3)**, weist uns die Markierung *Rotes Kreuz* Richtung Zwergenhöhle und Gnomenbrünnlein. Ein schmaler Wanderpfad bringt uns bergabwärts. Die **Zwergenhöhle (5)** liegt etwas oberhalb des Wanderwegs, auf der linken Seite (Wegweiser). Mit etwas Kraxelei und Mut (Achtung, Rutschgefahr bei Nässe und wegen Laub!) kann man den großen, schon von unten sichtbaren Höhleneingang erreichen und den Eingangsbereich mit einer Taschenlampe erkunden.

Wieder unten am Wanderweg, wandern wir weiter abwärts zum Gnomenbrünnlein. Auf der rechten Seite des Eingangs sammelt sich, das aus einem Felsspalt austretende Wasser in einem kleinen Becken. Man munkelt, es handelt sich dabei um die Wasserstelle der etwas weiter oben in der Zwergenhöhle hausenden Zwerge.

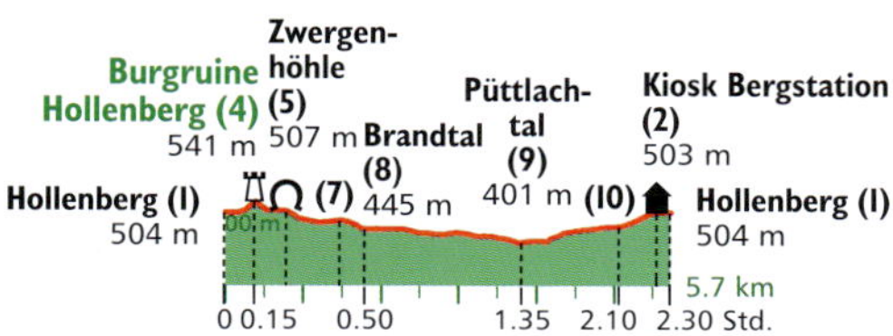

Der Wanderweg trifft auf eine breite **Forststraße (6)** im Talgrund, der wir rechts folgen. Nach ca. 100 m biegen wir links und gleich wieder rechts in den *Wander-*

HIGHLIGHTS

- ★ Aufstieg zur Burgruine Hollenberg mit weitem Rundblick.
- ★ Erkundung des Eingangsbereichs der Zwergenhöhle.
- ★ Pritscheln am Gnomenbrünnlein.
- ★ Stilles Brandtal mit blumenreichen Wiesen und schroffen Felsen.
- ★ Planschen an der Püttlach.

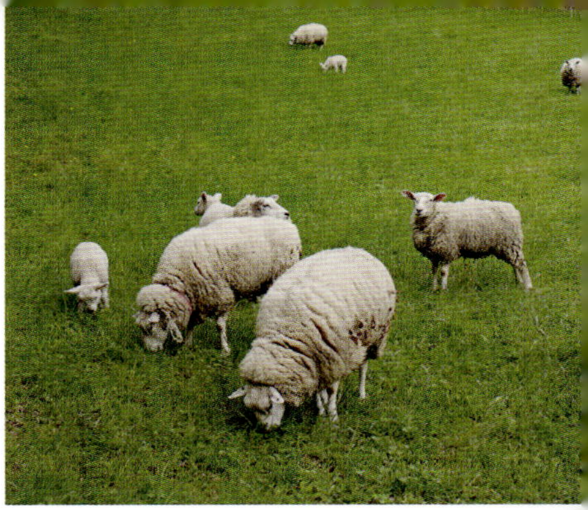

Lämmer und Schafe beim Weiden.

weg 2 ein und folgen der Markierung. Vorbei an einem **Wasserspeicher (7)** senkt sich die Forststraße ins Brandtal hinab. Im Wiesengrund des **Brandtals (8)** gesellt sich ein mit *Gelbem Querstrich* gekennzeichneter Weg zu uns, auf dem wir rechts weiterwandern und dessen Markierung uns bis ins Püttlachtal begleiten wird. Er bringt uns vorbei an etlichen bizarren Felswänden und blühenden Wiesen, auf denen auch Orchideen wachsen. Zahlreiche Jägerstände laden unterwegs zum Hinaufsteigen und Beobachten ein. Wir treffen auf eine Fahrstraße, der wir rechts Richtung Püttlach folgen. Am Waldrand führt unsere Markierung links auf einem schmalen Pfad weiter durch das Brandtal, bis wir schließlich das **Püttlachtal (9)** erreichen. An einer Weggabelung weisen uns der *Gelbe Querstrich* und das *Rote Kreuz* den Weiterweg nach rechts. Wer seine Füße in der kalten Püttlach abkühlen möchte, geht links ca. 50 m weiter zur schon sichtbaren Brücke. Am seichten Ufer finden die Kinder eine schöne Möglichkeit zum Planschen. Zurück am Hauptweg schlängelt sich der Wanderweg etwas oberhalb der Püttlach (Planschstellen) entlang. An der nächsten T-Kreuzung verlässt uns der *Gelbe Querstrich* und wir wandern mit dem *Roten Kreuz* rechts auf einem breiten Forstweg hinauf Richtung Hollenberg. Bei einer **Rastbank (10)** halten wir uns zuerst links und dann gleich wieder rechts Richtung Ruine Hollenberg. Schließlich erreichen wir wieder den **Kiosk »Bergstation« (2)** und laufen von dort auf bekanntem Weg durch den Ort zurück bis zur **Parkbucht (1)**.

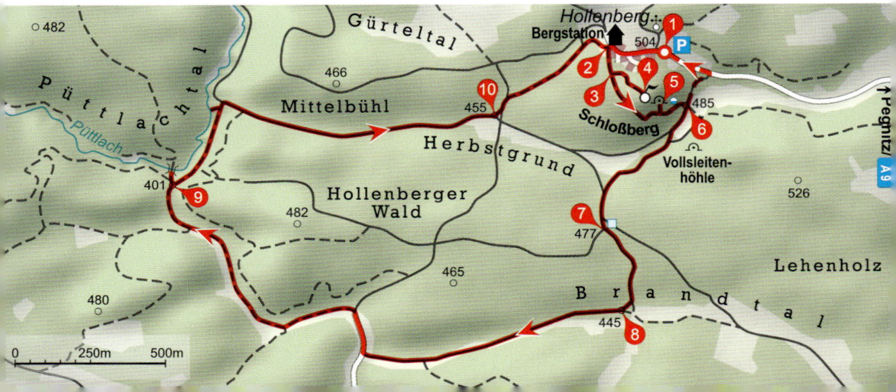

15 Zur Ehrenbürg

Walberla und Rodenstein

ab 5 J.

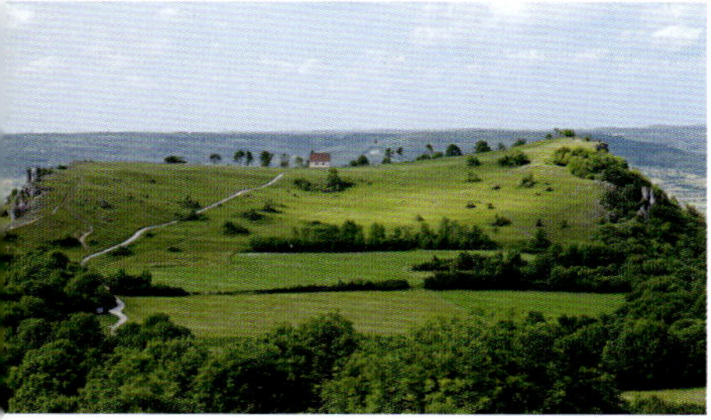

Blick vom Rodenstein hinüber zum Walberla.

Stilles Naturschutzgebiet und jährlicher Festrummel

Auf der Ehrenbürg, einem mächtigen Zeugenberg mit zwei Gipfeln, dem Walberla und dem Rodenstein, zieht es Kinder und Erwachsene meist zuerst hinauf zum Walberla mit der Kapelle St. Walpurgis und dann zu den Abbruchkanten mit ihren außergewöhnlichen Felswänden und traumhaften Ausblicken ins Regnitz-, Ehrenbach- und Wiesenttal. Zu guter Letzt besteigen wir bei unserem heutigen Rundgang den Rodenstein, der vom Gipfelkreuz einen fantastischen Rundblick ermöglicht, und können von dort oben nochmals das Walberla mit seiner Kapelle in voller Schönheit betrachten. Alljährlich findet am ersten Sonntag im Mai dort das Walberla-Fest zu Ehren der heiligen Walburga statt, das zu den ältesten Frühlingsfesten Deutschlands zählt. Dann befindet sich das Walberla im Ausnahmezustand. Es lockt Tausende von Besuchern an, die das Aufstellen des Maibaumes durch die Kerwaburschen, die Musikanten und die tanzenden Trachtengruppen bewundern. Dazu genießt man in luftiger Höhe fränkische Schmankerln und die ein oder andere Maß Bier. Der Duft von Zuckerwatte und gebrannten Mandeln lockt jedes Kind an, und auch so mancher Erwachsene kann den Losbuden und Fahrgeschäften nicht widerstehen. Außerhalb des Festwochenendes kehrt dann wieder Ruhe am Walberla ein, sodass das Naturschutzgebiet Ehrenbürg wieder ganz den Wanderern, Drachen- und Gleitschirmfliegern gehört.

KURZINFO

Ausgangspunkt: Wanderparkplatz unterhalb der Ehrenbürg, 432 m (Navi: N49.716085, E11.152600).

Anfahrt: Die B 470 im Forchheimer Stadtteil Reuth rechts in die Ehrenbürgstraße verlassen. Auf dieser geradeaus, bis wir nach Erreichen der Bahnlinie links in Richtung Kirchehrenbach abbiegen. Rechts den Litzenberg hinauf über Wiesenthau nach Schlaifhausen. Dort vor der Kirche links abbiegen in Richtung Walberla/Rodenstein, dann der Straße bergan folgen bis zum ausgewiesenen Wanderparkplatz.

Gehzeit: 2.30 Std.

Distanz: 4,3 km.

Höhenunterschied: 220 m.

Ausrüstung: Gut profilierte Sport- oder Wanderschuhe, Sonnencreme mit hohem Lichtschutzfaktor.

Anforderungen: Ab 5 Jahren. Die Wanderung verläuft in ständigem Auf und Ab, hauptsächlich auf schmalen Wiesen- und geschotterten Wanderpfaden, ansonsten auf kaum befahrenen Straßen. Sonnige Wanderung.

Einkehr: Gastronomie Ehrenbürg

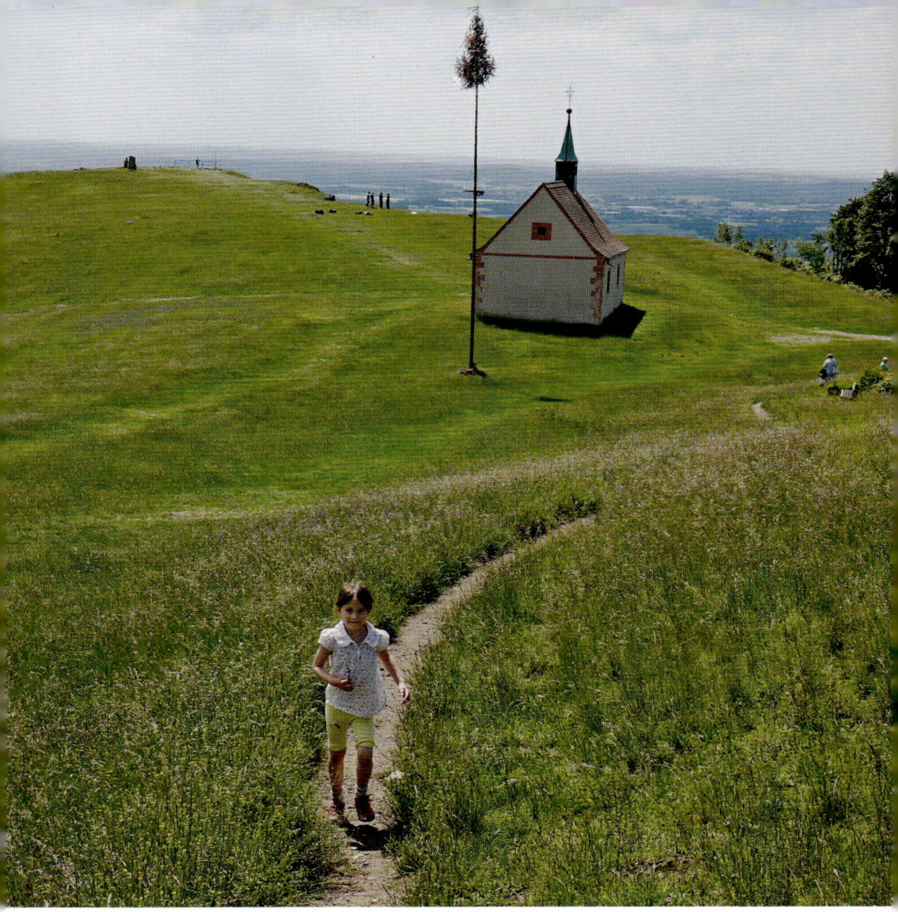

Die Hochfläche des Walberla mit der Kapelle St. Walpurgis.

(Schlaifhausen 68, 91369 Wiesenthau; Tel. +49 9199 696930; www.ehrenbuerg.com; Di. Ruhetag; Spielplatz; Kindergerichte). **Gasthof Schüpferling** (Schlaifhausen 30, 91369 Wiesenthau; Tel. +49 9199 421; www.gasthof-schuepferling.de; Mo., Mi. und Do. Ruhetag, außer feiertags; Kindergerichte).

Variante: Ab 6 Jahren. Am hinteren Ende des Wanderparkplatzes (1) beginnt der »Rundwanderweg Walberla« und läuft als schmaler Pfad den Hang entlang. Er steigt rechts an und verlässt uns jedoch an der nächsten Weggabelung nach links, wir halten uns rechts. Unterhalb der Felsformation »Steinerne Frau« bringt uns ein Pfad hinauf zum Hochplateau und weiter zur St.-Walpurgis-Kapelle (3), von dort weiter wie in der Haupttour beschrieben (4,5 km, 2.45 Std. Gehzeit).

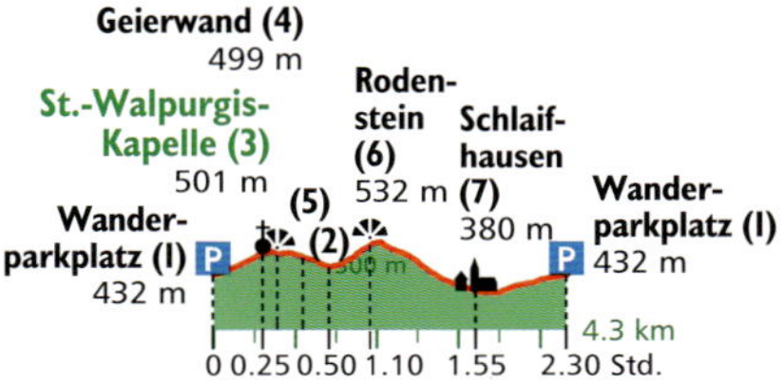

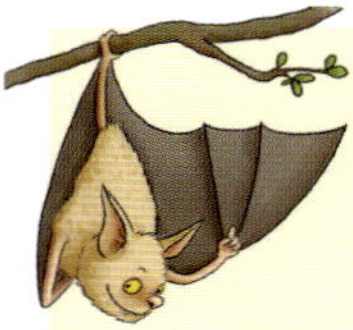

Hallo Kinder,

früher waren die Leute sehr abergläubisch. In den Dörfern rund um die Ehrenbürg glaubten die Menschen, dass auf der Ehrenbürg Hexen und Dämonen hausen und ihr Unwesen treiben. Einer Sage nach soll die heilige Walburga einst die Ehrenbürg bestiegen haben. Und weil sie sich dort oben Gott näher fühlte, wollte sie auf dem Berg eine Kapelle errichten. Einige Dorfbewohner unterstützten sie dabei, doch sie wurden durch den Spuk der Hexen und Dämonen vertrieben. Nur Walburga stellt sich den bösen Geistern entgegen und zwang diese, ihr beim Bau der Kapelle zu helfen. Als Gegenleistung erhielten sie die Erlaubnis, in der geheimnisvollen Walpurgisnacht am 1. Mai jährlich auf dem Walberla ein großes Hexenfest abzuhalten.

Vom **Wanderparkplatz (1)** gehen wir vorbei an der Bergwachthütte die Teerstraße hinauf. Wir gelangen an eine **T-Kreuzung (2)**, von dort laufen wir links einen geschotterten Wanderpfad hinauf zur schon in Sichtweite gelegenen **St.-Walpurgis-Kapelle (3)**. Hinter der Kapelle führt rechts ein Wiesenpfad zur Abbruchkante am **Aussichtspunkt Geierwand (4)**, dem höchsten Punkt des Walberlas und öffnet einen Blick in die hügelige Landschaft der Fränkischen Schweiz. Wir gehen wieder zurück zur **Kapelle (3)** und weiter zum gegenüberliegenden **Gedenkstein (5)** zu Ehren des Prinzregenten Luitpold von Bayern. Entlang der Abbruchkante, vorbei am markanten Nadelfelsen, der »Wiesenthauer Nadel« und am Felsplateau Räbelstein steigen wir herab vom Walber-

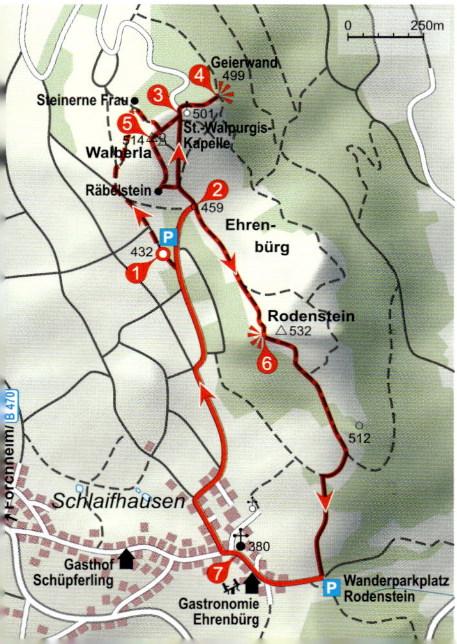

HIGHLIGHTS

- ★ Größtes und schönstes Naturschutzgebiet Oberfrankens: die Ehrenbürg mit den Gipfeln Walberla und Rodenstein. Auf den Trockenrasen des baumlosen Hochplateaus leben seltene Pflanzen und Tiere.
- ★ Alljährliches Walberlafest am ersten Sonntag im Mai mit Maibaumaufstellen, Musik und Trachtentanz sowie verschiedenen Losbuden und Fahrgeschäften.
- ★ Streuobstwiesen unterhalb des Berges.
- ★ Spielplatz bei der Gastronomie Ehrenbürg.
- ★ Auf dem Walberla kann man im Herbst prima Drachen steigen lassen.

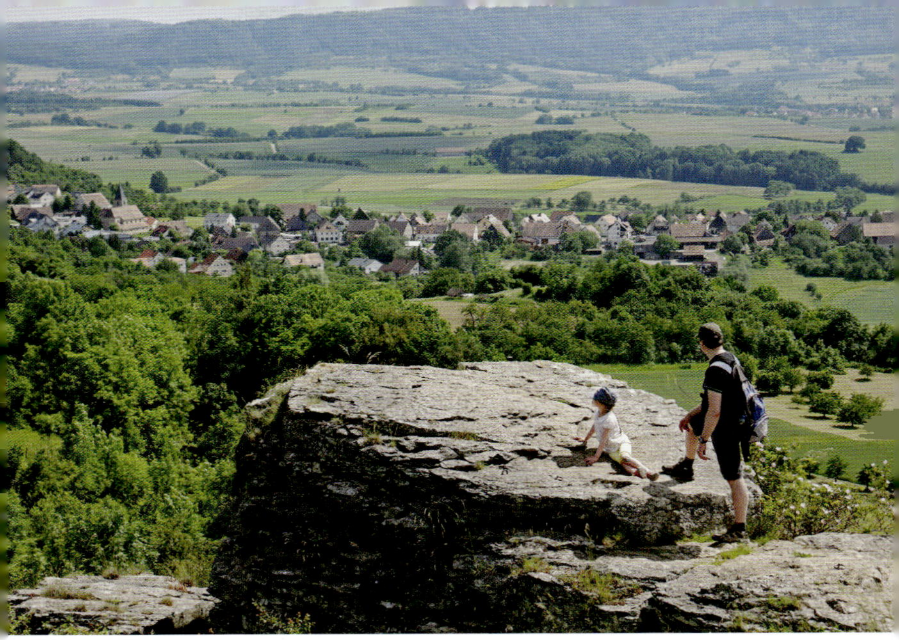

Fantastischer Weitblick vom Räbelstein.

la. Wir treffen wieder auf den schon bekannten geschotterten Wanderpfad und laufen auf ihm zurück zur **T-Kreuzung (2)**. Dort geradeaus weiter zum schon sichtbaren Gipfelkreuz des **Rodensteins (6)**. Jetzt haben wir eine Pause wirklich verdient und genießen am Gipfelkreuz die herrliche Aussicht hinüber zum Walberla und den traumhaften Rundblick.

Wir gehen weiter den Pfad entlang, der uns steil bergab zum Wanderparkplatz Rodenstein bringt. Beim Parkplatz halten wir uns rechts in Richtung Wiesenthau und erreichen bald die Ortschaft Schlaifhausen. Vorbei an einem Reiterhof gelangen wir zur Gastronomie Ehrenbürg, der wir unbedingt einen Besuch abstatten sollten. Der Gasthof bietet nicht nur gutes Essen, sondern besitzt auch einen großen, schönen Spielplatz.

Danach spazieren wir hinab zur **Kirche (7)** und biegen rechts auf die Anfahrtsstraße in Richtung Walberla/Rodenstein (Wegweiser) ein. Schon bald steigt bei einer Rechtskurve unsere Straße wieder an und bringt uns hinauf zum **Wanderparkplatz (1)**.

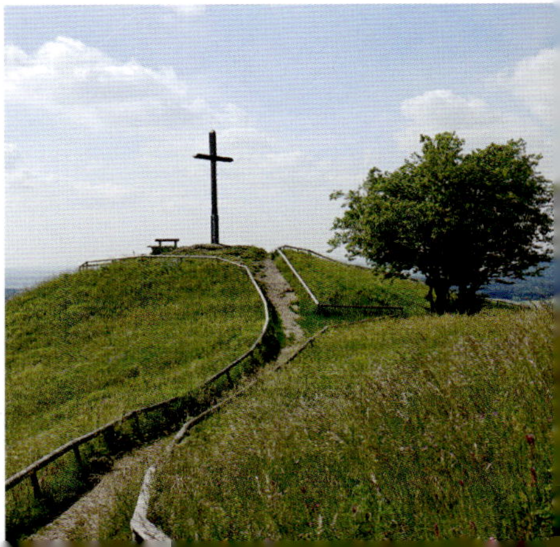

Auf der südlichen Kuppe liegt das Gipfelkreuz des Rodensteins.

16 Über den Burggraf zu den »Drei Zinnen«

Ins Großenoher Tal

ab 6 J.

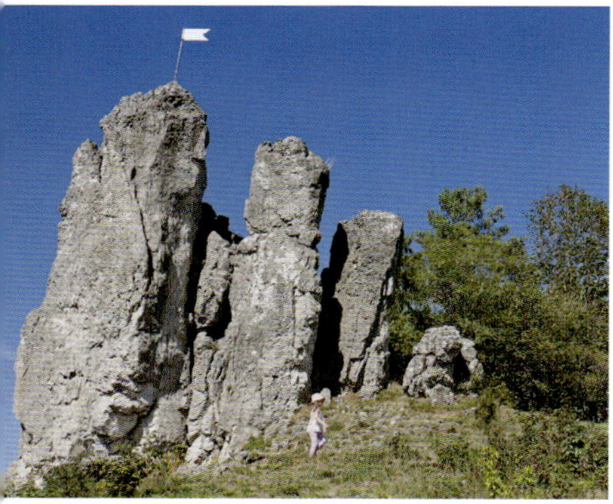

Die fränkischen »Drei Zinnen« überragen den Ort Großenohe.

Durch eine Höhle und zu den drei fränkischen Felstürmen

Bevor wir durch das idyllische, autofreie Großenoher Tal wandern, geht es erst mal ordentlich steil bergauf. Vorbei an bizarren Felsformationen erreichen wir die Anhöhe »Burggraf«. Damit haben wir bereits den schwierigsten Anstieg geschafft und gönnen uns eine kleine Pause am Aussichtspunkt hinter der Durchgangshöhle Hohlkirche, von dem wir einen Blick ins Trubachtal werfen. Nach Durchqueren des schattigen Waldes erreichen wir das Örtchen Großenohe mit seinen alten Fachwerkhäusern, Mühlen und Gehöften. Ringsherum ist der Ort von Kalkmagerrasenhängen mit Wacholderbüschen eingerahmt und wird von drei markanten Felsnadeln, den »Drei Zinnen«, überragt. Auf dem Rückweg durch den Talgrund begleitet uns der plätschernde Großenoher Bach. An seinen seichten Stellen kühlen wir unsere heißgelaufenen Wanderfüße ab und können im Wasser planschen.

KURZINFO

Ausgangspunkt: Parkplatz im Weiler Haselstauden, 381 m (Navi: N49.683791, E11.284865).

Anfahrt: Von der Straße zwischen Gräfenberg und Egloffstein zweigen wir im Örtchen Hammerthoos rechts in Richtung Obertrubach ab. Nach ca. 1,5 km kommen wir zum Weiler Haselstauden.

Mit dem Bus: Haltestelle Haselstauden der VGN-Buslinien 222 von Forchheim und 229 von Gräfenberg.

Gehzeit: 2.30 Std.

Distanz: 5,9 km.

Höhenunterschied: 220 m.

Ausrüstung: Gut profilierte Sport- oder Wanderschuhe. Wechselkleidung und Handtuch zum Trocknen der Füße nach dem Planschen an einer der vielen seichten Stellen des Großenoher Bachs.

Anforderungen: Ab 6 Jahren. Steiler Aufstieg zur Hohlkirche und zu den »Drei Zinnen«. Von dort steiler Abstieg hinunter nach Großenohe. Ansonsten gemächliche Wanderwege und -pfade. Nur die Kurzvariante ist mit Kinderwagen und Laufrad befahrbar. Sowohl sonnige als auch schattige Wanderung.

Einkehr: Gasthof »Zur Sägemühle« (Großenohe 19, 91355 Hiltpoltstein-Großenohe; Tel. +49 179 6780416; Mi. u. Do. 17–22 Uhr, Fr.–So. 12–22 Uhr geöffnet, Mo. und Di. Ruhetag; www.gasthof-zur-saegemuehle.de).

Kurzvariante: Ab 4 Jahren. Vom Parkplatz (1) mit der Markierung *Grüner Kreis* durchs Großenoher Tal und weiter bis zur Pferderanch »Lucky Luke« in Großenohe. Auf demselben Weg zurück (5 km, 2.00 Std. Gehzeit, kinderwagengeeignet).

Vom **Parkplatz (1)** aus wandern wir auf einer Teerstraße über den Bach. Wir kommen an eine T-Kreuzung, an der wir uns rechts in Richtung Großenohe halten, ab hier begleitet uns die Markierung *Grüner Kreis*. Kurze Zeit später zweigen wir ohne Markierung links in Richtung »Burggraf« (Wegweiser) ab (für die Kurzvariante geht es hier geradeaus weiter). Der Wiesenpfad bringt uns in den Wald hinein und steigt sofort steil an. Etwas weiter oben gesellt sich der *Grüne Kreis* zu uns, der uns rechts über Treppenstufen vorbei an der markanten Felsnadel Fürther Turm nach oben zum Felsengebiet **Burggraf (2)** bringt. Rechts haltend führt ein Weg hinunter zur Durchgangshöhle **Hohlkirche (3)**. Nach

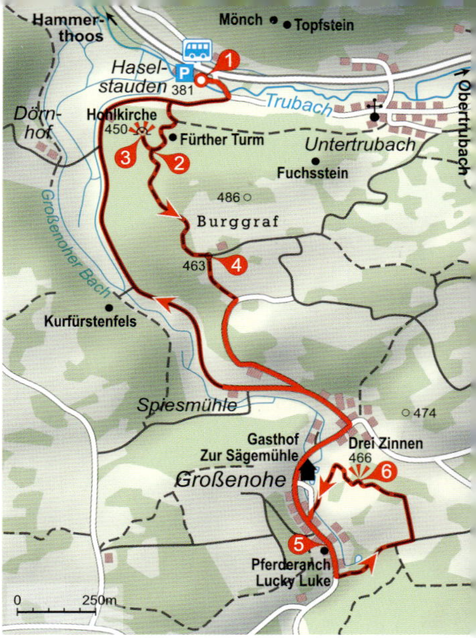

Beim Durchqueren der Hohlkirche müssen nur die Erwachsenen den Kopf einziehen.

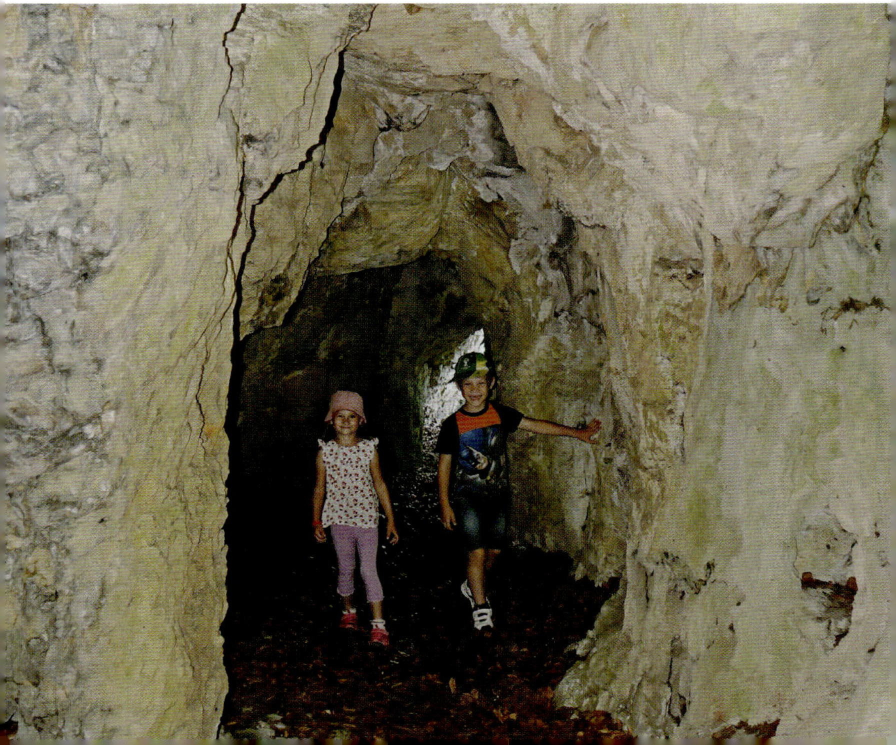

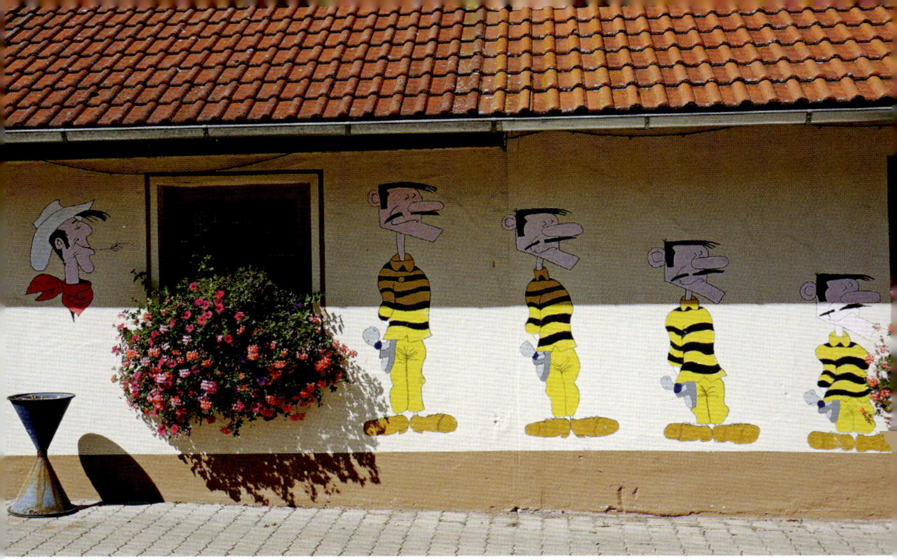

Lucky Luke und den vier Daltons begegnen wir an der Pferderanch.

Durchqueren der Höhle kommen wir an einen wunderschönen, kleinen Aussichtspunkt mit Blick ins Trubachtal.

Anschließend kehren wir zurück zum **Burggraf (2)** und wandern rechts mit dem *Grünen Kreis* entlang des Bergrückens durch den Wald hindurch. Am Waldrand geht der Waldweg in einen Schotterweg über, dort ignorieren wir die Markierung und kürzen den Weg hinunter nach Großenohe ab. Wir laufen rechts, am Waldrand, einen Landwirtschaftsweg entlang und erreichen an einer alten **Scheune (4)** eine kaum befahrene Teerstraße. Auf ihr wandern wir rechts hinunter nach Großenohe und durch die Ortschaft. An der T-Kreuzung in der Ortsmitte zweigen wir rechts ab. Vorbei an mehreren Fachwerkhäusern erreichen wir kurz vor dem Ortsende die **Pferderanch »Lucky Luke« (5)**. Am Ortsausgangsschild biegen wir ohne Markierung links in einen Hohlweg ein. Er bringt uns steil hinauf zur Anhöhe, wo wir uns wiederum nach

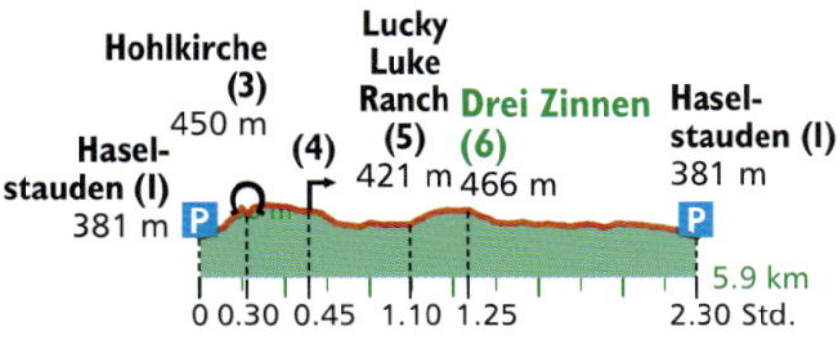

HIGHLIGHTS

- ★ Die Durchgangshöhle Hohlkirche – durch sie gelangt man zu einem schönen Aussichtspunkt mit Blick hinunter ins Trubachtal.
- ★ Die »Drei Zinnen«, drei schon von Weitem sichtbare Felsnadeln im Großenoher Tal, die das Örtchen Großenohe überragen.
- ★ Planschen an seichten Stellen im Großenoher Bach.
- ★ Pferde auf der »Lucky Luke«-Ranch.
- ★ Kalkmagerrasen mit seltenen Blumen und vielen Insekten.
- ★ Nach der Tour: Besuch des Kletter-Infozentrums (KIZ; siehe Freizeittipp E3).

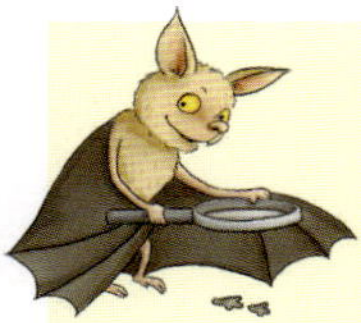

Hallo Kinder,

wie entstanden die Kalkmagerrasen rund um den Ort Großenohe? Die einheimische Bevölkerung trieb ihre Schaf- und Ziegenherden zum Weiden in die damaligen umliegenden Wälder. Die zahlreichen Tiere fraßen alles kahl bis auf einige große Bäume und dornige Sträucher wie Wacholder, Schlehen und Rosen. Dadurch entstanden auf den ungedüngten nährstoffarmen Böden im Laufe der Zeit blütenreiche Wiesen und Weiden, die vielen Insekten, besonders Heuschrecken und Schmetterlingen, einen Lebensraum bieten. Noch heute werden diese Wiesenflächen von Schafen und Ziegen regelmäßig beweidet, damit der Reichtum der Tier- und Pflanzenwelt erhalten bleibt.

links wenden. Der anfangs breite Weg wechselt am Waldrand in einen schmalen Wanderpfad über, der uns zu den schon in Sichtweite liegenden **»Drei Zinnen« (6)** bringt. Von dort oben hat man einen herrlichen Blick auf die Kalkmagerrasen rund um Großenohe.

Ein kleiner Wanderpfad, links neben den Felsen, bringt uns in Serpentinen hinunter nach Großenohe. Wir spazieren rechts auf dem schon bekannten Weg durch die Ortschaft. An der T-Kreuzung in der Ortsmitte wandern wir links in Richtung Spiesmühle (Wegweiser). Nach dem Wanderparkplatz halten wir uns links und folgen der Markierung *Grüner Kreis* vorbei an der Spiesmühle durchs Großenoher Tal. An vielen seichten Stellen des Bachlaufes lassen sich die müden Füße erfrischen. Schon bald erreichen wir unseren **Parkplatz (1)** in Haselstauden.

Willkommene Abkühlung im Großenoher Bach auf dem Rückweg.

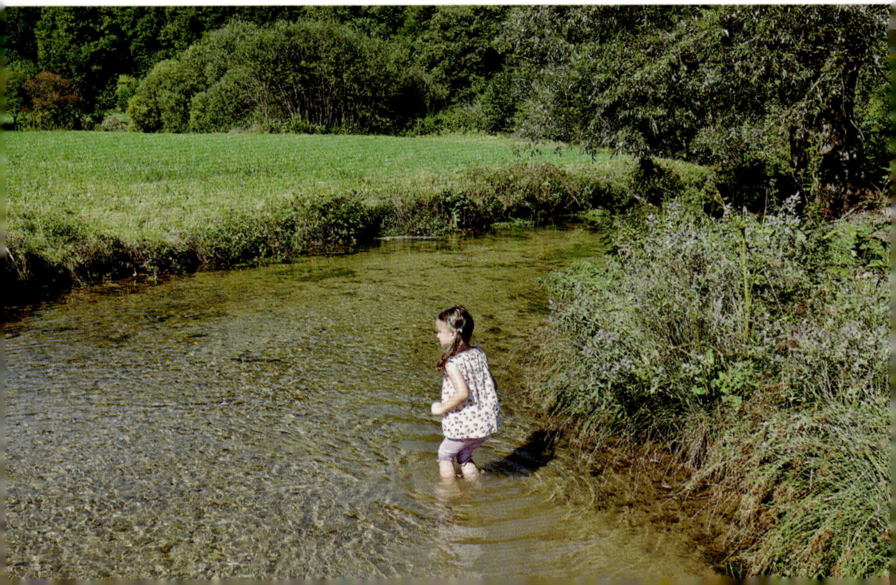

17 Burgruine Wolfsberg und Signalstein

Blick ins Trubachtal

ab 8 J.

Nur für Schwindelfreie!
Der Signalstein, ein zwölf Meter steil aufragender Felsen, ist bei Kletterern und Wanderern ein sehr beliebtes Ziel. Die einen erklimmen ihn per Seil und Haken, die anderen steigen die steile Metallleiter hinauf, um den freien Rundblick vom Gipfel zu genießen. Kinder und Erwachsene brauchen ganz schön viel Mut, die fast senkrechte Leiter hinaufzuklettern. Schon zur Zeit des Frankenreichs, das zwischen dem 5. und 9. Jahrhundert bestand, diente der Signalstein, der an der damaligen Ostgrenze lag, zur Übermittlung von Nachrichten. Im Mittelalter wurden die in Sichtweite gelegenen Burgen Wolfsberg, Egloffstein, Bärnfels und Leienfels von hier mittels Feuer- und Rauchsignalen vor Angreifern gewarnt. Eine mit brennbaren Stoffen umwickelte Stange diente dabei als Signalfackel.

KURZINFO

Ausgangspunkt: Wanderparkplatz am östlichen Ende der Ortschaft Wolfsberg an der Straße nach Geschwand, 424 m (Navi: N49.688881, E11.314074).
Anfahrt: Von der Straße zwischen Gräfenberg und Egloffstein zweigen wir im Örtchen Hammerthoos nach rechts in Richtung Obertrubach ab. Am Ende von Wolfsberg links Richtung Geschwand.

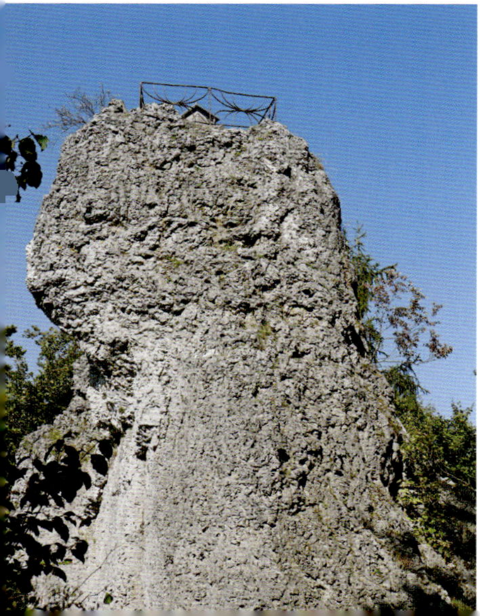

Mit dem Bus: Haltestelle Wolfsberg Ortsmitte der VGN-Buslinie 229 von Gräfenberg oder Gößweinstein und VGN-Buslinie 222 von Forchheim oder Gößweinstein.
Gehzeit: 2.00 Std.
Distanz: 3,6 km.
Höhenunterschied: 210 m.
Ausrüstung: Gut profilierte, knöchelhohe Wanderschuhe. Proviant für unterwegs, da keine Einkehrmöglichkeit während der Wanderung vorhanden ist.
Anforderungen: Ab 8 Jahren. Bis zum Signalstein stetiger steiler Anstieg. Der Aufstieg zur Burgruine Wolfsberg über viele Stufen erfolgt auf eigene Gefahr (Hinweisschild). Aussichtsplateau der Burgruine teilweise für kleinere Kinder schlecht gesichert. Luftige, extrem steile Metallleiter hinauf zum Aussichtspunkt am Signalstein nur mit schwindelfreien größeren Kindern begehen.
Einkehr: Keine Einkehr während der Tour. Gasthof Treiber ca. 1 km entfernt im Trubachtal zwischen Wolfsberg und Obertrubach (Reichelsmühle 5, 91286 Obertrubach; Tel. +49 9245 489; www.treiber-trubachtal.de; wechselnde Öffnungszeiten, Mi. Ruhetag; Kindergerichte auf Nachfrage). Weitere Gasthöfe im ca. 2 km entfernten Obertrubach.

Der etwa 12 Meter hohe Signalstein.

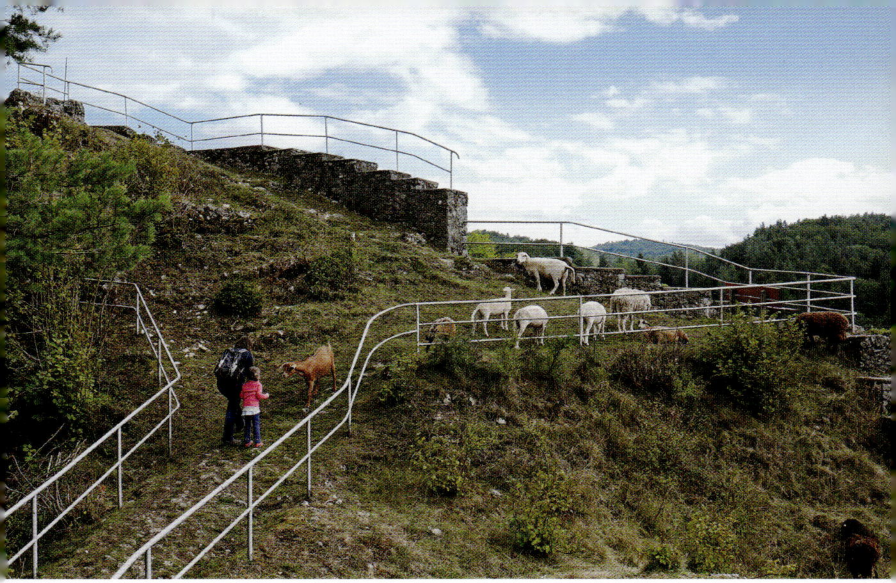

Neugierige Schafe begegnen uns auf der Burgruine Wolfsberg.

Vom **Wanderparkplatz (1)** wandern wir vom Ort weg aufwärts in Richtung Burgruine Wolfsberg (Wegweiser). Die steile Teerstraße bringt uns hinauf zur ehemaligen **Schule (2)**. Am Anfang des Schulgeländes zweigt links ein Weg ab. Gleich darauf sehen wir schon den mit Geländer gesicherten Treppenaufgang zur ehemaligen **Burg Wolfsberg (3)**. Auf dem Hochplateau sind die Mauerreste der Oberburg noch deutlich erkennbar, sie dienen nun als Aussichtspunkt. Unser Blick schweift über das Trubachtal und die Ortschaft Wolfsberg.

Wir kehren wieder zum Beginn des Treppenaufgangs zurück, umrunden den Burgberg in einem weiten Linksbogen und wandern nun unterhalb der hoch aufragenden Felsen, auf denen die Spornburg thront. Dann führen ein paar Stufen hinab und wir treffen auf den Trubachweg, der mit dem Schmetterlings-Symbol gekennzeichnet ist, und auf die Markierung *Roter Punkt*.

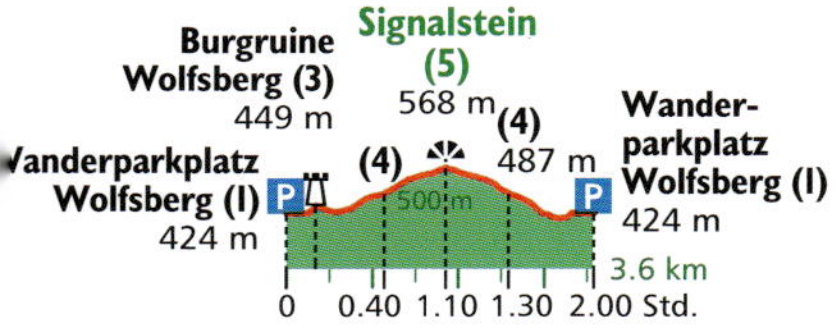

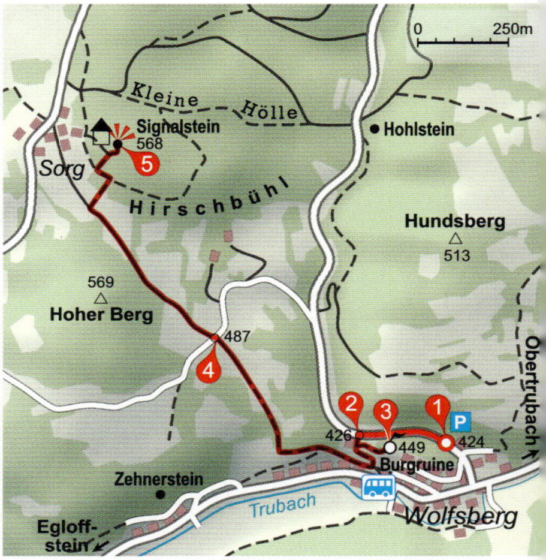

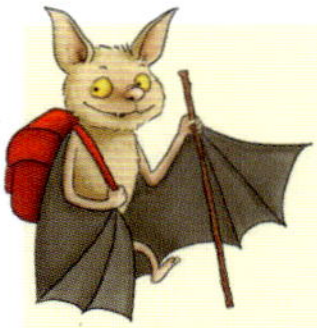

Hallo Kinder,

ist euch aufgefallen, dass im Trubachtal viele Schaf- und Ziegenherden weiden? Während die Schafe Gräser und Kräuter fressen, halten die Ziegen Büsche und Sträucher klein. An steilen Stellen im Trubachtal, wie hier an der Burgruine Wolfsberg, werden sie als »lebende Rasenmäher« eingesetzt. Viele dieser Flächen sind für die moderne Landwirtschaft gefährlich, uninteressant oder schwer zugänglich. Außerdem schonen die Tiere wegen der geringen Bodenbelastung die Vegetation. Ohne die regelmäßige Beweidung würde die Burgruine Wolfsberg von den Sträuchern überwuchert werden und wäre bald nicht mehr zu erkennen. Vielleicht habt ihr Glück und trefft die Schafe und Ziegen heute bei ihrer wertvollen »Arbeit« an.

Wir halten uns rechts und steigen den beiden Markierungen folgend stetig steil aufwärts. Über Wald- und Wiesenwege geht es vorbei an Streuobstwiesen, die im Frühjahr herrlich blühen und im Herbst reichlich Früchte tragen. Einige Sitzbänke mit Blick auf die bewaldeten Hügellandschaften laden zum Verweilen ein. Wir überqueren eine **Straße (4)** und laufen weiter in Richtung Signalstein. Kurz vor der Ortschaft Sorg verlassen wir den mit dem *Roten Punkt* markierten Weg und folgen dem Trubachweg nach rechts über einen Wiesenpfad zum Waldrand. Das Schmetterlings-Symbol bringt uns zum **Signalstein (5)**. Nur ältere, trittsichere und schwindelfreie Kinder sollten den Aufstieg über die luftige Leiter wagen, alle anderen bleiben besser am Fuß des Felsens. Er ist einer der markantesten Aussichtsfelsen der Fränkischen Schweiz und lockt auch so manchen Kletterer an. Der Rückweg zum **Wanderparkplatz (1)** verläuft auf demselben Weg.

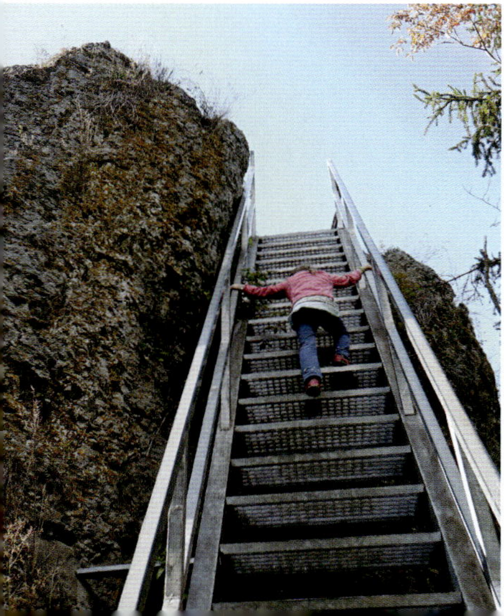

Fast senkrecht geht es über eine Metallleiter hinauf zum Signalstein.

HIGHLIGHTS

- ★ Die Burgruine Wolfsberg liegt auf einem Felssporn hoch über Wolfsberg und bietet einen schönen Blick ins Trubachtal. Ganzjährig frei zugänglich. Besteigen der Ruine auf eigene Gefahr!
- ★ Ziegen- und Schafsherden.
- ★ Der Aussichtspunkt Signalstein, der über eine steile, luftige Leiter zu erklimmen ist.
- ★ Nach der Tour: Besuch des Erlebnisspielplatzes am Kletter-Infozentrums (KIZ; siehe Freizeittipp E3).

»Klauskirche«, Hexentor und Wasserstein

Rund um Betzenstein

ab 5 J.

Höhlen, Felsen und Frankens kleinste Stadt

Betzenstein ist ein kleines Fachwerk-Städtchen, in dem man noch heute mittelalterliches Flair spürt. Eingebettet in die umgebende Felsenlandschaft lässt sich rund um Betzenstein für die ganze Familie viel entdecken: die durchquerbaren Höhlen »Klauskirche« und Wassersteintor, skurrile Felsenformationen wie das Hexentor oder der Fundort der eiszeitlichen Knirpsspitzmaus am Großen Wasserstein, die kaum größer als ein Maikäfer wurde und das kleinste europäische Säugetier war. Ein beheizbares Freibad und der Naturhochseilgarten Freizeitpark Betzenstein runden das Angebot ab. Seine Spuren hat auch der bekannteste Sohn der Stadt hinterlassen. Eine Bronzeskulptur und sein Geburtshaus erinnern an Abraham Wolfgang Küfner, einen Kupferstecher, Kunsthändler und Verleger, der als Kupferstecher so bekannt war, dass er zur Uraufführung von Mozarts Oper Zauberflöte acht Kupferstiche anfertigten durfte. Viele seiner Stiche und Radierungen sind noch heute in Museen und Kunstsammlungen ausgestellt.

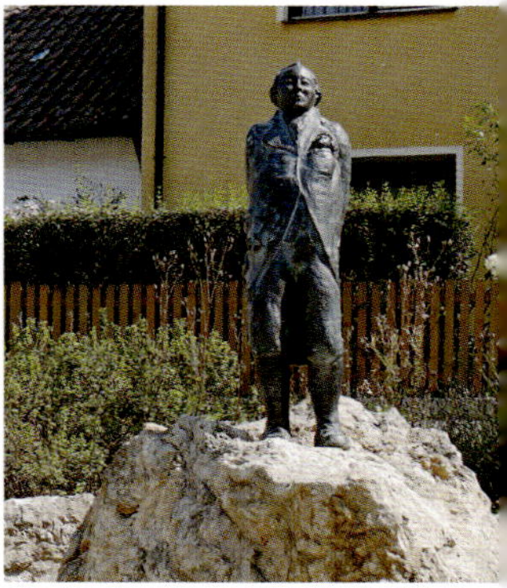

Denkmal für Abraham Wolfgang Küfner.

Das Hexentor – aber weit und breit keine Hexe zu finden.

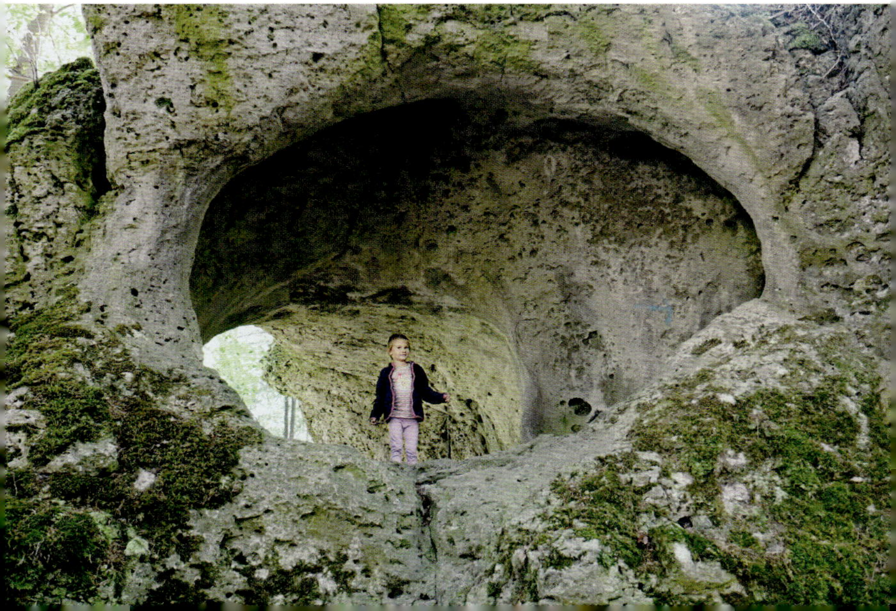

KURZINFO

Ausgangspunkt: Große Parkbucht unterhalb der »Klauskirche«, am Ortsende in Richtung Leupoldstein gelegen, 528 m (Navi: N49.682554, E11.409945) oder alternativ gegenüber auf dem großen Parkplatz des Sportvereins/Freizeitparks, 524 m (Navi: Stierberger Straße 4, 91282 Betzenstein).

Anfahrt: A 9 an der Anschlussstelle Plech verlassen, weiter auf der ST 2163 in Richtung Betzenstein. Nach Durchqueren der Stadt werden am Ortsausgang die Parkbucht rechts und als Alternative der Parkplatz des Sportvereins auf der linken Seite erreicht.

Mit dem Bus: Haltestelle Betzenstein/Schwimmbad der VGN-Buslinie 343 aus Richtung Neuhaus an der Pegnitz.

Gehzeit: 2.30 Std.

Distanz: 4,8 km.

Höhenunterschied: 130 m.

Ausrüstung: Gut profilierte Sport- oder Wanderschuhe für die Wanderung und für den Besuch des Kletterwalds. Badesachen, falls man im Anschluss an die Tour das Freibad besuchen möchte.

Anforderungen: **Ab 5 Jahren.** Meist Wiesen- und Waldpfade im leichten Auf und Ab. Ein kurzes Stück des Rückweges verläuft auf einer ruhigen Nebenstraße und durch die Ortschaft Betzenstein. Wanderung mit sonnigen und schattigen Abschnitten.

Einkehr: **Schlossgasthof Betzenstube** (Schloßstraße 5, 91282 Betzenstein; Tel. +49 9244 920201; www.betzenstube.de; Mo.–Sa. ab 17 Uhr und So. und Feiertage ab 11 Uhr; Kindergerichte). **Gasthof Herbst** (Bayreuther Straße 4, 91282 Betzenstein; Tel. +49 9244 224; www.gasthof-herbst.de; Mi.–So. ab 11 Uhr geöffnet, Mo. und Di. Ruhetag; Biergarten; Kinderspielplatz; Kindergerichte).

Kurzvarianten: **1) Ab 4 Jahren.** Wanderung ohne Besuch von Hexentor und Wassersteintor. Am Wegpunkt (4) mit der Markierung *Roter Kreis* durch den Wald direkt hinüber zum Bauhof (8) und wie in der Haupttour beschrieben zurück zur Parkbucht (1) in Betzenstein (2,8 km, 1.30 Std. Gehzeit).

2) Ab 4 Jahren. Wanderung ohne Besuch des Wassersteintors. Am Ortsanfang von Kröttenhof (6) wandert man nach rechts über eine Nebenstraße zum Rückweg Richtung Bauhof (8) und zur Parkbucht (1) in Betzenstein (4 km, 2.00 Std. Gehzeit).

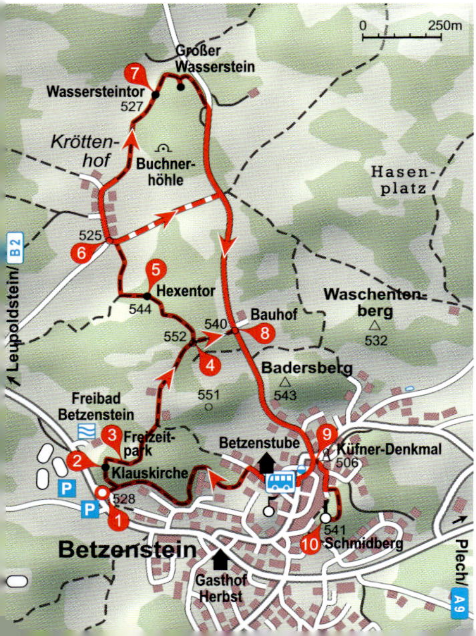

Von der **Parkbucht (1)** laufen wir mit der Markierung *Roter Punkt* ein paar Stufen hinauf zum Naturdenkmal **»Klauskirche« (2)**. Wir durchqueren die Durchgangshöhle. Am Ausgang der Höhle haben wir bereits einen Blick auf das Freibad und einen Teil des **Freizeitparks Betzenstein (3)**. Die Markierung führt uns mitten durch die Anlage, vorbei am

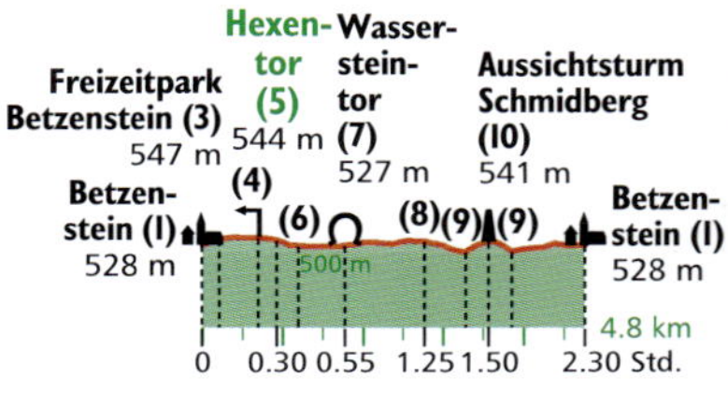

Gleich hinter der »Klauskirche« liegt der Kletterwald im Freizeitpark.

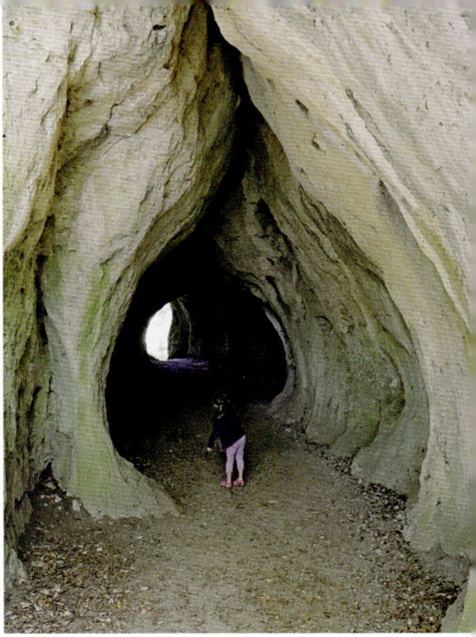

Kassenhäuschen, und uns links haltend wieder hinaus. Über einen Landwirtschaftsweg erreichen wir die Pension Windmühle. Von der ehemaligen Windmühle ist heutzutage leider nichts mehr zu sehen. Danach taucht unser Wanderweg wieder in den Wald ein, wo unsere Hauptroute sogleich links abzweigt **(4)**. (Wer möchte, kann die Tour hier abkürzen und mit der Markierung *Roter Kreis* hinüber zum Bauhof (8) wandern; siehe Kurzvariante 1.)

Der gut ausgeschilderte Wanderweg mit der Markierung *Roter Punkt* bringt uns hinunter zum **Hexentor (5)**, einem großen kreisrunden Felsdurchbruch, dessen Name von Fantasien beflügelt worden ist. Kurze Zeit später erreichen wir die Ortschaft **Kröttenhof (6)**. Wem hier schon die Puste ausgeht, der kann mit Kurzvariante 2 vorzeitig nach Betzenstein zurückkehren. Wir aber durchqueren den Ort und biegen nach dem letzten Hof auf der rechten Seite in einen Landwirtschaftsweg rechts ein. An der äußersten

Das 12 Meter tiefe Wassersteintor im Dolomitmassiv des Großen Wassersteins.

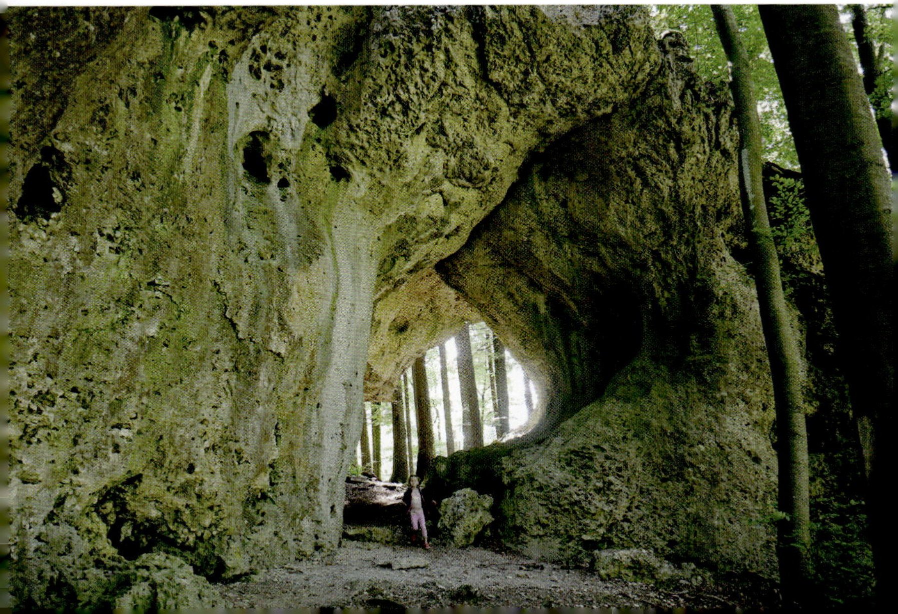

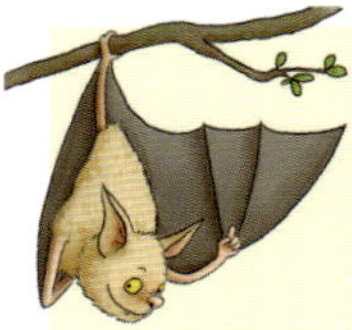

Hallo Kinder,

habt ihr das Brunnenhaus am »Unteren Tor« schon entdeckt? Könnt ihr euch vorstellen, dass die ganze Stadt Betzenstein mit allen ihren Menschen und Tieren bis zum Jahr 1902 auf das Trinkwasser aus diesem einen tiefen Brunnen angewiesen war? Bevor der Brunnen gebaut wurde, mussten die Bewohner sich mit Wasser aus Regenwasserzisternen oder aus benachbarten Quellen und Bächen versorgen. Der 92 Meter tiefe, Mitte des 16. Jahrhunderts mühsam ausgehobene und mit Sandsteinquadern gemauerte Brunnen musste Tag und Nacht besetzt sein, damit die Einwohner ihr zugeteiltes Wasser abholen konnten. Im Rahmen einer Führung könnt ihr die Tiefe des Brunnens durch das Hineinwerfen eines Eiswürfels ermitteln. Zählt doch mal die Sekunden, bis der Eiswürfel auf die Wasserfläche aufprallt.

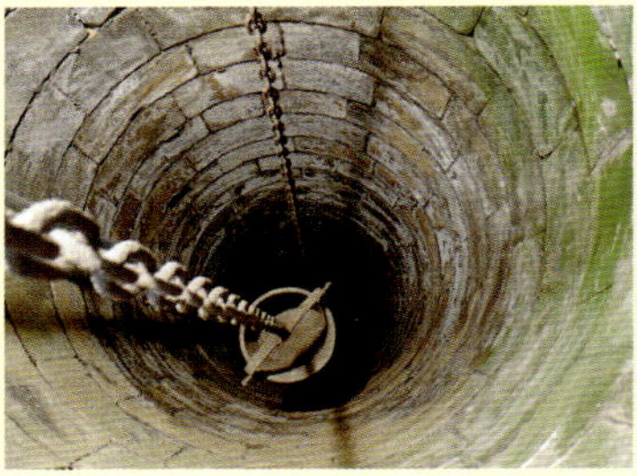

Musikalische Einlage unter dem Aussichtsturm Schmidberg.

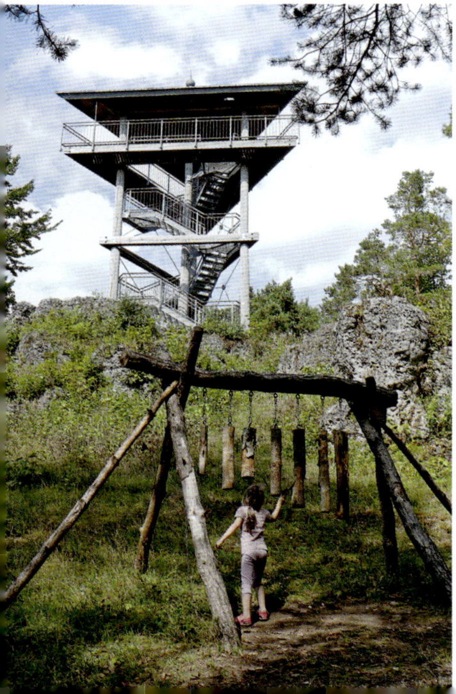

Waldrandecke angekommen, taucht der Wanderweg rechts in den Wald ein und führt uns mit der Markierung *Roter Punkt* links haltend immer am Waldrand entlang. Über einen kleinen Wanderpfad erreichen wir schon nach kurzer Zeit die Durchgangshöhle **Wassersteintor (7)**. Der weitere Weg bringt uns rechts haltend um die Felsengruppe herum und vorbei an der Fundstätte der eiszeitlichen Knirpsspitzmaus. Zuerst neben, dann auf der Nebenstraße geht es mit dem *Roten Punkt* vorbei am **Bauhof (8)** zurück in die Ortschaft Betzenstein. Gleich am Ortsschild verlässt uns der *Rote Punkt* nach rechts, wir wandern mit dem *Roten Senkrecht-Strich* auf der Höchstädter Straße weiter und überqueren am **Küfner-Denkmal (9)** die Hauptstraße und spazieren mit dem *Roten Ring* Richtung Schmidbergturm. Steil hinauf, vorbei an einigen Rastmöglichkeiten

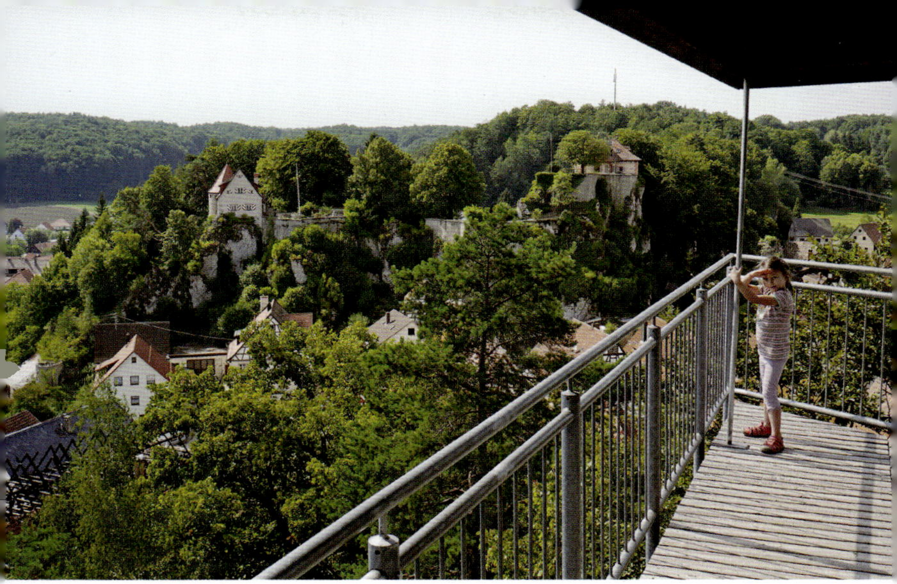

Blick vom Aussichtsturm hinüber zur Burg Betzenstein.

und Stationen des Erlebnispfads (z. B. Barfußpfad und Weitsprungbahn) erklimmen wir die Anhöhe und anschließend den **Aussichtsturm Schmidberg (10)**. Ein herrlicher Blick hinunter auf Betzenstein und hinüber zur Burg entschädigen für die Anstrengung.
Auf demselben Weg kehren wir wieder zurück zum **Küfner-Denkmal (9)** und gehen von dort links ohne Markierung durch das »Untere Tor«. Vorbei am »Tiefen Brunnen« (leider nur im Rahmen einer Stadtführung zu besichtigen; Anmeldung bei Frau Plischka unter Tel. +49 9244 92364, Nachtwächterführung bei Herrn Otto unter Tel. +49 9244 985364) durchqueren wir den Marktplatz. Zwischen Kirche und Hausnummer 32 wandern wir durch das »Hintere Tor« zur Stadt hinaus und treffen auf den mit dem *Roten Punkt* markierten schmalen Wanderpfad. Auf diesem links zurück zur **Parkbucht (1)**.

HIGHLIGHTS

- ★ Frankens kleinste Stadt mit vielen gut erhaltenen Fachwerkbauten, Stadttoren und dem historischen Brunnenhaus »Tiefer Brunnen«.
- ★ Das Naturdenkmal Hexentor, ein kreisrunder Felsdurchbruch.
- ★ Das Naturdenkmal Großes Wassersteintor und das Felsenlabyrinth am Großen Wasserstein mit der Fundstelle der eiszeitlichen Knirpsspitzmaus.
- ★ Die geräumige Durchgangshöhle »Klauskirche«.
- ★ Der Aussichtsturm am Schmidberg; rund um den Schmidberg sind Stationen des Wald-Erlebnispfads verteilt, z. B. Ruheliegen, Fernsicht-Rahmen, Weitsprungbahn.
- ★ Der Kletterpark im Freizeitpark Betzenstein mit verschiedenen Parcours und einem Kinderkletterwald für Kinder ab 5 Jahren. Öffnungszeiten unter www.abenteuerpark-betzenstein.de (Hauptstraße 68, 91282 Betzenstein; Tel. +49 9244 9859-16).
- ★ Beheiztes Freibad Betzenstein (siehe Freizeittipp C6).

19 Zu den Sinterterrassen an der Lillach

Bei Weißenohe

ab 5 J.

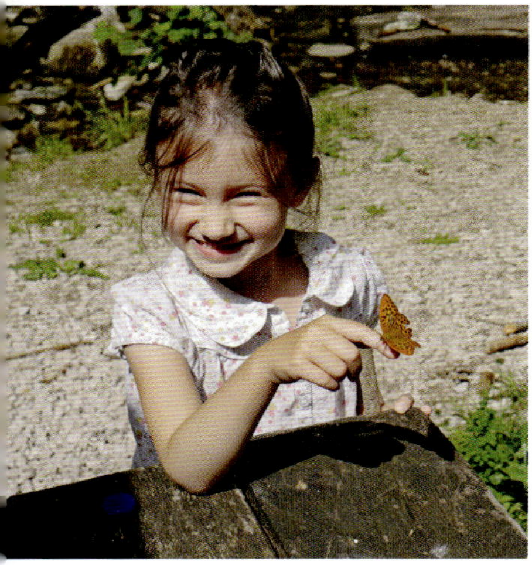

Ein Schmetterlingsbesuch zaubert ein Lächeln ins Gesicht.

Ins Tal der Schmetterlinge

Familien, die der Hektik des Alltags entfliehen möchten, sind im Lillachtal genau richtig. Wir wandern gemächlich entlang des plätschernden Bachs bis zu seiner Quelle. Die aus einem Felsspalt entspringende Lillach ist einer der in Deutschland seltenen Kalktuffbäche. Ihre Kalkablagerungen bildeten während der letzten 10 000 Jahre sehenswerte Sinterstufen. Sie sehen aus wie terrassenartige Becken, über die sich das Wasser talabwärts von einer Stufe zur nächsten ergießt. Am Bach leben auch viele seltene oder vom Aussterben bedrohte Tier- und Pflanzenarten: über hundert Schmetterlingsarten, seltene Käfer, Feuersalamander, Wasseramseln, Großlibellen sowie Moschus- und Milzkraut. Leider bedrohen Schäden durch Hochwasser, starke Regenfälle und die Begehung des Uferrandes durch Besucher des Lillachtales immer wieder dieses einzigartige Biotop. Deshalb ist es wichtig, auf den ausgewiesenen Wegen zu bleiben, um dieses Naturdenkmal in seiner heutigen Form zu erhalten.

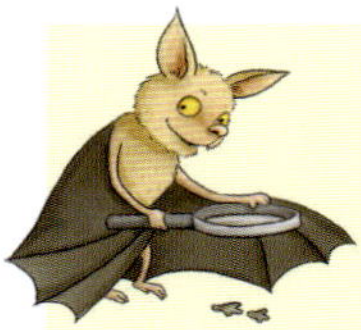

Hallo Kinder,

das Besondere an der Lillach sind ihre Sinterterrassen. Sie sehen in ihrer Form den Reisterrassen in Asien sehr ähnlich, jedoch wird in Franken gar kein Reis angebaut. Wie bilden sich diese »Treppenstufen« im Bachlauf?
Wenn kohlenstoffdioxidhaltiges Regenwasser durch das Kalkgestein der Fränkischen Schweiz sickert, löst es den Kalk aus dem Gestein. Dieses nun sehr kalkhaltige Wasser tritt an der Lillachquelle wieder zutage. An kleinen Wasserfällen und Verwirbelungen entweicht das Kohlendioxid aus dem Bachwasser und der Kalk fällt aus. Er lagert sich im Bachlauf an den dortigen Steinen, Moosen und Algen ab. So wächst nach und nach eine feste Barriere, hinter der sich das Wasser staut. Aus vielen dieser Barrieren entsteht so die typische Form einer Treppe.

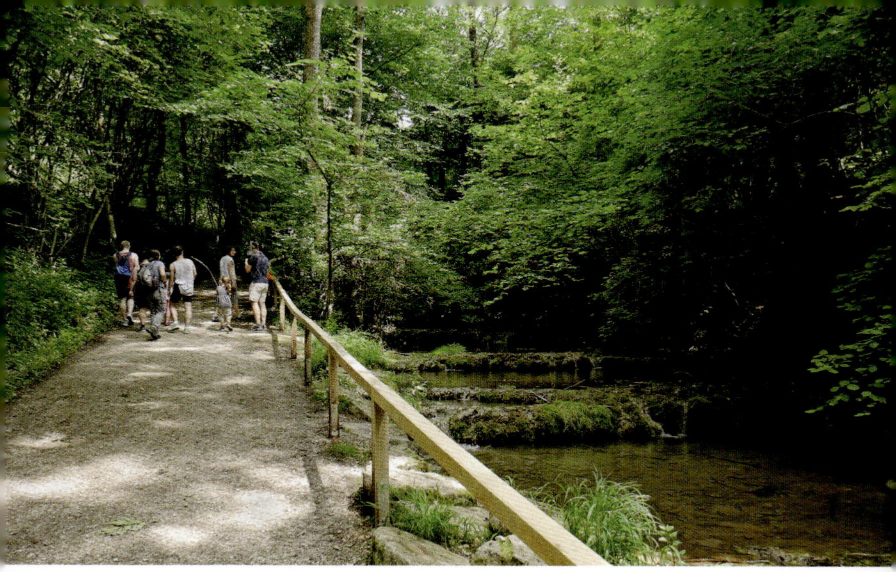

Sanft plätschert das Wasser von Sinterstufe zu Sinterstufe ins Tal.

KURZINFO

Ausgangspunkt: Weißenoher Parkplatz Weiherstraße, 360 m (Navi: Weiherstraße, 91367 Weißenohe).

Anfahrt: Auf der B2 nach Weißenohe, weiter Richtung Ortsmitte in die Weiherstraße.

Mit der Bahn: Haltestelle Weißenohe-Bahnhof der Linie R21 von Nürnberg-Nordostbhf./Gräfenberg. Am Bahnhof über die B2 und durch die Hauptstraße in die Weiherstraße (10 Min. Gehzeit).

Gehzeit: 2.45 Std.

Distanz: 5,7 km.

Höhenunterschied: 160 m.

Ausrüstung: Sportschuhe oder Trekkingsandalen, Wechselkleidung und Handtuch (Planschmöglichkeit an der Quelle). Becherlupe zum näheren Betrachten von Insekten – bitte diese auch wieder freilassen!

Anforderungen: **Ab 5 Jahren.** Wanderung verläuft auf ruhigen Straßen, Landwirtschaftswegen und Waldpfaden. Kleiner Anstieg im Bereich der Sinterterrassen, ansonsten gemächliche Wanderung entlang der Lillach. Sonnige und schattige Wegabschnitte.

Einkehr: **Gasthaus Zum Lillachtal** in Dorfhaus (Dorfhauser Straße 69, 91367 Weißenohe; Tel. +49 178 5502478; www.zum-lillachtal.de; Di., Mi. und Fr.–So. 12–20 Uhr geöffnet, Mo. und Do. Ruhetag; Spielplatz; wegen Brand Gasthaus im Wiederaufbau, deshalb bis auf Weiteres nur Biergartenbetrieb bei schönem Wetter).

Das Wirtshaus Klosterbrauerei Weißenohe in Weißenohe (Klosterstraße 20, 91367 Weißenohe; Tel. +49 9192 6357; www.das-wirtshaus-klosterbrauerei-weissenohe.de; geöffnet von April bis September Mi.–Fr. ab 11 Uhr, Sa. und So. ab 10 Uhr, von Oktober bis März Mi.–So. ab 11 Uhr, Mo. und Di. Ruhetag (außer feiertags); Biergarten; Kindergerichte).

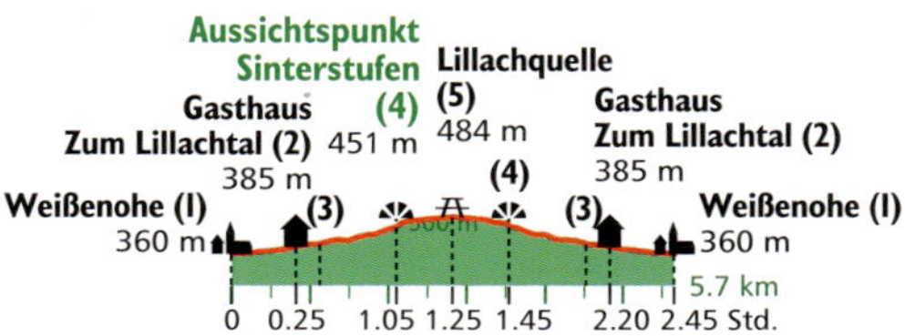

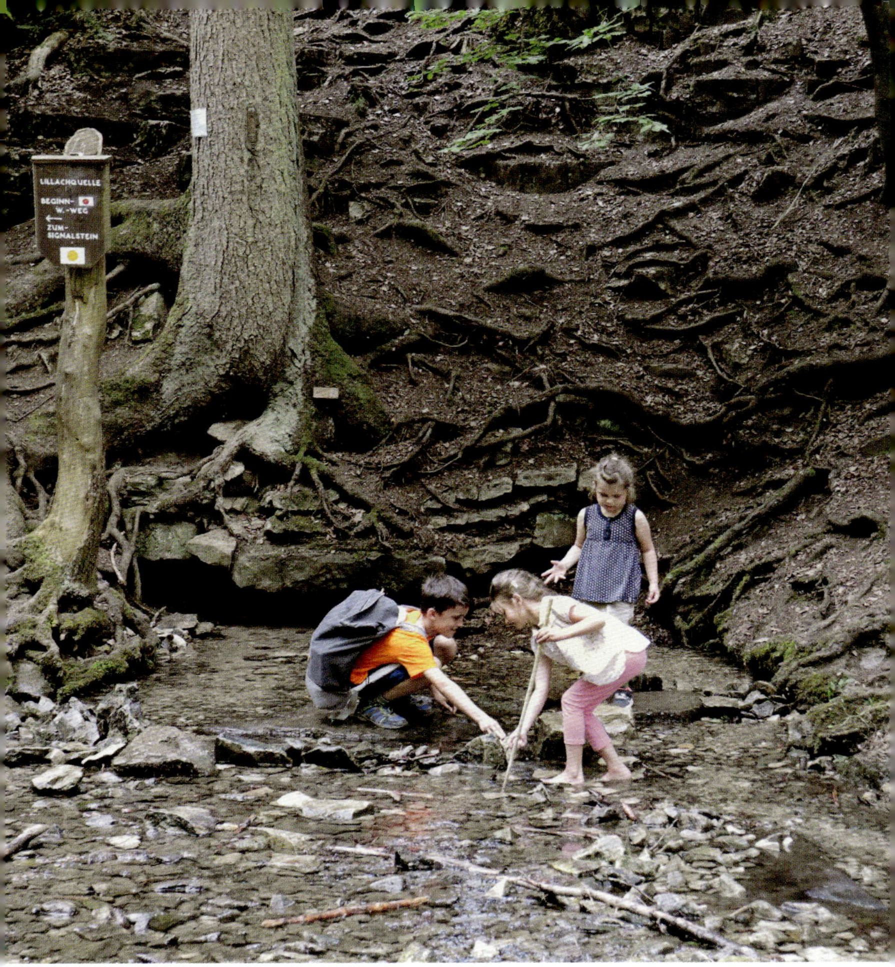

Das Wasser der Lillachquelle zieht die Kinder wie ein Magnet an.

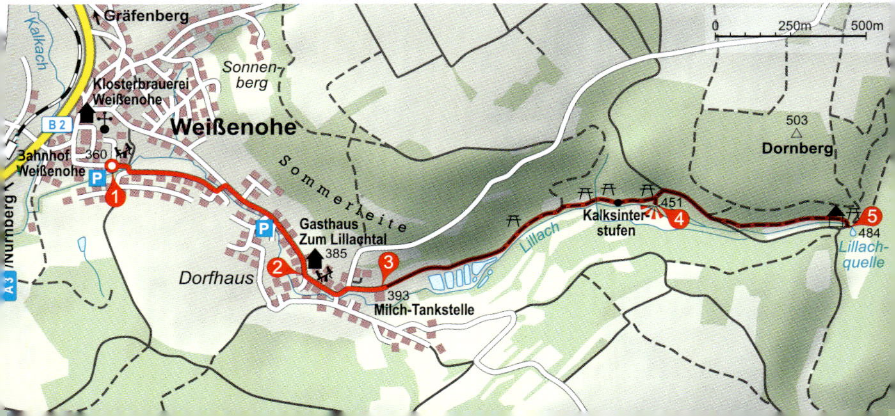

Am Rückweg: Kleines Wettrennen unter Freundinnen ...

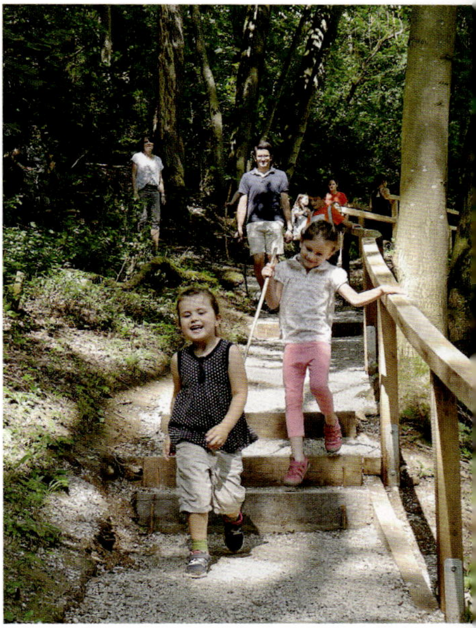

Wir beginnen unsere Tour am **Parkplatz (1)** und wandern rechts, am Spielplatz vorbei, in Richtung Dorfhaus/Lillachquelle. An der nächsten Abzweigung biegen wir mit der Beschilderung »Zur Lillachquelle« in den Wiesenweg ein. Wir überqueren den Bach (Brücke) und wenden uns dann gleich wieder rechts in die Dorfhauser Straße. Die Straße bringt uns vorbei am **Gasthaus Zum Lillachtal (2)** mit kleinem Spielplatz. Am Ende der Dorfhauser Straße gehen wir links weiter in Richtung Sinterstufen/Lillachquelle. Vorbei an der **Milch-Tankstelle (3)** und ein paar Fischweihern erreichen wir den Waldrand. Schon kurz nach dem Eintauchen in den kühlen Wald wandern wir entlang des Bachlaufs und kommen an den ersten Kalksinterstufen vorbei. Bald erreichen wir den erhöht liegenden **Aussichtspunkt (4)** mit seinen Picknicktischen. Von dort haben wir einen guten Blick hinunter auf die terrassenförmigen Sinterstufen.

Jetzt steigt der Wanderpfad nochmals an und wir treffen auf einen breiten Forstweg, auf dem wir uns rechts halten. Kurz darauf zweigt ein schmaler Wanderpfad links vom Forstweg ab und bringt uns zur **Lillachquelle (5)**. Hier tritt das Wasser der Lillach aus einem Felsspalt zutage und fließt als Rinnsal Richtung Weißenohe. Über eine kleine Holzbrücke oder barfuß durch das Wasser watend erreichen wir die andere Uferseite, auf der ein Picknickplatz mit Unterstand auf uns wartet.

Nach einer ausgiebigen Pause kehren wir auf demselben idyllischen Weg wieder zurück zum **Parkplatz (1)** in Weißenohe.

HIGHLIGHTS

- ★ Die Sinterstufen der Lillach – ein Naturdenkmal mit seltenen Pflanzen- und Tierarten.
- ★ Flaches Wasser an der Lillachquelle und ein Picknickplatz laden zum Planschen und Verweilen ein.
- ★ Ehemaliges Kloster Weißenohe mit eigener Brauerei und herrlichem Biergarten.
- ★ An der Milch-Tankstelle des Bauernhofs Hänfling im Ortsteil Dorfhaus kann man allerlei Produkte vom Bauernhof, wie Käse, Eier und Kartoffeln, kaufen oder frische Milch selbst zapfen. Geöffnet täglich 6–22 Uhr (nur Münzgeld).
- ★ Am Bauernhof Hänfling im Ortsteil Dorfhaus kann man während der Kirscherntezeit (Mitte Juni bis Ende Juli) von 8 bis 18 Uhr Kirschen ohne Leiter selbst vom Buschbaum pflücken. Anmeldung unter Tel. +49 9192 7402; www.haenfling.de.

20 Geologischer Wanderweg Jurazeit

Bei Rüsselbach

ab 5 J.

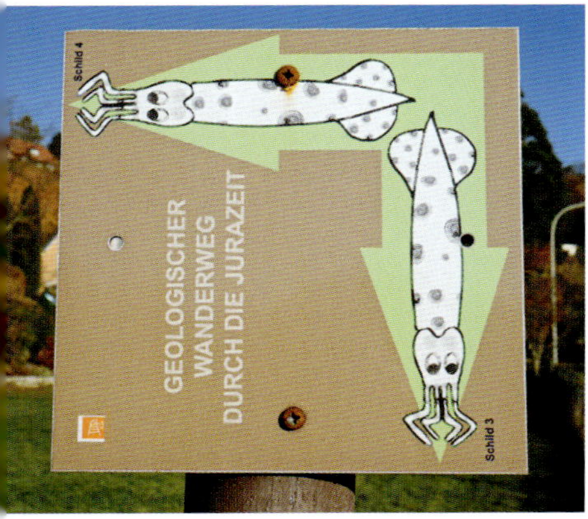

Ein Donnerkeil-Logo markiert unseren Wanderweg.

Reise durch die Erdgeschichte

Entlang des Rüsselbachs liegen reizvolle kleine Ortschaften umgeben von Kirsch- und Obstgärten. Im Frühjahr verwandelt die Obstblüte die Umgebung in ein helles Blütenmeer und von Mitte Juni bis August hängen die Bäume voll mit roten Süßkirschen. Im Jahre 2012 wurde zwischen Kirch- und Oberrüsselbach der »Geologische Wanderweg durch die Jurazeit« eröffnet. Er beschreibt auf vielen lehrreichen Tafeln die geologischen Veränderungen in der Gegend rund um Rüsselbach während der Jurazeit. Gleich zu Beginn unserer Wanderung können die Kinder am Wasserspielplatz nach Herzenslust Wasser anstauen und planschen. Wenig später erkunden wir einen natürlichen »Kühlschrank«, der vor langer Zeit in den Eisensandstein gehauen wurde. Am Aussichtspunkt »Husarensprung« auf der Anhöhe von Oberrüsselbach genießen wir schließlich den schönen Blick hinunter auf die terrassenförmig gelegene Ortschaft.

Wasserspaß im Rüsselbach – vor oder nach der Wanderung.

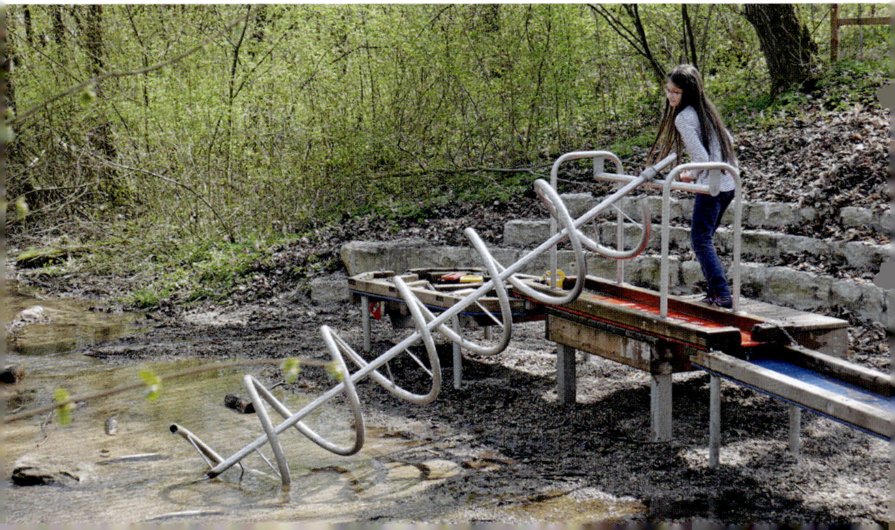

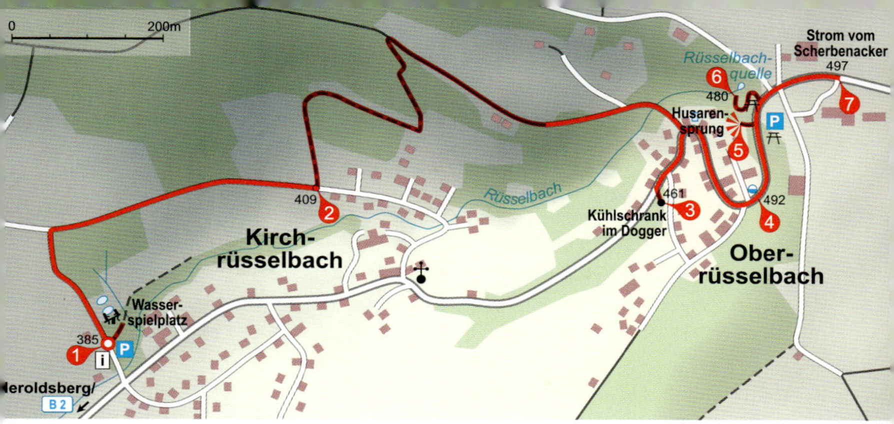

KURZINFO

Ausgangspunkt: Parkbucht für drei bis vier Pkw an der Infotafel im Herrengarten in Kirchrüsselbach, 385 m (Navi: Herrengarten 1, 91338 Igensdorf-Kirchrüsselbach).
Alternativ kann die Wanderung am großen Parkplatz in Oberrüsselbach, 494 m (Navi: N49.61290, E11.27363), in Nähe des Solarfeldes, begonnen werden; dann wird der Geologische Wanderweg in umgekehrter Richtung begangen.
Anfahrt: Auf der B 2 von Heroldsberg in Richtung Gräfenberg. Kurz vor Igensdorf rechts abbiegen Richtung Unter-/Mittel-/Ober-/Kirchrüsselbach. Parkbucht im Herrengarten gleich links am Ortsanfang von Kirchrüsselbach oder alternativ der Straße folgend weiter aufwärts zum Ortsende von Oberrüsselbach; rechts großer Wanderparkplatz.
Gehzeit: 2.00 Std.

HIGHLIGHTS

★ Wasserspielplatz mit Wasserspirale, Wasserrinnen und Picknickmöglichkeit.
★ Geologischer Wanderweg mit 13 interessanten Stationen, die Wissenswertes über diese Region in der Jurazeit vermitteln.

Distanz: 4,0 km.
Höhenunterschied: 170 m.
Ausrüstung: Gut profilierte Sport- oder Wanderschuhe, Wechselkleidung und Handtuch (Planschen am Wasserspielplatz). Brotzeit und Getränke, da es unterwegs keine Einkehrmöglichkeit gibt.
Anforderungen: Ab 5 Jahren. Meist steile Passagen, die ab und an von ebenen Teilstücken unterbrochen werden. Abstieg zur Rüsselbachquelle auf eigene Gefahr, Trittsicherheit erforderlich. Teils schattige, teils sonnige Wanderung.
Einkehr: Keine unterwegs.

Auf unserer heutigen Wanderung begleitet uns durchgehend die Markierung *Donnerkeil* (Donnerkeile lebten in der Jurazeit und sahen ähnlich aus wie unsere heutigen Kalmare). Gleich an der **Infotafel (1)** neben der Parkbucht zweigt rechts der Weg zum schon in Sichtweite gelegenen Wasserspielplatz ab, den wir sowohl am Anfang als auch am Ende der Wanderung aufsuchen können. Die Markierung bringt uns auf einer Straße steil aufwärts zu einer T-Kreuzung. Wir hal-

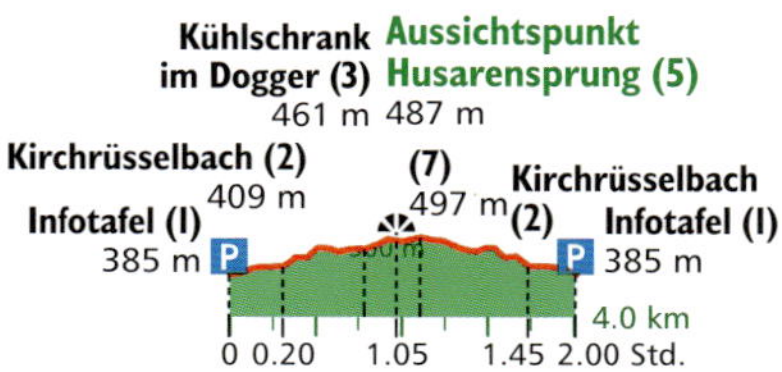

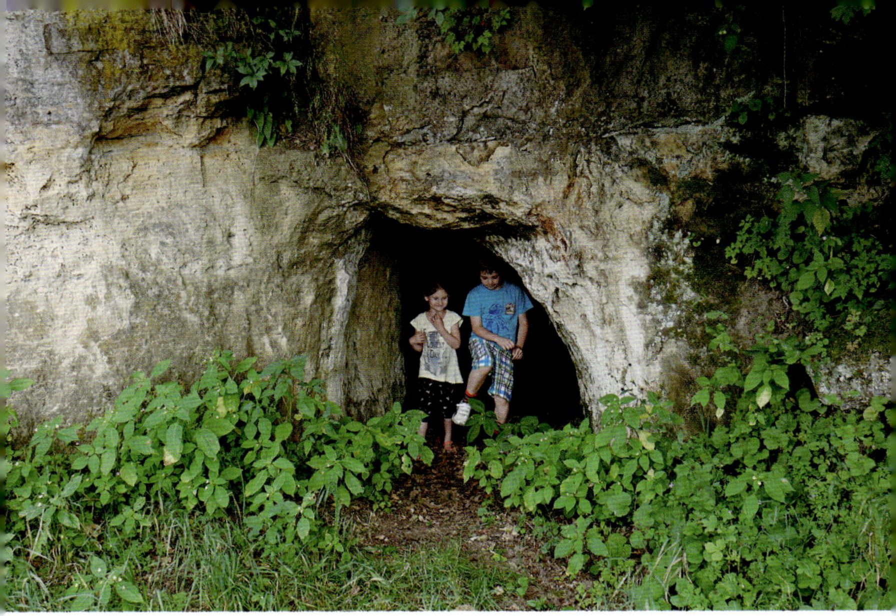

»Kühlschränke« waren einst begehbar und brauchten keinen Strom.

ten uns rechts und zweigen kurz vor den ersten Häusern von **Kirchrüsselbach (2)** links ab. Weiter geht es steil hinauf bis zum Waldrand und in einem weiten Rechtsbogen am Waldrand entlang. Wir marschieren auf dem schmalen, alten Kirchenweg nochmals steil bergan. Dann erreichen wir einen breiten Landwirtschaftsweg, der uns leicht bergab führt und in die Straße »Am Rosenberg« überwechselt. Rechts geht es hinab zur Station 6, dem **Kühlschrank im Dogger (3)**. Der »Kühl-

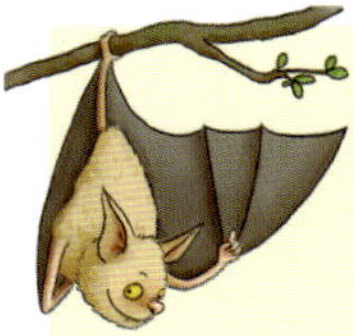

Hallo Kinder,

kennt ihr die Sage von der Quelle des Rüsselbachs? Anfang des 19. Jahrhunderts wurde ein Husar mit seinem Pferd in der Gegend um Oberrüsselbach von einer Schar feindlicher Reiter verfolgt. Auf seiner Flucht über die Hochebene ahnte er nicht, dass diese an einem Abhang endet. Doch sein kluges Pferd setzte an dieser Stelle zu einem Sprung an und schaffte es, wieder sicher zu landen. Der Husar ritt noch ein Stück weiter und versteckte sich mit seinem Pferd unterhalb der Felswand. Die feindlichen Reiter wagten diesen Sprung nicht und gaben die Suche nach dem Husar auf. Dieser aber ritt später zurück an die Stelle, an der sein Pferd gelandet war und sah, dass dort nun Wasser aus dem Boden sprudelte und ein Bächlein bildete. Der Sage nach ist so die Quelle des Rüsselbachs entstanden und die Felswand nennt man seitdem »Husarensprung«.

Weiter Blick vom Aussichtspunkt »Husarensprung«.

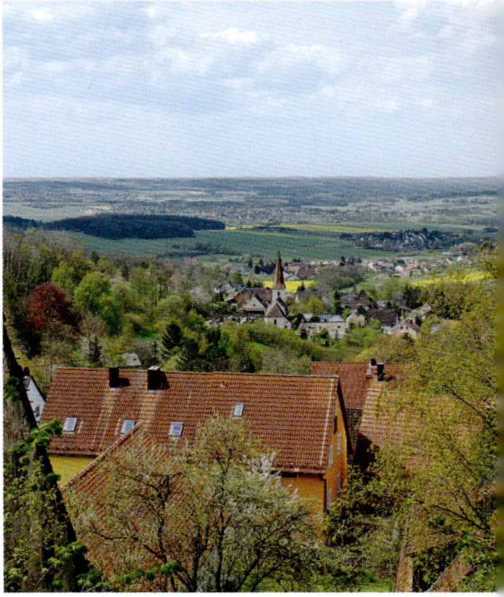

schrank« ist ein in den weichen Eisensandstein gegrabener Keller, der früher zur kühlen Aufbewahrung von Lebensmitteln diente. Durch ein kleines Eingangsloch gelangt man in das Innere des Kühlschranks, wo es deutlich kühler als draußen ist. Der Wegweiser schickt uns aufwärts zum Löschteich (Station 7). Entlang der Straße durch den Ort geht es hinauf, bis wir kurz darauf den **Brunnen (4)** erreichen, welcher zur Osterzeit reichlich geschmückt ist. Bald haben wir die Anhöhe mit ihrem **Aussichtspunkt (5)** und vielen Picknickmöglichkeiten erklommen.
Von dort bringt uns ein unbefestigter und ungesicherter Pfad serpentinenartig zur **Rüsselbachquelle (6)** hinab. Ein kurzes Stück noch, dann stoßen wir an der Station 13, **Strom vom Scherbenacker (7)**, auf den Wendepunkt dieser Wanderung. Auf demselben Weg wandern wir zurück zum Ausgangspunkt an der **Infotafel (1)**.

Abkühlung an heißen Sommertagen am Brunnen in Oberrüsselbach.

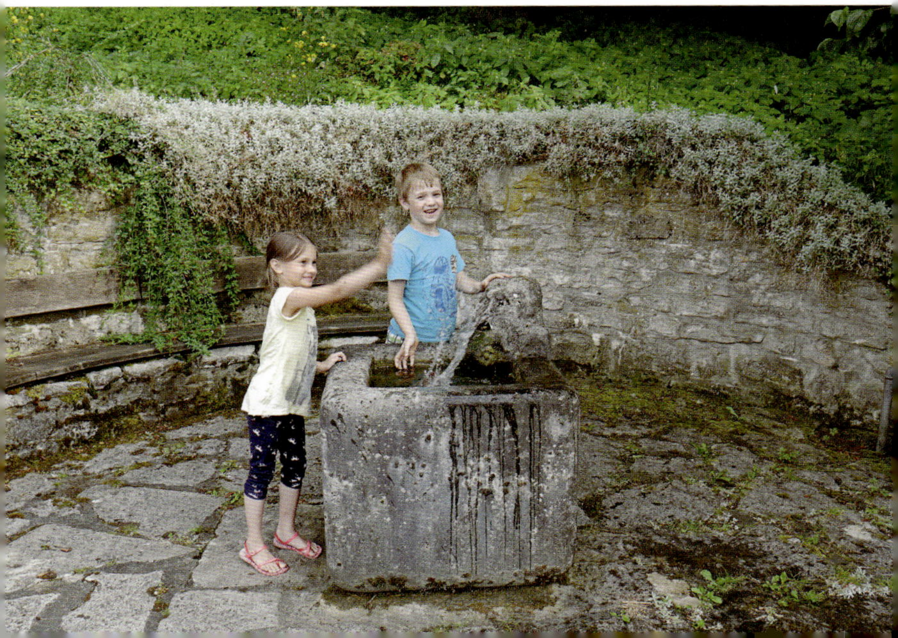

21 Plecher Höhlenweg

Auf einem Teilstück zu fünf Höhlen ab 6 J.

Ausflug in die Zauberwelt unter der Erde

Ihre Kinder sind Höhlenfans und bekommen davon nicht genug? Dann ist der Höhlenweg in Plech ein ideales Ausflugsziel für ihre Familie. Auf dieser Rundtour, die die Gesamtstrecke des Höhlenwegs etwas abkürzt, besuchen wir gleich fünf kleine im Wald versteckte Höhlen und Grotten. Zwei davon, das Felsenloch und die Fleischhöhle, sind Schachthöhlen, die wir nicht betreten können. Doch am Felsenloch ermöglicht uns eine Brücke einen Blick in die geheimnisvolle Tiefe. Die anderen Höhlen hingegen können leicht von Jung und Alt erkundet werden. Voraussetzung sind aber festes Schuhwerk und warme Kleidung, auch wenn außerhalb der Höhlen sommerliche Temperaturen herrschen. Außerdem gehören eine gute Taschenlampe und eine Stirnlampe für jeden Höhlenforscher zur Ausrüstung. Jetzt fehlt nur noch ein gut mit Proviant gefüllter Rucksack, um die hungrigen Höhlenforscher unterwegs zu verpflegen.

KURZINFO

Ausgangspunkt: Große Parkbucht an der ST 2163, 482 m (Navi: N49.646869, E11.490543).

Anfahrt: Die A 9 an der Anschlussstelle Plech verlassen. Auf der ST 2163 weiter in Richtung Plech/Neuhaus an der Pegnitz. Ca. 1,5 km nach dem Ortsende von Plech erreicht man die auf der rechten Seite im Wald gelegene Parkbucht.

Gehzeit: 3.00 Std. ohne Besichtigung der Höhlen.

Distanz: 6,2 km.

Höhenunterschied: 210 m.

Ausrüstung: Gut profilierte Sport- oder Wanderschuhe. Helle Taschenlampen bzw. Stirnlampen, evtl. Helme; warme Bekleidung, da in den Höhlen auch im Sommer kühle Temperaturen herrschen. Brotzeit und Getränke für unterwegs.

Anforderungen: Ab 6 Jahren. Stetiges, leichtes Auf und Ab über Wald- und Wiesenwege und -pfade. In den Höhlen ist es teilweise feucht und rutschig. Die Tour ist durchgehend mit der Markierung *Gelbes Dreieck* gekennzeichnet. Überwiegend schattige Wanderung.

Einkehr: Unterwegs keine; Gaststätten in Plech.

Hinweis: Bitte beachten Sie die Fledermausschutzzeiten und unsere Hinweise zum Erhalt der Höhlen, S. 15.

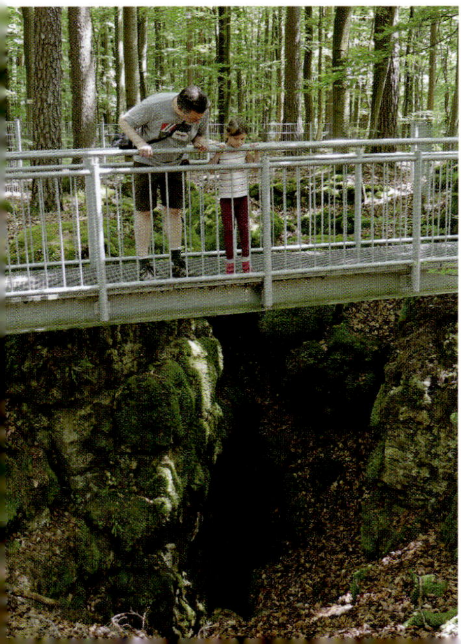

Vom Steg blicken wir bequem in die Tiefe des Felsenlochs.

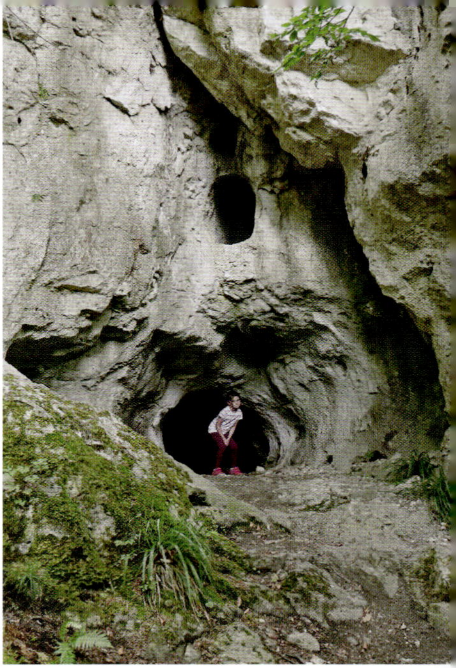

Gute Versteckmöglichkeiten auf dem Weg zur Fleischhöhle.

Von der **Parkbucht (1)** gehen wir neben der Staatsstraße noch ca. 20 m in Richtung Neuhaus an der Pegnitz, bevor wir die Straße überqueren, links mit der Markierung *Gelbes Dreieck* in den Wald eintauchen und dem Höhlenweg in Richtung Felsenloch folgen. Ein schmaler, leicht ansteigender Pfad bringt uns hinauf auf den Bergrücken, wo uns bereits das **Felsenloch (2)**, eine Schachthöhle, erwartet. Von einer Brücke blicken wir tief hinunter in den Höhlenschlund, bevor wir mit der Markierung weiter entlang des Bergrückens wandern. Nach ca. 100 m bringt uns der markierte Weg hinunter an eine Forststraße. Dort halten wir uns links Richtung Fleischhöhle. Wir kommen an einen **Wanderparkplatz (3)** und wandern rechts Richtung Fleischhöhle. Gleich danach passieren wir einen Unterstand, wo wir eine kleine Rast einlegen können, dann steigt der Forstweg wieder stetig an. Bei einer Abzweigung halten wir uns links und verlassen kurz darauf mit dem *Gelben Dreieck* die Forststraße nach links in Richtung Fleischhöhle. An der nächsten etwas weiter unten gelegenen Wegverzweigung unternehmen wir zuerst mit der Beschilderung einen Abstecher nach rechts

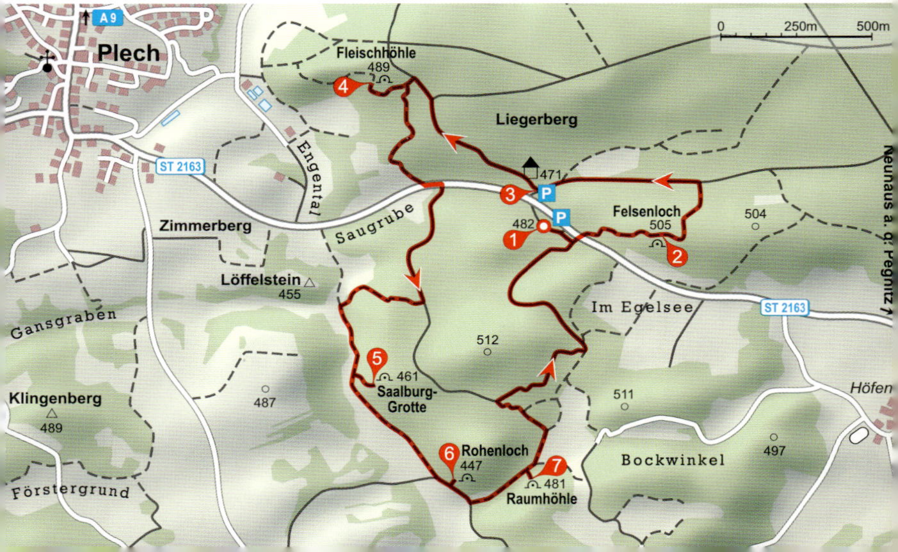

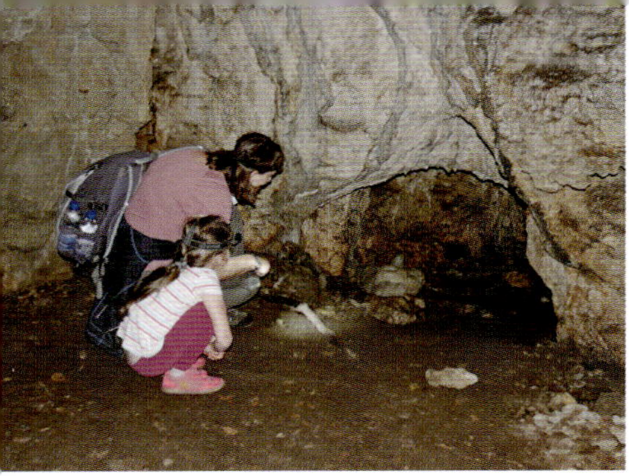

Auf Erkundungstour in der Saalburggrotte.

zur zweiten Schachthöhle, der **Fleischhöhle (4)**. Achtung, die Fleischhöhle fällt nach dem Eingangsbereich steil in die Tiefe ab und sollte von Kindern deshalb nicht betreten werden! Ihren Namen erhielt die Höhle wegen eines Fleischdiebs, der während des Ersten Weltkriegs in der Höhle sein Beutegut versteckte.

Zurück an der Verzweigung machen wir uns nun rechts haltend auf den Weiterweg hinunter zur Saalburg-Grotte und Raumhöhle (Wegweiser). Unser Wanderpfad senkt sich hinab zur Staatsstraße. Diese überqueren wir und setzen auf einem breiten, leicht ansteigenden Forstweg unsere Wanderung fort. Schon bald biegen wir rechts in einen schmalen Pfad Richtung Saalburg-Grotte ein. Er bringt uns durch den Wald, vorbei an der Felswand der Saalburg bis hinunter zu einer Waldwiese. Wir laufen links am Waldrand entlang, bis wir nach kurzer Zeit den Wegweiser hinauf zur **Saalburg-Grotte (5)** erreichen und ihr einen Besuch abstatten. Ein schmaler Pfad bringt uns hinauf zum relativ kleinen Eingang. Dahinter eröffnet sich ein größerer Raum mit kleinen Tropfsteingebilden an der Höhlendecke.

Raumhöhle – die letzte Höhle überrascht mit sehenswerter Deckenstruktur.

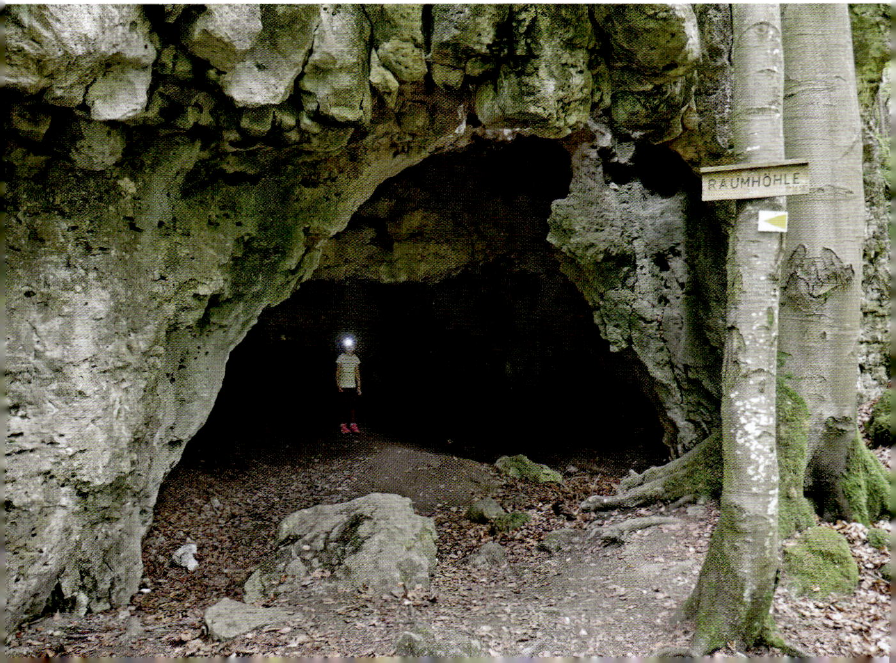

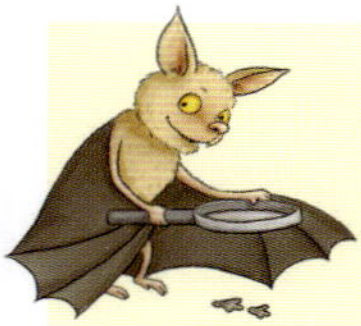

Hallo Kinder,

sicherlich fragt ihr euch unterwegs auf dieser Wanderung, wie die vielen Höhlen in dieser Gegend eigentlich entstanden sind? Sie haben sich im Laufe von Jahrmillionen im Kalkgestein der Fränkischen Schweiz durch Lösung gebildet. Regenwasser reichert sich im Boden mit Kohlenstoffdioxid an und wirkt dadurch wie eine Säure, die Kalk lösen kann – genauso wie Essigsäure Kalk in einem Wasserkocher entfernt. Das saure Regenwasser versickert im Boden, dringt durch unzählige Ritzen und Fugen in das Gestein ein und löst dabei den Kalk. Natürlich muss das Wasser auch wieder abfließen. Es sammelt sich entlang wasserundurchlässiger Gesteinsschichten, sodass sich hier regelrechte Abwasserkanäle bilden. Durch die Kalklösung und durch die Schmirgelarbeit von eingeschwemmtem Sand, werden die Gänge im Laufe der Jahrtausende immer mehr ausgeweitet und verbinden sich auch miteinander. Zurückbleiben verschiedenste kleine und große Hohlräume: senkrechte Schächte, wie das Felsenloch und die Fleischhöhle, oder großräumige Höhlen, wie die Saalburg-Grotte, das Rohenloch und die Raumhöhle. Wie die Tropfsteine entstehen, die manche dieser Höhlen schmücken, könnt ihr bei Tour 5 nachlesen.

Unser Wiesenweg verläuft weiterhin am Waldrand entlang, bis wir an der nächsten T-Kreuzung links in einen Feldweg in Richtung Raumhöhle einbiegen. Zwischendurch sollte man sich aber einen Abstecher zum **Rohenloch (6)** nicht entgehen lassen. Ihr bequemer, breiter Gang mit einer Länge von 67 Metern und einer Höhe von 4 Metern ist leicht erkundbar.

In einem Rechtsbogen des Feldwegs biegen wir links in einen Wiesenweg Richtung Plech ein. Der Weg steigt an, bis uns ein Schild rechts zur **Raumhöhle (7)** weist.

Nach dem Abstecher zur Höhle führt uns die Markierung *Gelbes Dreieck* zunächst nach links und etwas später nach rechts auf einen Forstweg in Richtung Felsenloch. Er schlängelt sich durch Wald, bis wir wieder an die Staatsstraße gelangen. Links sehen wir schon die **Parkbucht (1)**.

HIGHLIGHTS

- ★ Zwei Schachthöhlen – das Felsenloch ist bequem von einem Steg aus von oben einsehbar, bei der Fleischhöhle müssen wir uns mit einem Blick auf den Eingangsbereich begnügen.
- ★ Drei Höhlen bzw. Grotten, die von Kindern gut erforscht werden können: die Saalburg-Grotte, die Raumhöhle und das Rohenloch.
- ★ Urige Picknickmöglichkeit am Unterstand.
- ★ Nach der Tour: Besuch im Wildgehege Hufeisen nördlich von Plech (siehe Freizeittipp A4).

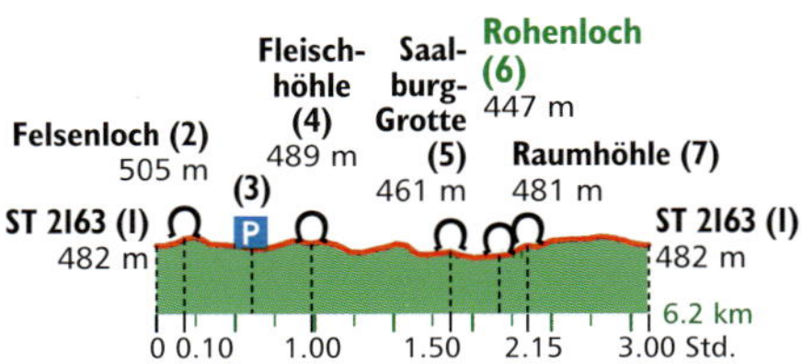

22 Maximiliansgrotte und »Steinerne Stadt«

Im Wellucker Wald bei Krottensee ab 5 J.

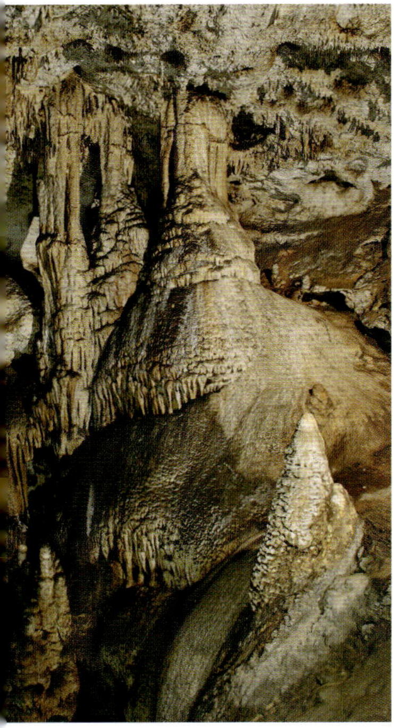

In der Maximiliansgrotte – der »Eisberg«.

Zum größten Tropfstein Deutschlands

Auf diesem Teilstück des »Karstkundlichen Wanderpfades« besuchen wir abenteuerliche Grotten und Höhlen, versteinerte Schwammriffe, Dolinen sowie die zahlreichen Pilzfelsen der »Steinernen Stadt«. Die mächtigen, von Klüften unterteilten Felsen des beliebten Klettergebiets erinnern an eine Stadt mit Türmen und Gebäuden. Besonders auffällig sind die »Zwei Brüder«, zwei sich gegenüberstehende, wuchtige Felsköpfe zwischen denen wir hindurchwandern. Entstanden sind diese Pilzfelsen durch das Verwittern weicherer Gesteinsschichten, nur das härtere Gestein blieb in der heutigen kuriosen Form erhalten. Sehenswert am Anfang oder am Ende der Wanderung ist die Maximiliansgrotte. Bei einer rund halbstündigen Führung durch das auf mehreren Etagen verzweigte Gangsystem mit Hallen und Grotten lässt sich auch Deutschlands größter Tropfstein, der »Eisberg«, bewundern. Im benachbarten Gasthof Grottenhof gibt es für die Feinschmecker unter den Höhlenfans dann noch eine ganz besondere Spezialität: Hier kann man verschiedene Käsesorten probieren, die im Höhlenklima der Maximiliansgrotte gereift sind.

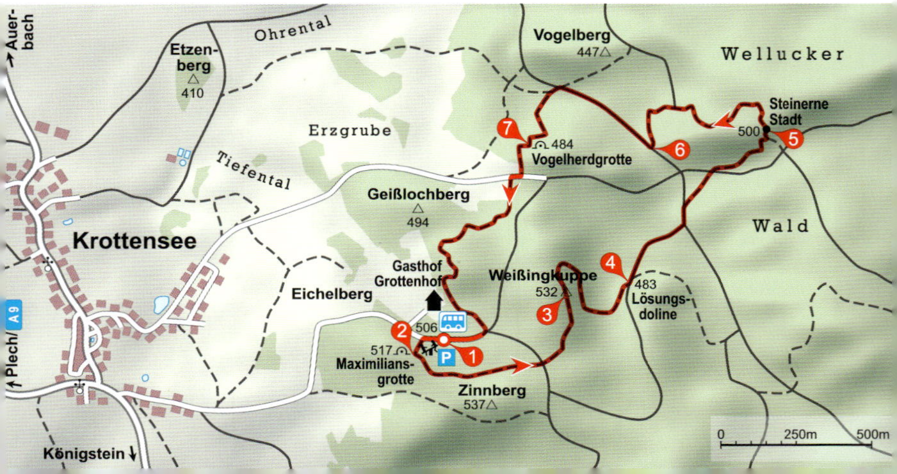

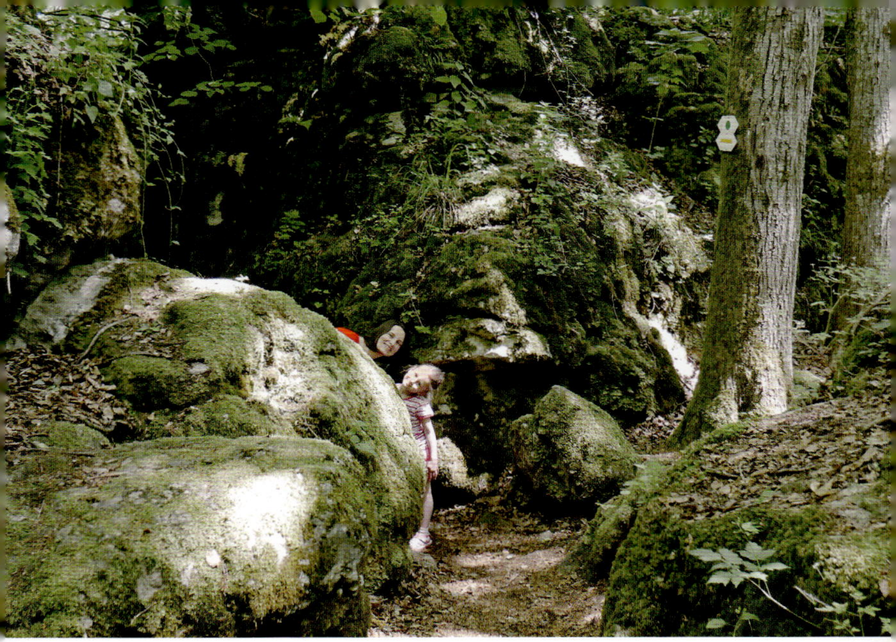

Schnell hinter einem Stein verschwinden – an der Weißingkuppe.

KURZINFO

Ausgangspunkt: Parkplatz an der Maximiliansgrotte östlich von Krottensee, 506 m (Navi: Grottenhof, 91284 Neuhaus an der Pegnitz-Krottensee).

Anfahrt: Die A 9 an der Anschlussstelle Plech verlassen. Links weiter in Richtung Neuhaus an der Pegnitz und dort in Richtung Auerbach. Kurz hinter Neuhaus an der Pegnitz rechts abbiegen nach Krottensee. Am dortigen Ortsende links zum Grottenhof/Maximiliansgrotte.

Mit Bahn und Bus: Mit der Bahnlinie R 3 bis Neuhaus an der Pegnitz und von dort mit dem Auerbacher Erz-Express VGN-Buslinie 339 bis nach Grottenhof Achtung, der Bus verkehrt nur an Sonn- und Feiertagen zwischen 01. Mai und 01. November!

Gehzeit: 2.15 Std. ohne Besichtigung der Maximiliansgrotte. Für eine Besichtigung der Maximiliansgrotte müssen ca. 30 Min. zusätzlich eingeplant werden.

Distanz: 4,6 km.

Höhenunterschied: 180 m.

Ausrüstung: Gut profilierte Sport- oder Wanderschuhe. Warme Kleidung für den Höhlenbesuch, da es auch bei sommerlichen Außentemperaturen in Höhlen und Grotten deutlich kühler ist. Mückenschutz.

Anforderungen: **Ab 5 Jahren.** Meist schmale Pfade, auf denen Trittsicherheit nötig ist. Bei Nässe raten wir von der Wanderung wegen Rutschgefahr ab. Schattige Wanderung.

Einkehr: Gasthof Grottenhof (Grottenhof, 91284 Neuhaus/Krottensee; Tel. +49 9156 434; Öffnungszeiten siehe www.grottenhof.de; Kindergericht mit Überraschung; verschiedene Veranstaltungen wie z. B. Backofenfest).

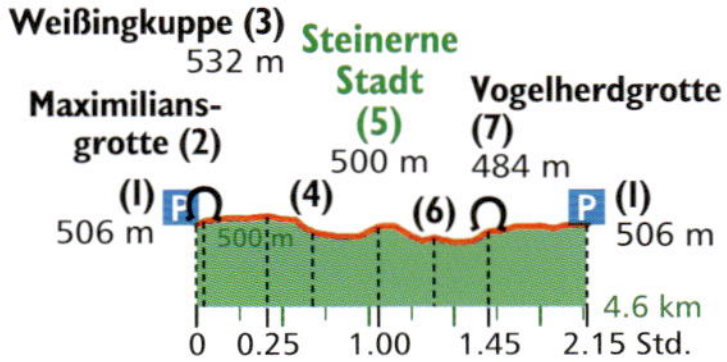

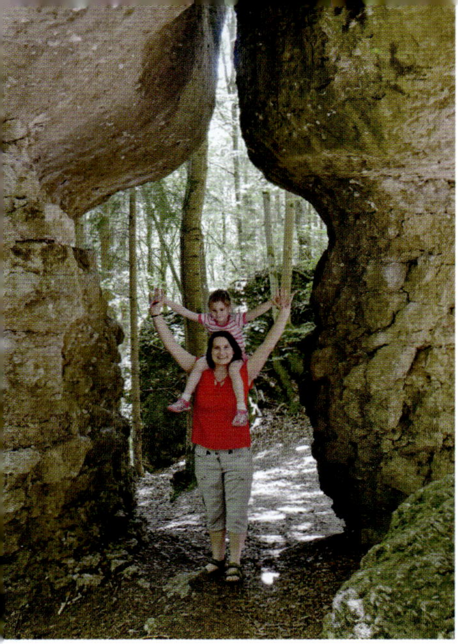

Der Weg führt uns zwischen den »Zwei Brüdern« hindurch.

Vom **Parkplatz (1)** laufen wir am kleinen Spielplatz vorbei hinauf zur **Maximiliansgrotte (2)**. In ihrem Inneren verbergen sich verschiedenste kuriose Tropfsteinformen, die wegen ihrer Größe oder ihrem Aussehen auch die passenden Namen erhalten haben. Zu besichtigen sind z. B. der Eisberg, die Adler- und die Orgelgrotte. Während einer Höhlenführung passiert man auch das Windloch am Leißnerdom, durch welches das Sonnenlicht seinen Weg bis in die Höhle findet.

Unser Wanderweg führt uns jedoch nach links mit der Markierung *Grüner Punkt* Richtung »Weißingkuppe/Steinerne Stadt«. Kurz darauf kommen wir zum Beginn einiger Treppenstufen (Infotafel), die uns zu den Schwammriffen der **Weißingkuppe (3)** hinaufbringen. Wir folgen der sich durch die Felsen schlängelnden Markierung bis zu einer Infotafel an der **Lösungsdoline (4)**. Der *Grüne Punkt* bringt uns an eine Forststraße, auf der wir links abwärtsgehen. An der nächsten T-Kreuzung halten wir uns links, bevor wir auf einem Wanderpfad Richtung »Steinerne Stadt« nach rechts in den Wald einbiegen. Wir folgen weiter dem *Grünen Punkt* und erreichen bald die **»Steinerne Stadt« (5)** mit den »Zwei Brüdern«. Die Markierung führt uns zwischen den Pilzfelsen hindurch, dann am Rand der Felswände entlang weiter Richtung Krottensee. Wir treffen wieder auf eine **Forststraße (6)**, der wir rechts hinunterfolgen. Etwas später gesellt sich der mit einem *Roten Kreuz* markierte Wanderweg zu uns, auf dem wir links steil hinauf zum mächtigen Eingangsportal der **Vogelherdgrot-**

HIGHLIGHTS

- ★ Die Schauhöhle Maximiliansgrotte kann von April bis Oktober von Mittwoch bis Sonntag im Rahmen einer 30-minütigen Führung besichtigt werden; Mo. Ruhetag. außer an Feiertagen. Führungen ca. jede Stunde von 10 bis 17 Uhr (Tel. +49 9156 434; www.maximiliansgrotte.de).
- ★ Kleiner Waldspielplatz unterhalb der Maximiliansgrotte.
- ★ Mehrere Stationen des »Karstkundlichen Wanderpfads« mit Infotafeln zur Maximilians- und Vogelherdgrotte, zur »Steinernen Stadt«, zu den Schwammriffen an der Weißingkuppe und zur Entstehung von Dolinen.
- ★ Gute Kraxel- und Versteckmöglichkeiten in der »Steinernen Stadt«, auf der Weißingkuppe und an der Vogelherdgrotte.
- ★ Im Gasthof Grottenhof kann man Grottenkäse aus der Maximiliansgrotte genießen.

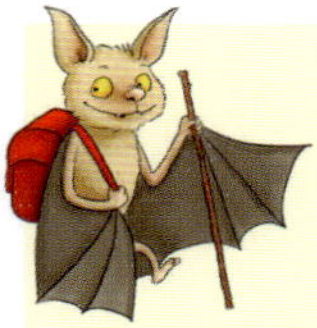

Hallo Kinder,

heute sind wir auf einem Teilstück des »Karstkundlichen Lehrpfades« im Wellucker Wald unterwegs, wo ihr nach Herzenslust an den Felsen kraxeln oder euch in Spalten und Höhlen verstecken könnt. Auf den Schautafeln werden euch die typischen Karstformen erklärt, die ihr an vielen Stellen des oberen Pegnitzgebietes finden könnt. Sie entstanden durch Lösung des hier vorkommenden Kalkgesteins. Wie das funktioniert, könnt ihr im Hallo-Kinder-Kasten von Tour 21 nachlesen. Für euch deutlich zu erkennen sind auf unserer heutigen Tour zum Beispiel die eingefallenen Bodentrichter der Dolinen. Noch spannender findet ihr aber bestimmt die skurrilen Felsgestalten der »Steinernen Stadt« und die Höhlen. Den großen Innenraum der Vogelherdgrotte könnt ihr euch auch ohne Taschenlampe anschauen, denn sie besitzt zwei riesige Eingänge. Wenn ihr den größten Tropfstein Deutschlands besichtigen möchtet, solltet ihr euch einen Besuch in der Schauhöhle Maximiliansgrotte nicht entgehen lassen.

te (7) steigen. Wir durchqueren die großräumige Grotte. Gleich hinter der Grotte verlässt uns die Markierung *Grüner Punkt* und wir wandern nun mit dem *Roten Kreuz* in Richtung Maximiliansgrotte. Unsere Route verläuft zuerst steil bergan, dann gemächlich weiter, bis zu einer unbefestigten Straße, die uns rechts zum **Parkplatz (1)** zurückbringt.

Die Vogelherdgrotte wurde vor langer Zeit als Wohnhöhle genutzt.

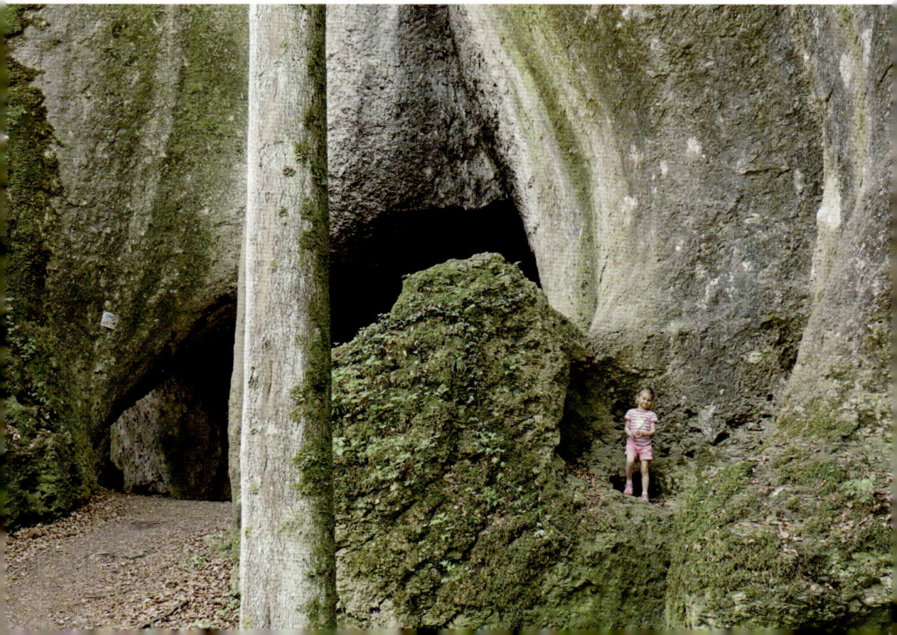

23 Ossinger-Hütte

Bei Königstein

ab 5 J.

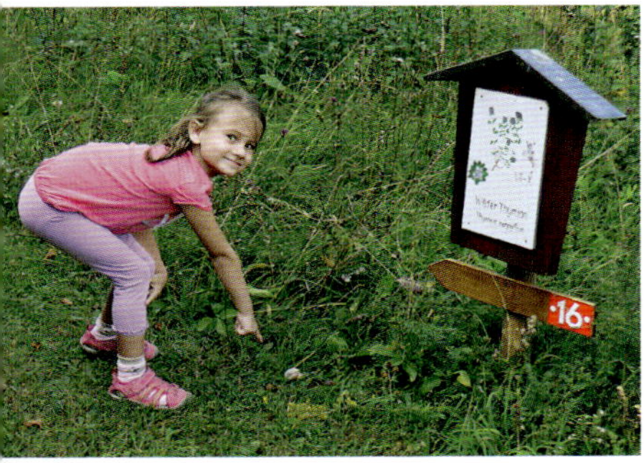

Thymian gesucht und Schnecke gefunden.

Urige Hütteneinkehr mit Aussichtsturm

Vom Ort Königstein steigen wir hinauf zum höchsten Berg der Hersbrucker Alb, dem Ossinger. Unterwegs wandern wir ein Stück auf dem Botanischen Lehrpfad, dessen insgesamt 65 Tafeln mit hübschen Zeichnungen die artenreiche Flora am Wegrand vorstellen. Schon bald erreichen wir den Gipfel in 651 Meter Höhe mit seinem hölzernen Aussichtsturm, der einen herrlichen Rundblick ermöglicht. Etwas unterhalb liegt im alten Buchenwald die Ossinger-Hütte, in der Wanderer und Mountainbiker an Samstagen sowie an Sonn- und Feiertagen gerne einkehren. In uriger Hüttenatmosphäre werden zünftige, einfache Speisen von der Gulaschsuppe bis zur Wurst- und Käsebrotzeit vom Hüttenwirt zu familienfreundlichen Preisen persönlich gereicht. Auf der sonnigen Terrasse kommt man mit anderen Wanderern schnell ins Gespräch, sodass der Abschied vom Ossinger schwerfällt. Tipp: Ein anschließender Besuch im Naturbad Königstein rundet die schöne Wanderung ab.

Die Ossinger-Hütte liegt einsam mitten im lauschigen Buchenwald.

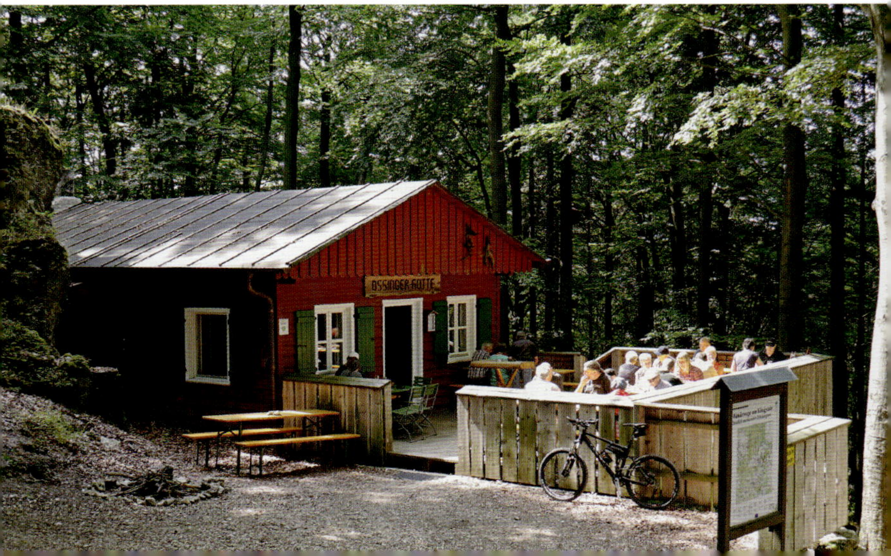

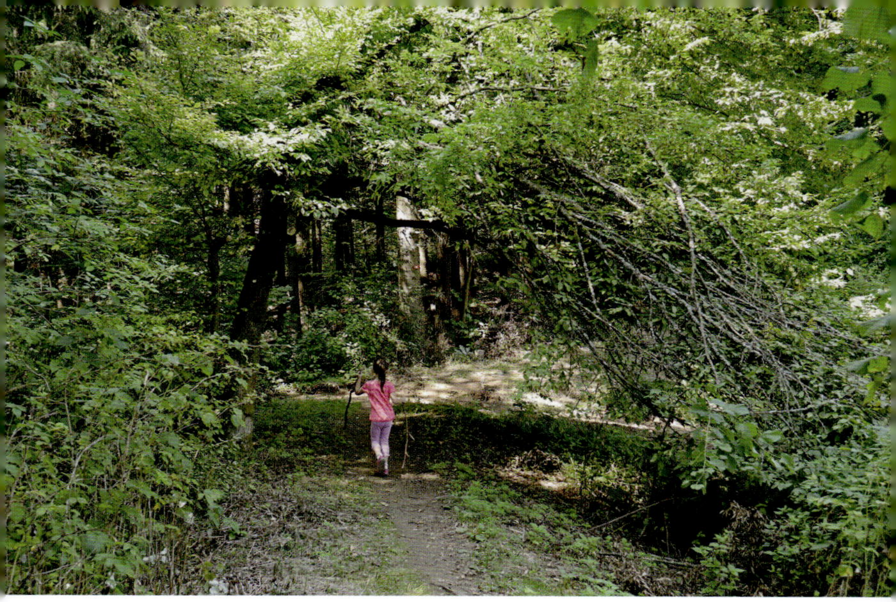

Teilweise gemütlich, aber auch steil geht es hinauf zum Ossinger.

KURZINFO

Ausgangspunkt: Parkplatz am Naturbad Königstein, 506 m (Navi: Badstraße 1, 92281 Königstein).

Anfahrt: Die A 9 an der Anschlussstelle Plech verlassen. Links weiter in Richtung Neuhaus an der Pegnitz und dort in Richtung Auerbach. Kurz hinter Neuhaus an der Pegnitz rechts abbiegen Richtung Krottensee/Markt Königstein.

Gehzeit: 2.00 Std.

Distanz: 3,5 km.

Höhenunterschied: 150 m.

Ausrüstung: Gut profilierte Sport- oder Wanderschuhe. Da die Ossinger-Hütte meist nur an Samstagen und Sonn-/Feiertagen bewirtet wird, ist außerhalb der Öffnungszeiten eigene Verpflegung notwendig. Badesachen zum anschließenden Besuch des Naturbads.

Anforderungen: **Ab 5 Jahren.** Gemächlicher Auf- und Abstieg über Wiesen- und Waldpfade. Zwei kurze steile Passagen unterhalb der Ossinger-Hütte. Durchgehend markierte Wege. Überwiegend schattige Wanderung.

Einkehr: Ossinger-Hütte (Tel. +49 170 2869088; www.ossinger-huette.de; von März bis Dezember meist nur sonn- und feiertags ab 10 Uhr geöffnet; Öffnungszeiten bitte vor Aufstieg im Internet überprüfen). **Strandcafé** im Naturbad Königstein (Öffnungszeiten wie Naturbad; siehe »Highlights«).

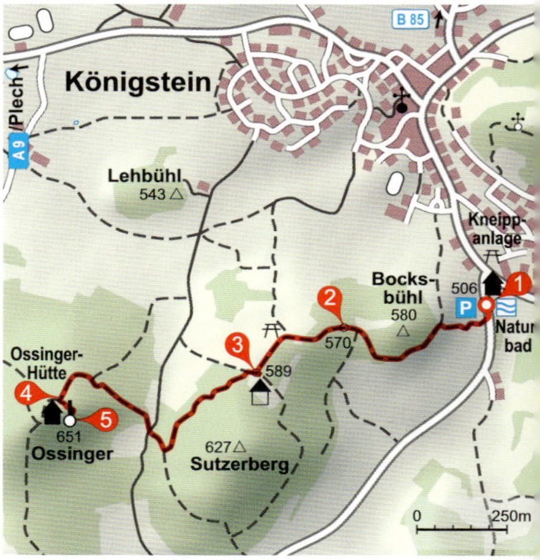

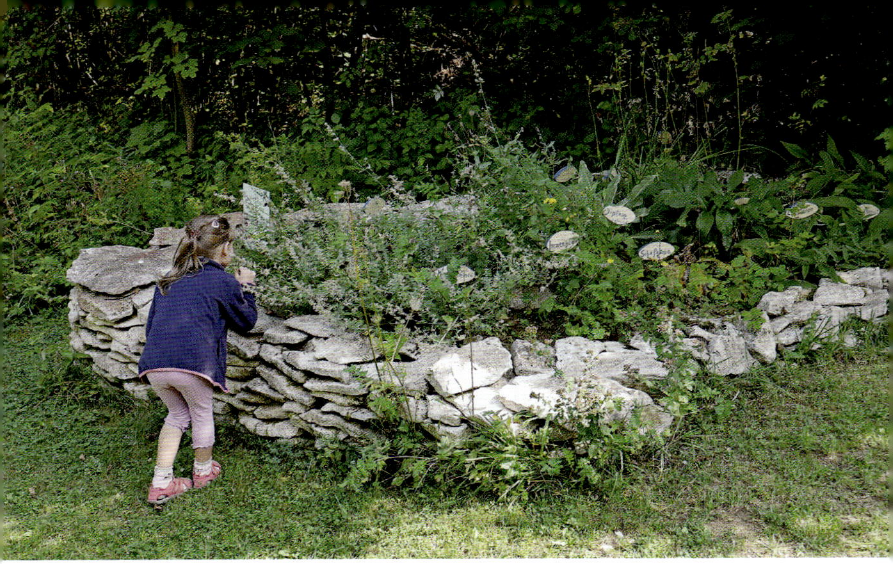

Ein reich bepflanztes Kräuterbeet mit Erlaubnis zum Riechen.

Gegenüber dem Naturbad Königstein, am **Parkplatz (1)** kurz vor dem Ortsschild beginnt unser markierter Wanderweg *16* in Richtung Ossinger-Hütte. Wiesen- und Waldpfade wechseln sich ab und bringen uns gelegentlich über ein paar Stufen gemächlich hinauf zum Anfang des **Botanischen Lehrpfades (2)**. Auf vielen Tafeln werden die Pflanzen, die man links und rechts des Weges entdecken kann, vorgestellt

Blick vom Ossinger Aussichtsturm.

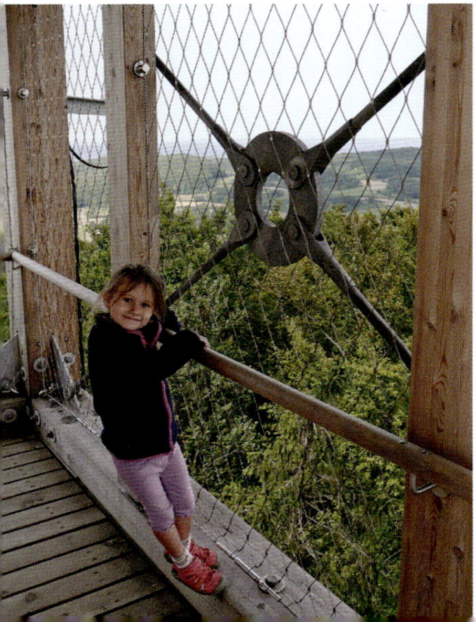

HIGHLIGHTS

- ★ Die urige Ossinger-Hütte im schattigen Buchenwald unterhalb des Aussichtsturms.
- ★ Weitläufiger Rundblick vom ca. 32 Meter hohen Ossinger Aussichtsturm.
- ★ Botanischer Lehrpfad mit vielen Infotafeln.
- ★ Nach der Tour: Naturbad Königstein mit großzügigem Wasser-Spiel- und Planschbereich und kleinem Bachlauf für die kleinen Besucher; geöffnet bei schönem Wetter und Außentemperaturen ab 20 °C Mo.–So. und an Feiertagen 13–20 Uhr (Badstraße 1, 92281 Königstein; Tel. +49 9665 9131-0, www.marktwerke-koenigstein.de).

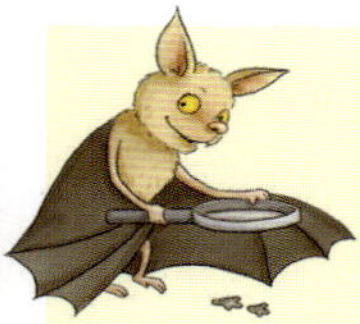

Hallo Kinder,

kennt ihr den beißenden Chlorgeruch im Schwimmbad? In den meisten Schwimmbädern verwendet man die Chemikalie Chlor zur Desinfizierung des Badewassers. Es geht aber auch anders: Im Naturbad Königstein erfolgt die Reinigung des Wassers mittels moderner Pflanzenfilter. In einem mit Wasserpflanzen bewachsenen Regenerationsbereich bauen Mikroorganismen in mehreren Stufen gefährliche Bakterien ab. Sand- und Kiesfilter befreien das langsam hindurchsickernde Wasser von gröberen Schmutzpartikeln. Zusätzlich heizt sich das Wasser im seichten Regenerationsbereich ganz natürlich durch die Sonne auf, das spart Heizkosten. Einem natürlichen Badevergnügen nach der Wanderung steht also nichts im Wege. Weitere Naturfreibäder findet ihr zum Beispiel in Pottenstein (siehe Tour 11) und in Gößweinstein (siehe Tour 9).

und ihre Blütezeit angegeben. Zudem wurde im Jahr 2009 auch ein Kräuterbeet im Rahmen der Aktion »90 Jahre Loki Schmidt – 90 Beete für Loki« angelegt. Dort wachsen verschiedene Kräuter mit den Anfangsbuchstaben der verstorbenen, ehemaligen Kanzlergattin.

Am Picknickplatz halten wir uns mit der Markierung *16* links und ignorieren den ebenfalls mit der Nummer *16* markierten Weg hinunter zum Bocksbühl-Rundweg. Knapp die Hälfte des Weges haben wir schon hinter uns gebracht, sodass einer Rast am Picknickplatz oder etwas später in der links etwas versteckt liegenden **Schutzhütte (3)** nichts entgegensteht.

Danach halten wir uns rechts und wandern gleich wieder links mit der Markierung *16* weiter in Richtung Ossinger und Ossinger-Hütte. Der schmale Pfad steigt kurz unterhalb der Hütte an zwei Stellen nochmals kräftig an und bringt uns hinauf zur **Ossinger-Hütte (4)**. Jetzt sind nur noch wenige Meter bis zum schon sichtbaren **Aussichtsturm (5)** zurückzulegen. Von dort oben bietet sich ein herrlicher Rundblick über Frankenalb, Fichtelgebirge, Fränkische Schweiz und das Oberpfälzer Land.

Nach einer Einkehr in der urigen Ossinger-Hütte kehren wir auf demselben Weg zurück zum **Parkplatz am Naturbad (1)**.

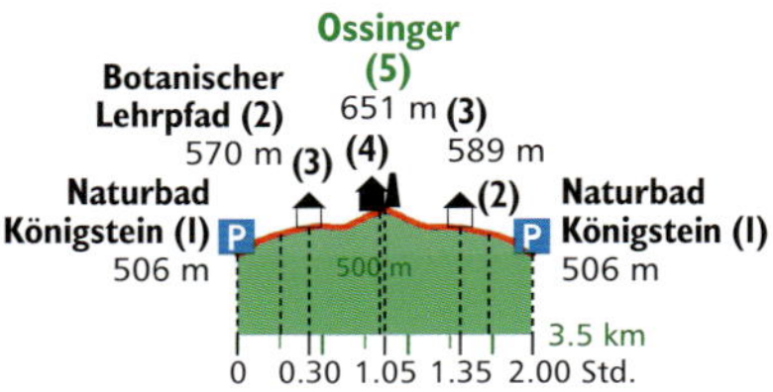

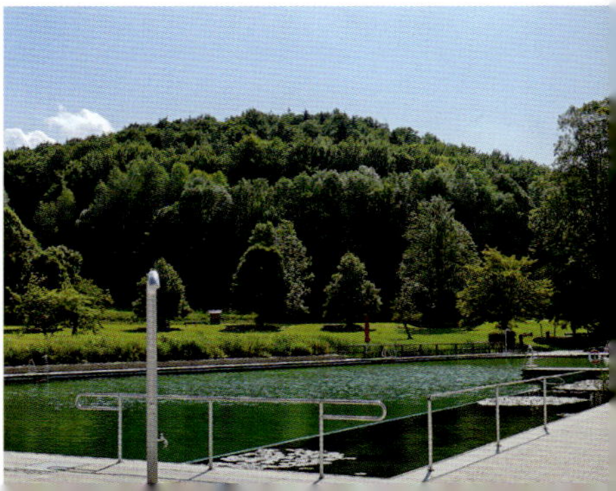

Willkommene Erfrischung nach der Wanderung im Naturbad.

24 Wanderparadies Hirschbachtal

Zur Schmiedberghöhle und Cäciliengrotte ab 6 J.

Wo sich Wanderer und Kletterer treffen

Das idyllische Hirschbachtal mit seinen verträumten Dörfern und einer vielfältigen Tier- und Pflanzenwelt bietet Erholung für die ganze Familie. In früheren Zeiten war das Tal vor allem von Hammerwerken zur Eisen- und Kupferbearbeitung und von Mühlen zur Papierherstellung geprägt. Doch mit der Eröffnung des ersten Klettersteigs, dem Norissteig, im Jahr 1928 wurde Hirschbach zu einem beliebten Ausflugsziel für Wanderer und Kletterer und zu einem naturverbundenen Tourismusort. Heute wandern wir auf einem Teil des 16 Kilometer langen Höhlenrundwegs, der insgesamt an 30 Höhlen vorbeiführt. Davon besuchen wir die sehenswerte Schmiedberghöhle und die Cäciliengrotte, die beide gut von Kindern erkundet werden können (siehe auch Hinweise zur Höhlenbegehung S. 15). Entlang des Weges treffen wir auf weitere kleinere Höhlen, die zum Hineinkriechen und Verstecken einladen. Etwa zur Halbzeit der Wanderung, am Prellstein, können wir die Kletterer auf dem Höhenglücksteig beobachten. Neben den zwei Klettersteigen für Erwachsene gibt es in der Region auch zwei speziell für Kinder angelegte Klettersteige, die Via Ferrata Piccoli und die Via Ferrata Bambini (siehe »Highlights«).

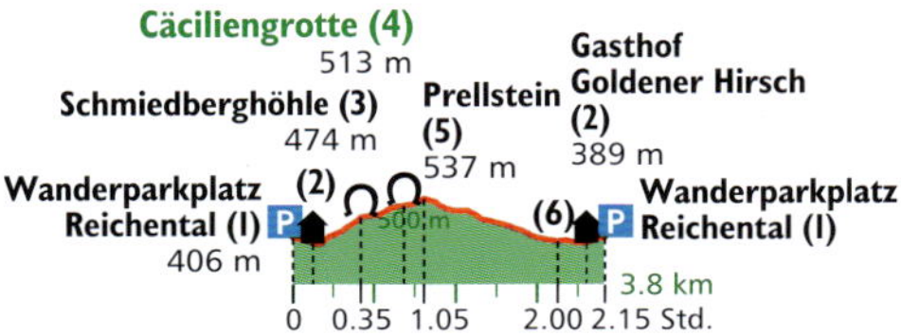

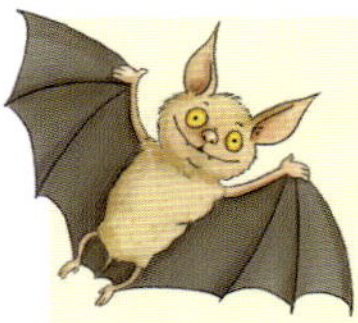

Hallo Kinder,

die vielen Höhlen der Hersbrucker Schweiz sowie der Fränkischen Schweiz sind für die heimischen Fledermausarten, wie die Mopsfledermaus, das Große Mausohr und die Breitflügelfledermaus, wichtige Überwinterungsquartiere. Die einzigartigen, fliegenden Säugetiere jagen in der Dämmerung und nachts nach fliegenden Insekten oder anderen Gliedertieren, die sie mit ausgesendeten Ultraschall-Lauten orten. Im Sommer finden Fledermäuse Unterschlupf in Baumhöhlen, Dachstühlen, Fels- oder Mauerspalten. Im Spätherbst fressen sie sich einen Winterspeck an und setzen ihren Körper dann auf Sparflamme, um in frostfreien Höhlen den langen Winter zu überleben. Daher bitten wir euch, Höhlen während der Fledermausschutzzeit von Anfang Oktober bis März nicht zu begehen, damit die empfindlichen Tiere bei ihrem Winterschlaf nicht gestört werden. Wenn ihr mehr über das Leben der Fledermäuse erfahren wollt, besucht das Bayerische Fledermaus-Zentrum Schloss Thurn (siehe Freizeittipp A3).

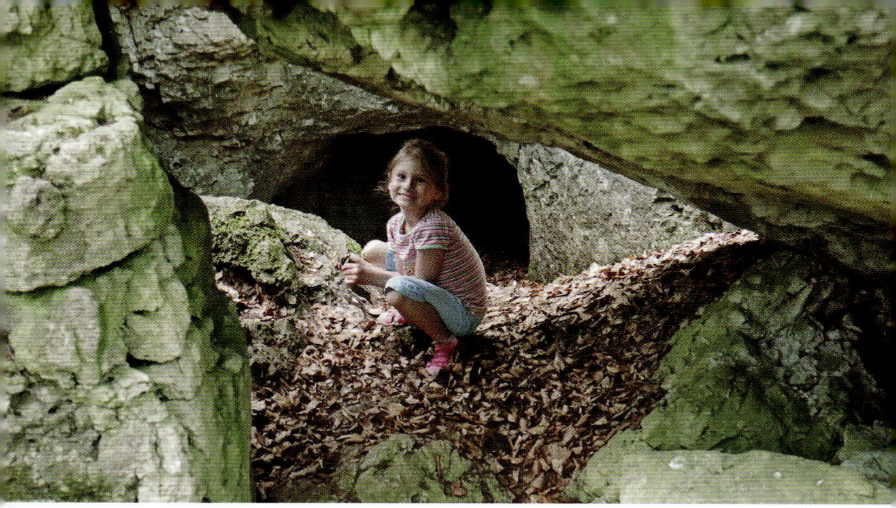

Kleinere und größere Höhlen laden zum Verstecken und Spielen ein.

KURZINFO

Ausgangspunkt: Wanderparkplatz im Reichental, 406 m (Navi: N49.556757, E11.533881).

Anfahrt: Die A 9 an der Anschlussstelle Lauf/Hersbruck verlassen und weiter Richtung Hersbruck. B 14 anschließend an der Ausfahrt Neuhaus an der Pegnitz/Hohenstadt verlassen. Nach dem Durchqueren von Hohenstadt rechts abbiegen in Richtung Eschenbach/Hirschbach. Wir passieren das Freibad am Ortsanfang von Hirschbach und biegen am Gasthof »Goldener Hirsch« links in die Straße »Im Reichental« ein. Nach den letzten Häusern liegt links am Waldrand der Wanderparkplatz.

Gehzeit: 2.15 Std. ohne Besichtigung der Höhlen.

Distanz: 3,8 km.

Höhenunterschied: 190 m.

Ausrüstung: Gut profilierte, knöchelhohe Wanderschuhe und strapazierfähige Kleidung, da zu und in den Höhlen teilweise auf allen Vieren gekrabbelt werden muss. Taschenlampe oder Stirnlampe zur Erkundung der Höhlen. Wer das Freibad in Hirschbach nach der Wanderung besuchen möchte, sollte seine Badesachen nicht vergessen.

Anforderungen: Ab 6 Jahren. Die Wanderung verläuft im Bereich der Höhlen auf steil ansteigenden Wanderpfaden; Trittsicherheit erforderlich. Der Rückweg führt über breite Forst- und Landwirtschaftswege und im Ort Hirschbach wandern wir auf kaum befahrenen Straßen oder Gehwegen. Größtenteils schattige Wanderung.

Einkehr: Gasthof »Goldener Hirsch« im Hirschbachtal (Hirschbacher Dorfplatz 1, 92275 Hirschbach; Tel. +49 9152 986 300; www.hirschbachtal.de; Mo. und Di. Ruhetag).

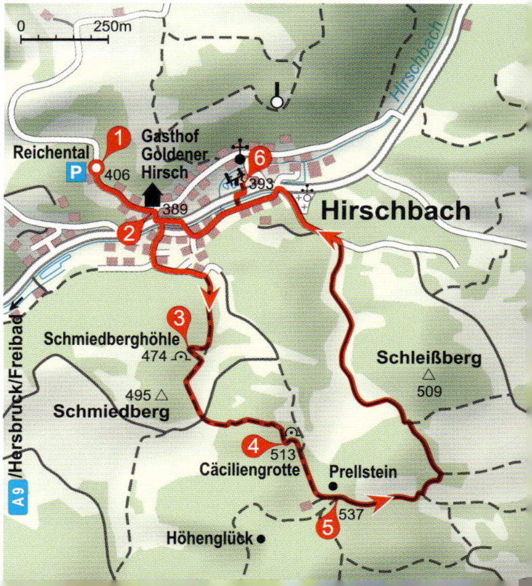

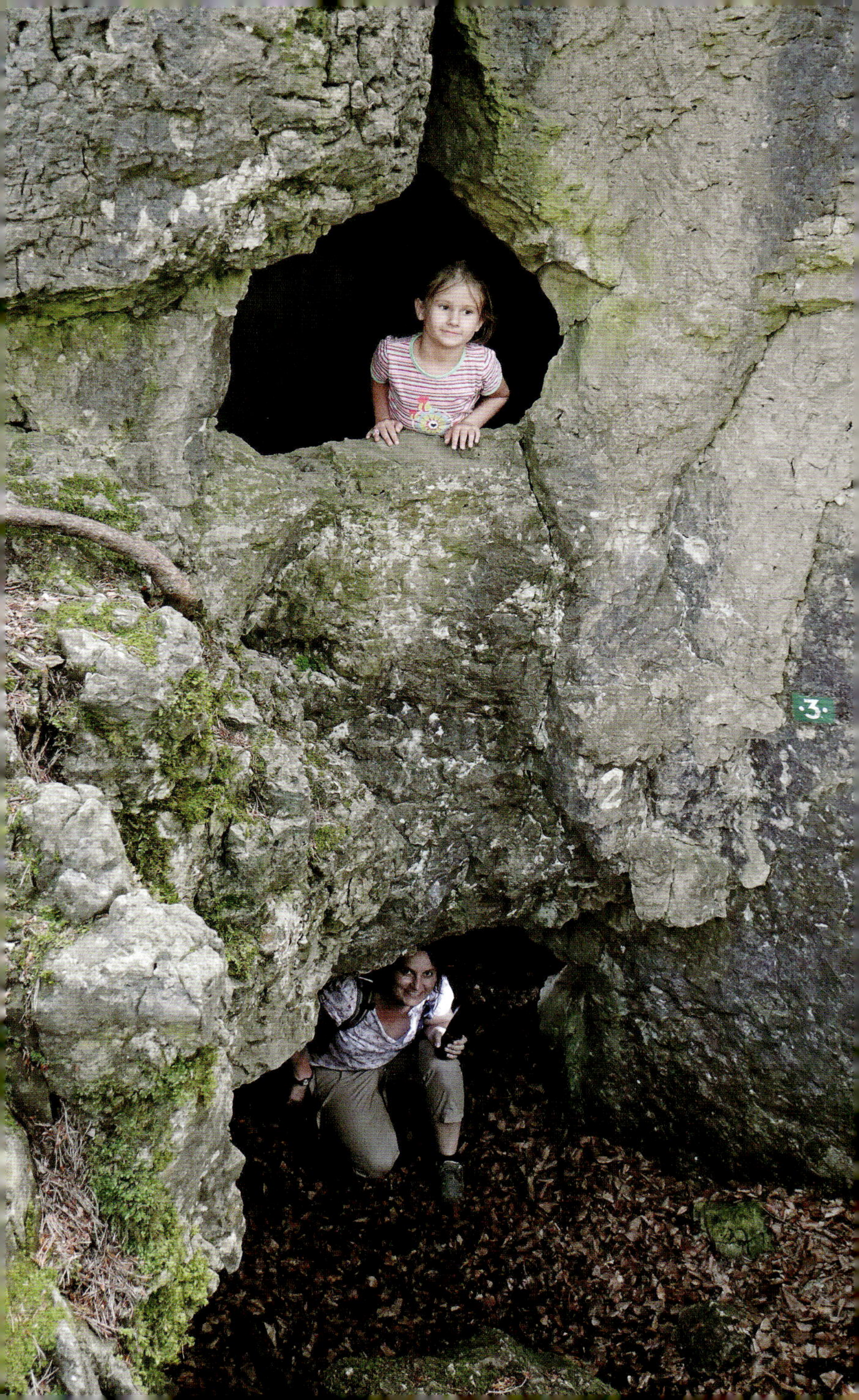
·3·
2

Vom **Wanderparkplatz (1)** im Reichental laufen wir rechts mit der Markierung *3* (Höhlenrundweg) in Richtung Ortsmitte. Nach dem Gasthof **»Goldener Hirsch« (2)** überqueren wir die Talstraße und den Hirschbach. Geradeaus mit der Markierung *3* steigt unser Weg durch die Straße »Am Schmiedberg« stetig an. Gegenüber der Hausnummer 21 verlassen wir die breite Straße und steigen rechts auf einem schmalen Pfad mit unserer Markierung nochmals steil an. Mitten im Hang zweigt der Wanderweg rechts hinauf zur Schmiedberghöhle ab. Wer den beschwerlichen, steilen, rutschigen Pfad hinauf zur Höhle vermeiden möchte, läuft noch ein Stück ohne Markierung weiter auf dem Hauptweg, bevor er wieder auf die Markierung *3* trifft. Alle anderen kraxeln, zum Teil auf allen Vieren, hinauf zur **Schmiedberghöhle (3)**. Oben empfängt uns der fünf Meter breite Höhleneingang, durch den wir in die drei Meter hohe Höhlenhalle gelangen.

Nach dem Verlassen der Höhle bringt uns die Markierung *3* rechts auf schmalem Pfad wieder hinunter auf den Hauptweg. Rechts geht es weiter mit der Markierung, zunächst am Waldrand entlang, bevor wir schon bald wieder in den Wald eintauchen. Wir kommen an eine kleine Versturzhöhle, die wir kraxelnd überqueren müssen. Die Felsen der ehemaligen Höhle laden zum Klettern ein: Wir verstecken uns in den großen Strudellöchern und gucken aus den Felskammern.

Durch einen alten Buchenwald und vorbei an skurrilen Felsen geht es eben dahin, bis der Wanderweg hin-

In der Höhle kraxelt man hinauf zur oberen Etage.

HIGHLIGHTS

- ★ Die Schmiedberghöhle und die Cäciliengrotte, zwei große, leicht begehbare Höhlen.
- ★ Mehrere größere und kleinere Höhlen und Auswaschungen in den zahlreichen Felsen am Wegrand, in denen man herrlich kraxeln oder sich verstecken kann.
- ★ Spielplatz in Hirschbach.
- ★ Freibad Hirschbach am Ortsanfang mit Schwimmer-, Nichtschwimmer- und Kinderplanschbecken (siehe Freizeittipp C7).
- ★ Zwei frei begehbare Klettersteige für Kinder (neben dem bekannten Höhenglück- und Norissteig): Auf der Via Ferrata Piccoli (ab ca. 6–7 Jahren) und der für schon etwas geübtere Kinder gedachten Via Ferrata Bambini (ab ca. 8 Jahren) können erste Klettersteigerfahrungen gesammelt werden. Achtung, Klettersteige dürfen nur mit entsprechender Einweisung, Ausrüstung und in Begleitung klettersteigerfahrener Eltern begangen werden! Weitere Informationen dazu finden sich unter www.hirschbachtal.de/Steige-Klettern/Kinderklettersteig/kinderklettersteig.html.
  Zusätzlich bietet das »Berg- und Skiteam jura alpin« in Hirschbach Kindercamps und Klettersteig-Erlebnistage an (Tel. +49 9152 921555, www.berg-skiteam.de).
- ★ Suche nach dem »Hirschbacher Ritterschatz« mit Hilfe eines GPS-Gerätes oder GPS-fähigen Smartphones. Dazu stellt der Gasthof »Goldener Hirsch« unter www.hirschbachtal.de/Schatzkarte.pdf eine kleine Anleitung und eine grobe Karte zur Orientierung zur Verfügung. Fünf Zahlen müssen gefunden werden, um das magische Schloss der Schatzhöhle zu öffnen.

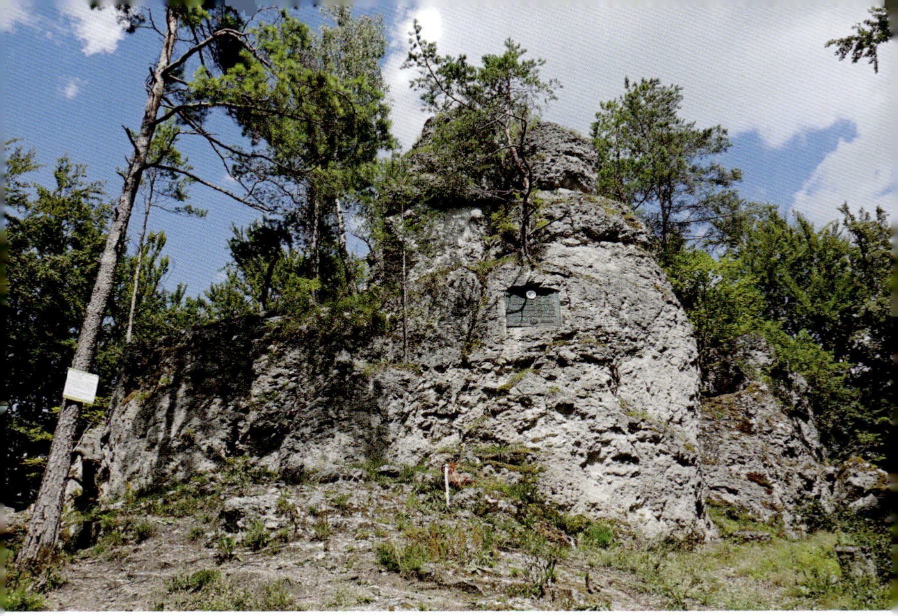

Am Prellstein ist annähernd die Hälfte des Wanderweges bereits geschafft.

auf zur Cäciliengrotte wiederum steil ansteigt. Die erste, relativ unspektakuläre, große Halle der **Cäciliengrotte (4)** öffnet hinter einer kleinen Felsbarriere den Weg in die sehenswerte, große Haupthalle der Höhlenruine.
Nach der Kraxelei verlassen wir die Höhle wieder durch den Eingang und wandern zuerst ein Stückchen geradeaus, dann im Rechtsbogen weiter mit der Markierung *3* durch den Buchenwald. Vorbei an der Bergwachthütte gelangen wir zum **Prellstein (5)**. Dort verlässt uns die Markierung *3* nach rechts zum Höhenglücksteig, wir aber laufen mit der Markierung *2* auf dem Rundwanderweg geradeaus weiter in Richtung Schmidtstadt. Die Markierung begleitet uns auf breiten Forstwegen und kleinen Teerstraßen stetig abwärts zurück nach **Hirschbach**. Am Friedhof mit seiner kleinen Kapelle erreichen wir die Ortschaft und biegen gleich danach, noch vor der Talstraße, links in die wesentlich ruhigere Alte Dorfstraße ein. Nach dem Passieren der Bäckerei können wir einen Abstecher zum **Spielplatz (6)** machen, indem wir rechts auf einem kleinen Fußweg zur Talstraße gehen und diese überqueren. Der sonnige Spielplatz empfängt uns mit Rutsche, Wippe, Karussell, kleinem Sandkasten und Kriechtunnel sowie einem Picknicktisch und -bänken. Nach der Spielpause überqueren wir abermals die Talstraße und spazieren auf der Alten Dorfstraße mit der Markierung *2* rechts weiter. Nach dem Feuerwehrhaus halten wir uns rechts und überqueren bei der Bushaltestelle, an der Ampel, wieder die Talstraße. Links geht es zurück zum schon in Sichtweite liegenden Gasthof **»Goldener Hirsch« (2)** und weiter auf dem vom Hinweg bekannten Weg zum **Wanderparkplatz (1)**.

Zum Arzbergturm und zur Edelweißhütte

Vom Oberbecken des Happurger Stausees

ab 5 J.

Zu Besuch beim Turmwächter auf dem Arzberg

Die höchste Erhebung in der Region Hersbruck ist der Arzberg. Hier wurde im Jahre 1885 vom Verschönerungsverein Hersbruck der Grundstein für den Bau des knapp 25 Meter hohen Arzbergturms gelegt, um den Tourismus zu fördern. Sein Mauerwerk besteht fast ausschließlich aus Jurakalksteinen. Bei klarem Wetter eröffnet sich, nach Erklimmen der 117 Stufen hinauf bis zur Aussichtsplattform, ein herrlicher Rundblick weit über das Hersbrucker Land hinaus bis ins Fichtelgebirge und zur Frankenhöhe. Aus diesem Grund wurde der Turm Ende des Zweiten Weltkriegs zur Luftbeobachtung genutzt und durch die Angriffe alliierter Tiefflieger stark beschädigt. Erst mit der vollständigen Renovierung im Jahre 1973 wurden diese Schäden am mittlerweile maroden Turm beseitigt. Am Fuß des Arzberges erreichen wir die idyllisch im Wald gelegene Edelweißhütte mit ihrem Biergarten. Nebenan liegt der vom Jugendfreizeitwerk betriebene Zeltlagerplatz mit Hüttendorf und Jugendgästehaus, wo sich Kinder und Jugendliche gerne treffen.

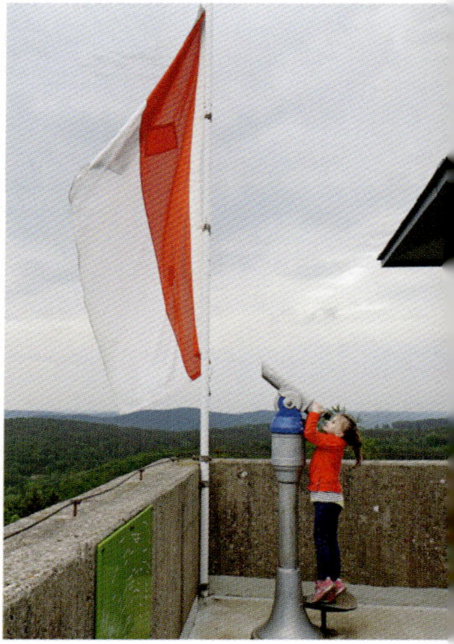

Himmelsguckerin am Arzbergturm.

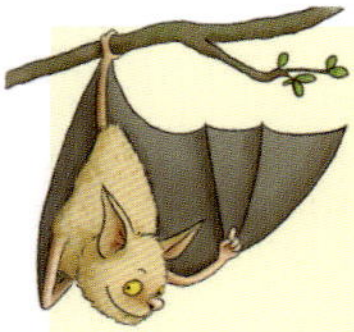

Hallo Kinder,

der Arzbergturm wird noch heute von einem Turmwächter betreut. Wisst ihr, welche Bedeutung und Aufgabe der Turmwächter in früheren Zeiten hatte? Oft wohnten die Turmwächter praktischerweise gleich im Turm in einer kleinen Türmerstube und wurden deshalb im Volksmund auch Türmer genannt. Ihre Aufgabe war es, die Umgebung zu beobachten, um vor herannahenden feindlichen Truppen und Banden oder vor Stadt- und Waldbränden zu warnen. Zur Alarmierung der Bevölkerung benutzten die Türmer Blashorn, Glocke, Signalflaggen oder Signallampen. Da die meisten Menschen früher keine eigene Uhr besaßen, hatten manche Türmer die Pflicht, stündlich eine Glocke zu schlagen, um ihnen eine zeitliche Orientierung zu ermöglichen. Der heutige Turmwächter am Arzbergturm sorgt seit 1999 für Einlass zum Turm, hisst die Fahne an der Spitze des Turms und hält für euch, durstige Wanderer, Getränke bereit.

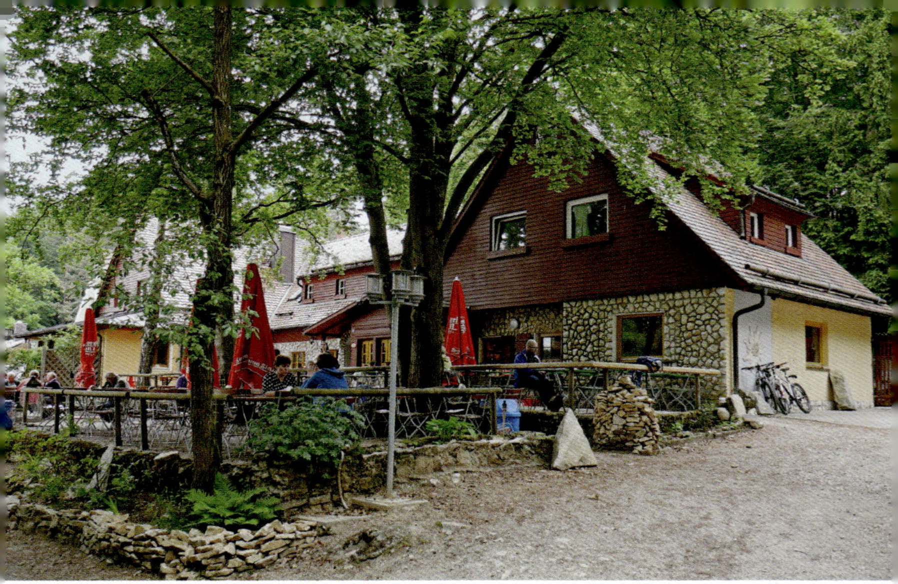

Erholungspause in der Edelweißhütte.

KURZINFO

Ausgangspunkt: Wanderparkplatz am Oberbecken des Happurger Stausees, 567 m (Navi: N49.477719, E11.457561).
Anfahrt: A 9 Ausfahrt Lauf/Hersbruck, weiter Richtung Hersbruck. Danach rechts Richtung Happurg und auf der ST 2236 vorbei an Happurg. Auf Höhe des Umspannwerks rechts hinauf in Richtung Deckersberg. Nach dem Durchqueren des Waldes liegt gleich links ein großer Wanderparkplatz.
Gehzeit: 2.00 Std.

Distanz: 4,9 km.
Höhenunterschied: 180 m.
Ausrüstung: Gut profilierte Sport- oder Wanderschuhe, Kleingeld für Eintritt und Fernrohrbenutzung am Aussichtsturm.
Anforderungen: **Ab 5 Jahren.** Kurz unterhalb des Arzbergturms steiler Anstieg, ansonsten mäßiges Auf und Ab über Waldpfade und Forstwege. Nach Regenfällen werden die Pfade teilweise sehr matschig. Kurzes Teilstück auf der Zufahrtsstraße zur Edelweißhütte. Teils sonnige, teils schattige Wanderung.
Einkehr: Gaststätte Edelweißhütte (Deckersberg 34, 91230 Happurg; Tel. +49 9151 8398804; www.gaststaette-edelweisshuette.de; Fr. ab 13 Uhr, Sa. und So. ab 11 Uhr geöffnet, Mo.–Do. geschlossen; Biergarten; Kindergerichte).
Kurzvariante: **Ab 4 Jahren.** Vom Parkplatz an der Edelweißhütte (3) (Navi: N49.470427, E11.441595) mit der Markierung *Rotes Kreuz* hinauf zum Arzbergturm (2) und auf demselben Weg wieder zurück (2,5 km, 1.00 Std. Gehzeit).

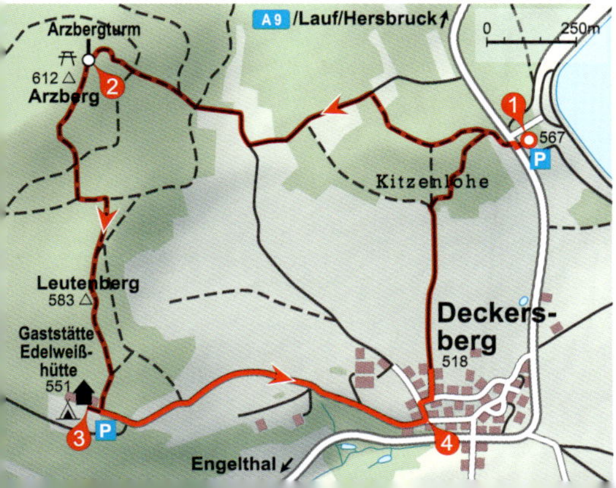

Vom **Parkplatz (1)** aus überqueren wir die Straße und folgen der Markierung *Blauer Punkt* uns rechts haltend in den Wald hinein. Wir wandern mit der Markierung den Waldpfad entlang. Nach einer Lichtung gelangen wir auf einen Forstweg, dem wir links folgen. Wenig später im Wald verlässt uns der *Blaue Punkt* nach links in Richtung Edelweißhütte, während wir mit der Markierung *Rotes Kreuz* stetig aufwärts zum **Arzbergturm (2)** steigen. Über 117 Stufen erklimmen wir die Aussichtsplattform, die uns einen schönen Rundblick ermöglicht. Bei klarem Wetter sind die Burg Hohenstein, die Städte Nürnberg und Hersbruck und sogar die etwas weiter entfernte Frankenhöhe und der Steigerwald zu erkennen. Neben dem Turm befinden sich ein paar Picknicktische, die zum Verweilen einladen.

Anschließend führt uns das *Rote Kreuz* hinunter zur **Edelweißhütte (3)**, wo wir im ruhig gelegenen Biergarten einkehren können. Vom Parkplatz an der Hütte führt uns der *Weg 5* Richtung Happurg. Entlang der Zufahrtsstraße erreichen wir den Ort **Deckersberg (4)**. Dort treffen wir auf die Markierung *Grünes Kreuz* und spazieren mit dieser zuerst nach links, dann rechts und gleich wieder links zum Ort hinaus. Über einen Landwirtschaftsweg erreichen wir den Waldrand, wo uns die Markierung bis zum **Parkplatz (1)** zurückführt.

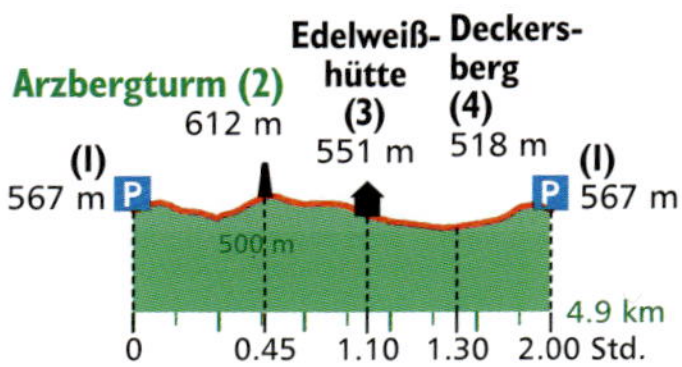

HIGHLIGHTS

- ★ Besteigung des Arzbergturms. Ein Turmwächter betreut den Turm ehrenamtlich und hält ihn bei gutem Wetter geöffnet: vom 1. Mai bis einschließlich 31. Oktober an Samstagen 12–17 Uhr und an Sonn- und Feiertagen 10–18 Uhr. In der Hauptsaison ist zusätzlich jeden ersten Freitag im Monat geöffnet. Dann weht auf dem Turm die Fahne. Außerhalb der Öffnungszeiten ist der Schlüssel zum Turm in der Edelweißhütte erhältlich. Eintrittspreise: Erwachsene 0,50 €, Kinder 0,25 €.
- ★ Nach der Wanderung: Baden am Happurger Baggersee – Schwimmer, Sonnenanbeter und sogar Taucher mit entsprechender Ausrüstung kommen hier im Sommer auf ihre Kosten. Kiosk und öffentliche Toiletten sind vorhanden (nördlich der B 14 gelegen; Navi: N49.50400, E11.46130).
- ★ Segelsportbetrieb, Tretbootverleih, sowie ein Spielplatz an der Einkehrmöglichkeit am Happurger Stausee (Parkplatz an der Seepromenade, Navi: N49.481805, E11.476083; nähere Informationen unter www.seeterrassen.com und www.segelclub-hersbruck.de).
- ★ Ein ganz besonderes Erlebnis: Märchenhafter Spaziergang mit der Erzählerin Andrea Gonze von der Edelweißhütte zum romantischen Arzbergturm. Am Fuß des Turms lauschen Groß und Klein spannenden Geschichten aus vergangenen Zeiten. Die Veranstaltung ist kostenlos – Spenden sind aber erwünscht. Termine und weitere Informationen finden sich auf der Internetseite www.andrea-gonze-erzählt.de).
- ★ Ein Besuch des Deutschen Hirtenmuseums in Hersbruck (siehe Freizeittipp G4).

26 Zauberwald Orchideenweg

Bei Lichtenegg

ab 5 J.

Botanik und Genussklettern für Eltern und Kinder

Schon bei der Anfahrt sehen wir die Burgruine Lichtenegg, die vermutlich aus dem 13. Jahrhundert stammt und die kleine Ortschaft überragt. Sie liegt auf dem 585 Meter hohen Burgberg, ist frei zugänglich und bietet einen eindrucksvollen Ausblick vom Oberpfälzer Jura bis ins Fichtelgebirge. Zwischen Mitte Mai bis Mitte Juni zieht Lichtenegg Scharen von Menschen an, die aber nicht alleine wegen der Burgruine kommen, sondern das Massenvorkommen von Orchideen bewundern wollen. Zwischen dem Kronberg und dem Birkenfels blühen neben dem Gelben Frauenschuh auch andere Orchideenarten, wie die Fliegen-Ragwurz, die Zweiblättrige Waldhyazinthe und die Vogel-Nestwurz. Daneben kann man Begleitpflanzen, wie die blau blühende Gemeine Akelei und das Schwarzfrüchtige Christophskraut, entdecken. Auch von kletterfreudigen Familien wird das Gebiet um Lichtenegg gerne besucht.

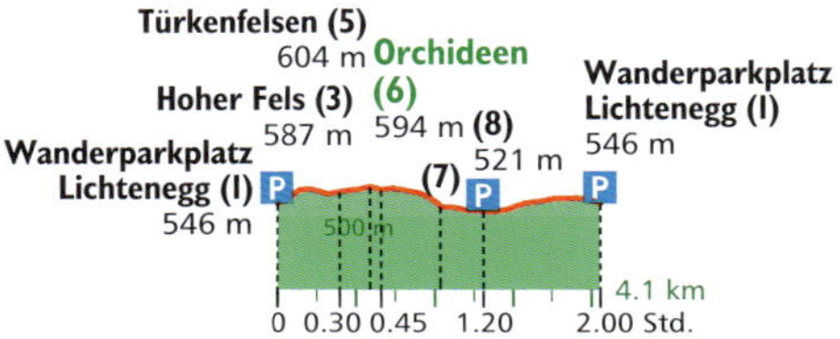

Das Meer von wilden Orchideen begeistert nicht nur Mama.

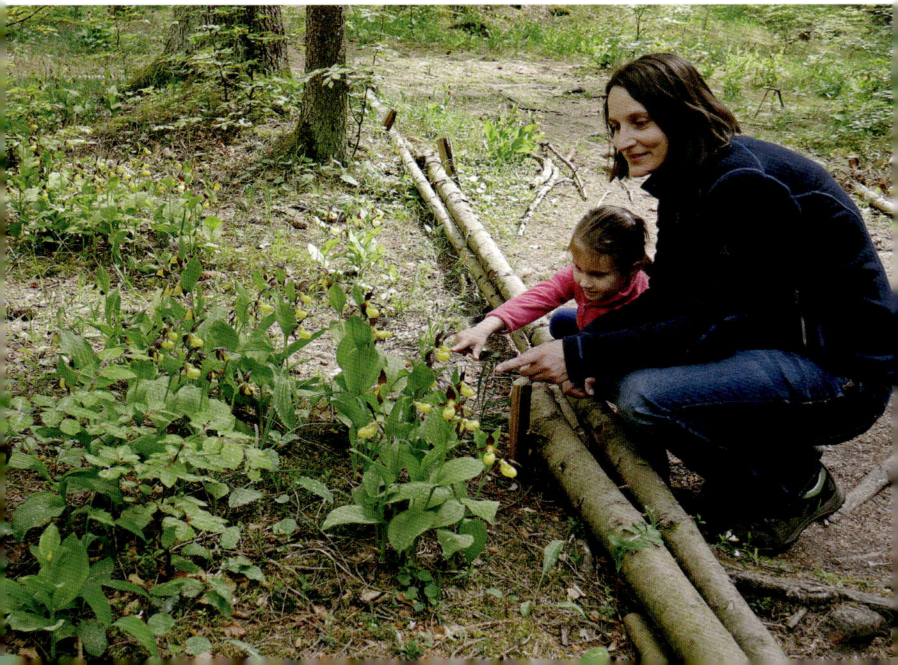

KURZINFO

Ausgangspunkt: Wanderparkplatz an der Zufahrt zum Dorf Lichtenegg, 546 m (Navi: N49.480000, E11.594683).
Anfahrt: Die A 9 an der Anschlussstelle Lauf/Hersbruck verlassen, weiter auf der B 14 in Richtung Sulzbach-Rosenberg. Zwischen den Orten Hartmannshof und Weigendorf am Feuerwehrhaus Weigendorf die B 14 verlassen und rechts weiter über Haunritz und Högen bis hinauf nach Lichtenegg. Gegenüber der Ortszufahrt befindet sich der große Wanderparkplatz.
Gehzeit: 2.00 Std.
Distanz: 4,1 km.
Höhenunterschied: 150 m.
Ausrüstung: Gut profilierte Sport- oder Wanderschuhe. Wanderstöcke sind in den steilen Passagen hilfreich.
Anforderungen: Ab 5 Jahren. Schmale und breite Pfade im ständigen Auf und Ab, die Trittsicherheit erfordern. Bei Nässe oder nach Regenfällen ist von der Tour abzuraten! Durchgehend als Orchideen-Rundweg mit der Nummer *34* ausgeschildert. Überwiegend schattige Tour.
Einkehr: Unterwegs keine. Gasthof Alter Schloss-Wirt Lichtenegg (Lichtenegg 5, 92262 Lichtenegg-Birgland; Tel. +49 9663 2616; Öffnungszeiten siehe www.lichtenegg.homepage.t-online.de oder www.lichtenegg.info; Biergarten; Kindergerichte).
Variante: Ab 3 Jahren. Vom Parkplatz (1) durch die Ortschaft und den Biergarten des Alten Schloss-Wirts hinauf zur frei zugänglichen Burgruine Lichtenegg. Nach Besichtigung der Überreste von Palas, Burgfried und einiger Ausgrabungsfunde laufen wir auf demselben Weg wieder zurück (650 m, 20 Min. Gehzeit). Der Durchgang durch den Biergarten ist durch ein Tor gesichert, aber nicht verschlossen, damit evtl. weidende Schafe das Grundstück nicht verlassen können. Bitte nach Durchgang wieder verschließen!
Kurzvariante: Ab 5 Jahren. Nach den Orchideen (6) Abkürzung durch den Wald hinab zum Wanderparkplatz (8) und von dort wie in der Haupttour beschrieben zurück zum Parkplatz (1) (3,5 km; 1.40 Std. Gehzeit).

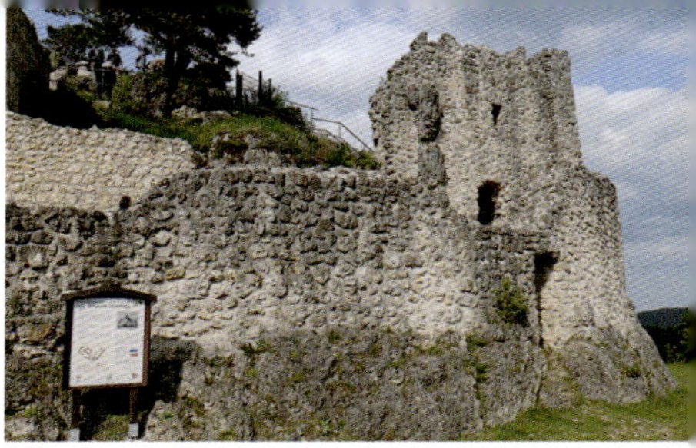

Burgruine Lichtenegg.

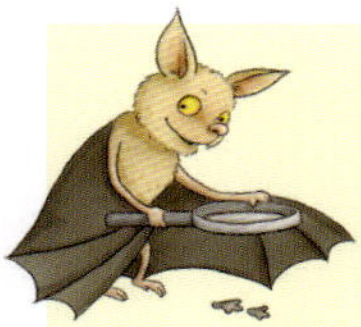

Hallo Kinder,

sicherlich kennt ihr Orchideen als Zimmerpflanzen, aber habt ihr diese schon einmal in der freien Natur gesehen? Auf dieser Wandertour rund um Lichtenegg lassen sich vom Spätfrühling bis Sommeranfang mehr als 30 verschiedene Orchideenarten entdecken. Besonders sticht dabei der Gelbe Frauenschuh heraus, der hier von Mitte Mai bis Mitte Juni in Massen blüht. Er gilt als eine der prächtigsten wildwachsenden Orchideenarten Europas und ihr erkennt ihn an seiner gelben Blüte, die wie ein Schuh geformt ist. Der Frauenschuh wächst gern in lichten Wäldern mit kalkreichen Böden und kann sechzehn Jahre bis zur ersten Blüte brauchen. Darum bewegt euch am Besten auf den ausgeschilderten Wegen und passt auf wo ihr hintretet, denn viele der Orchideen sind streng geschützte Arten.

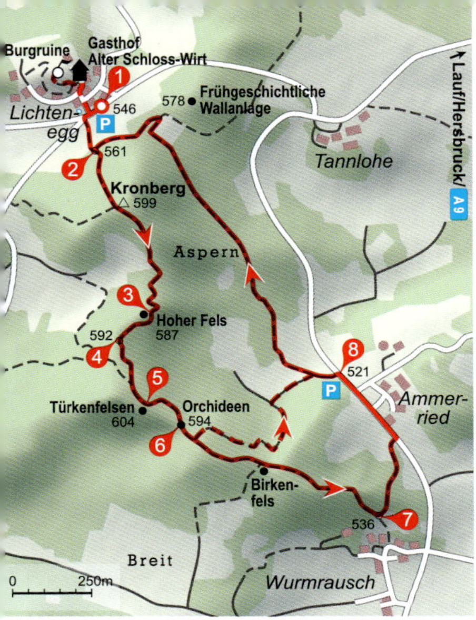

Vom **Parkplatz (1)** wandern wir auf dem Orchideen-Rundweg Richtung Türkenfelsen und Wurmrausch hinauf zum **Waldrand (2)**. Dort führt uns ein Waldpfad geradeaus mit der Markierung *34* in den Wald hinein. Steil geht es erst bergauf, dann bergab und zum Schluss wieder steil hinauf zum **Hohen Fels (3)**. Im Bogen um den Fels herum wandern wir entlang eines Bergrückens und passieren zwei kleinere Felsen **(4)**, an denen schon die Kleinsten ihre ersten Kletterversuche wagen können. Im weiteren stetigen Auf und Ab gelangen wir zum **Türkenfelsen (5)**. Wir ziehen an den Felsen vorbei und erreichen mehrere flach eingerahmte Felder von **Orchideen (6)**. Auch abseits des Weges sind viele Orchideen zu entdecken. Am auffälligsten ist der Gelbe Frauenschuh, der in der zweiten Mai- bis zur ersten Junihälfte blüht. Bis in den Sommer hinein kann man rund 20 weitere Orchideenarten bewundern.

Wer die Wanderung abkürzen möchte, hat nun die Möglichkeit, der *34* links hinunter zum Wanderparkplatz bei Ammerried (8) zu folgen (siehe Kurzvariante). Wir jedoch wandern weiter entlang des Bergrückens, vorbei am **Birkenfels**, ehe es etwas später sehr steil hinunter bis kurz vor die Ortschaft **Wurmrausch (7)** geht. Wir biegen mit der Markierung *34* links ab und bleiben im schönen Buchenwald, bis wir bei der Ortschaft **Ammerried** auf eine Straße treffen. Auf ihr spazieren wir links weiter bis ans Ortsende, wo sich ein kleiner **Wanderparkplatz (8)** befindet. Erst links und dann gleich wieder rechts bringt uns ein Landwirtschaftsweg am Waldrand entlang. Ein Pfad führt uns schließlich durch den Wald hindurch, zurück zum **Parkplatz (1)** bei Lichtenegg.

HIGHLIGHTS

- ★ Viele verschiedene Orchideenarten, die zu verschiedenen Zeiten zwischen Anfang Mai und Mitte August blühen (siehe Blütezeit-Kalender unter www.lichtenegg.info).
- ★ Die Burgruine Lichtenegg ist kostenlos zugänglich. Weitere Infos unter www.lichtenegg.info.
- ★ Unterhalb der Burgruine Einkehrmöglichkeit mit Biergarten.
- ★ Klettergebiet südlich von Lichtenegg, besonders beliebt bei Familien mit Kindern (nähere Auskünfte unter www.frankenjura.com).
- ★ Lamatrekking Hersbrucker Alb, der Meier-Hof in Weigendorf-Haunritz liegt auf dem Anfahrtsweg (siehe Freizeittipp A6).
- ★ Im Winter mehrere gespurte Langlaufloipen sowie Schneeschuhwanderwege rund um Lichtenegg und ein ausgewiesener Rodelhang am nordöstlichen Dorfrand.

Mit »Trimmy« durch den Meilwald

Im Naherholungsgebiet von Erlangen

ab 4 J.

Auf dem Trimm-dich-Pfad zur Jugendfarm

Der Meilwald im Norden von Erlangen ist seit jeher ein beliebtes Naherholungsgebiet für Jung und Alt. Besonders Familien treffen sich gerne auf dem großen Waldspielplatz »Handtuchwiese« mit seinem Bolzplatz, der »Königinnenschaukel« und dem Wasserspielplatz, andere kommen zum Sporteln oder einfach zum Entspannen. Das Herzstück des Waldes ist aber die Jugendfarm mit Tierhaltung, Abenteuerspielplatz und kleinem Niedrigseilgarten. Kinder und Jugendliche finden hier während der Öffnungszeiten vielfältige Freizeitangebote und können Zeit in der Natur und mit den Tieren verbringen. Anfang 2015 erhielt die Jugendfarm die staatliche Anerkennung als Umweltstation. Nach einen Brand im Jahre 2016 entstand mit Spendengeldern ein neues Verwaltungsgebäude mit Seminarräumen.

Auf unserer Tour auf dem Trimm-dich-Pfad durch den Meilwald begleitet uns das Maskottchen »Trimmy« und wir statten der Jugendfarm einen Besuch ab.

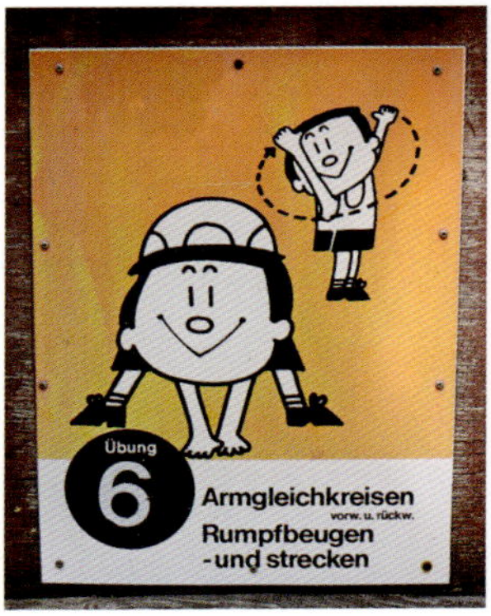

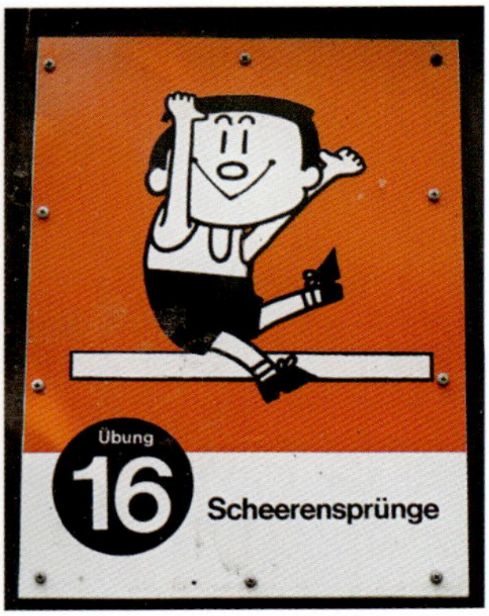

Das Maskottchen »Trimmy« bringt uns heute zum Schwitzen.

Hallo Kinder,

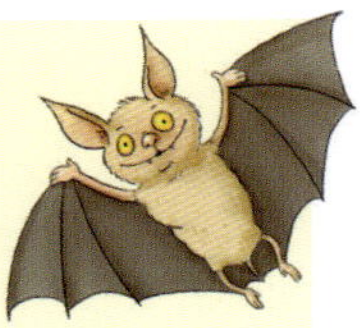

ihr fragt euch sicher, wer »Trimmy« ist? Er ist ein Maskottchen, dass in den 1970er-Jahren vom Deutschen Sportbund entworfen wurde. Das fröhliche, sportliche Männchen in Turnhose und mit o.k.-Daumen sollte mehr Bewegung in den Alltag bringen. In ganz Deutschland wurden damals unter dem Motto »Ein Schlauer trimmt die Ausdauer« viele Trimm-dich-Pfade errichtet. So wollte man Wohlstandskrankheiten wie Übergewicht und Kreislauferkrankungen entgegenwirken. Im Meilwald trefft ihr noch auf das lustige Männchen. Der schwungvolle »Trimmy« zeigt euch an den vielen Stationen entlang des Weges verschiedene Bewegungsübungen. Macht doch einfach mit – mal sehen, wer mehr Ausdauer hat, ihr oder Mama und Papa.

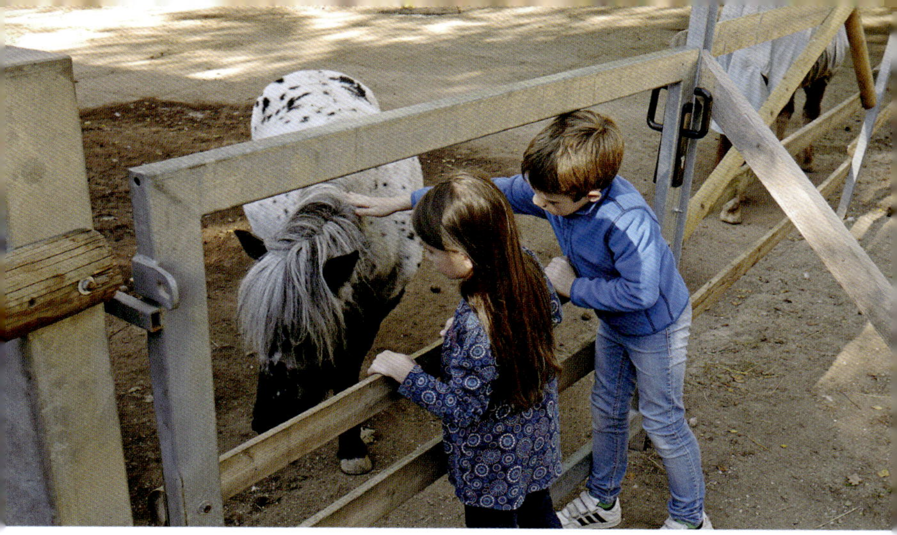

Die Tiere auf der Jugendfarm sind zahm und zutraulich.

KURZINFO

Ausgangspunkt: Parkplatz am Waldrand, an der Spardorfer Straße, am Nordrand von Erlangen, 299 m (Navi: N49.605108, E11.035984).

Anfahrt: Die A 73 an der Anschlussstelle Erlangen-Nord verlassen, dann Richtung Uni-Klinik/Waldkrankenhaus. Über Baiersdorfer Straße, Bayreuther Straße und die Essenbacher Straße weiter geradeaus in die Spardorfer Straße. Nach dem Sportgelände des Turnerbunds ca. 150 m durch den Wald zum Parkplatz an der linken Straßenseite. Alternativ kann auch direkt an der Jugendfarm geparkt werden (Navi: Spardorfer Straße 82, 91054 Erlangen). Beginn und Ende der Wanderung dann dort.

Mit dem Bus: Haltestelle Theresiakirche der Linie 284 aus Richtung Bruck und der Linie 294 aus Richtung Eltersdorf. Auf der Sieglitzhofer Straße bis zum Venzone Platz und durch die Lange Zeile bis zum Parkplatz (10 Min. Gehzeit).

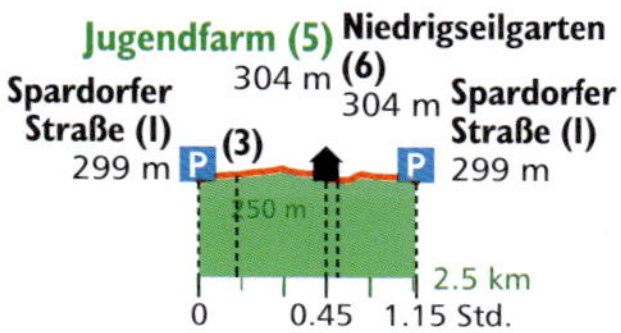

Gehzeit: 1.15 Std.; ohne Besuch der Jugendfarm und des Spielplatzes »Handtuchwiese«.

Distanz: 2,5 km.

Höhenunterschied: 60 m.

Ausrüstung: Sportschuhe oder Trekkingsandalen und bequeme Kleidung oder Sportkleidung. Wechselkleidung und Handtuch (Wasserspielplatz an der »Handtuchwiese«). Zur Benutzung des Bolzplatzes sollte ein Fußball mitgebracht werden.

Anforderungen: Ab 4 Jahren. Überwiegend breite Waldwege, die auch mit einem geländegängigen Kinderwagen befahrbar sind. Schattige Wanderung, außer auf dem Gelände der Jugendfarm und am Spielplatz »Handtuchwiese«.

Einkehr: Restaurant Waldschießhaus (Spardorfer Straße 80, 91054 Erlangen; Tel. +49 9131 47655; www.waldschiesshaus-kvas.de; 11–14.30 Uhr und 17–23 Uhr geöffnet, Di. Ruhetag; Spielplatz; Kindergerichte). Café »Hühnerstall« in der Jugendfarm (Spardorfer Straße 82, 91054 Erlangen; Tel. +49 9131 21365; www.jugendfarm-er.de; geöffnet jeden Sonntag 12–17 Uhr).

Vom **Parkplatz (1)** aus laufen wir den breiten Forstweg ein Stück hinauf und biegen gleich links am Schild »Waldsportpfad« ein. Lasst euch von »Trimmy« an den nachfolgenden 17 Trimm-dich-Pfad-Stationen zum Mitmachen begeistern. Ein Pfad bringt uns zur ersten Station **»Lockerungsübungen« (2)** des Trimm-dich-Pfades. Sich rechts haltend geht es vorbei an der zweiten und dritten Übung. Danach treffen wir auf einen breiten Forstweg und folgen diesem nach links zur vierten Station **»Klimmzüge« (3)**. An der Weggabelung halten wir uns links und sehen schon bald die fünfte Übung »Kniebeugen«. Auf breitem Forstweg geht es vorbei an den nächsten Stationen, bis wir hinter der neunten Übung links abbiegen. Nach der zwölften Übung am Wegpunkt **(4)** machen wir einen Streifzug links durch das Gelände der Jugendfarm. Vorbei am Restaurant Waldschießhaus gelangen wir zum Haupteingang der **Jugendfarm (5)**. Auf dem Anwesen erwarten uns viele Tiere – Pferde, Esel, Schafe, Ziegen und allerlei Kleintiere. Außerdem sind hier ein Abenteuerspielplatz, ein Teichbiotop, ein Nutzgarten, eine Theaterbühne, eine Kletterwand und viele interessante Kleinigkeiten zu finden. Am Ausgang in der Nähe des Cafés »Hühnerstall« befindet sich ein Kinderspielplatz und etwas dahinter ein **Niedrigseilgarten (6)**. Zurück am Trimm-dich-Pfad **(4)** wandern wir links hinab an der dreizehnten und vierzehnten Übung vorbei. Danach überqueren wir eine Teerstraße und folgen einem schmalen Pfad zur nächsten Station. Uns rechts haltend bezwingen wir auch noch die restlichen zwei Übungen und treffen wieder auf die erste Übung am Anfang des Trimm-dich-

HIGHLIGHTS

- ★ Großer Waldspielplatz und Bolzplatz mit Wasserspielmöglichkeit und Picknickplätzen an der »Handtuchwiese«.
- ★ Trimm-dich-Pfad mit 17 Stationen.
- ★ Jugendfarm Erlangen, eine naturnahe Freizeit- und Bildungseinrichtung. Sie ist von Montag bis Samstag von 10 bis 17 Uhr für einen Besuch der Tiere, des Abenteuerspielplatzes und des Niedrigseilgartens frei zugänglich. An bestimmten Wochentagen stehen der Obst- und Gemüsegarten sowie die Koch- und Bastelwerkstatt gegen einen Versicherungsbeitrag zur Verfügung. Darüber hinaus können zusätzliche Angebote wie der Schafhirtentag, ein Tierpflegerkurs oder Eseltrekking gebucht werden (nähere Infos und ein Veranstaltungskalender unter www.jugendfarm-er.de).

Pfades **(2)**. Auf schon bekanntem Weg geht es zurück zum **Parkplatz (1)**. Bevor wir uns aber auf den Heimweg machen, wartet noch der große **Waldspiel- und Bolzplatz** an der benachbarten »Handtuchwiese« auf die Kinder.

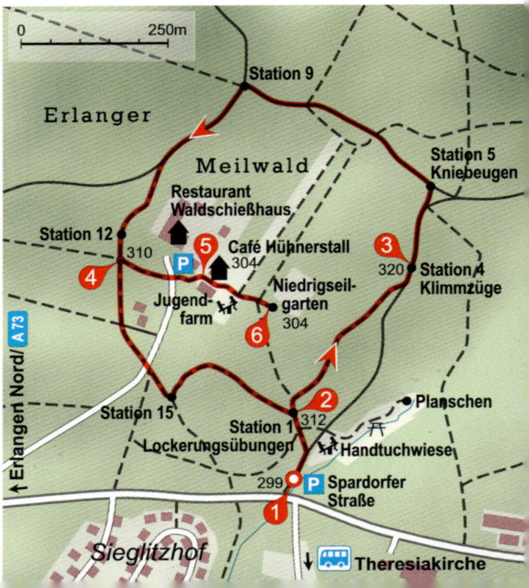

28 Walderlebniszentrum Tennenlohe

Naturerlebnispfad im Reichswald — ab 2 J.

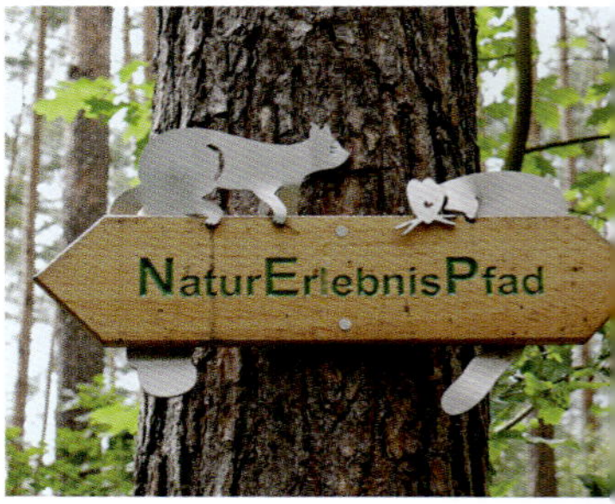

Unterwegs mit Eichhörnchen »Wezzi«
Wer dem Stadttrubel entfliehen möchte, ist im Walderlebniszentrum bei Tennenlohe gut aufgehoben. Das in der Mitte der Metropolregion Nürnberg, Fürth und Erlangen liegende Infozentrum wurde schon 1975 eröffnet und versteht sich als kompetente Einrichtung, um Themen rund um die Wald- und Forstwirtschaft, Nachhaltigkeit und Umweltzerstörung kindgerecht zu erklären. Die Themenhäuser und der »Forsthistorische Lehrpfad« sind während den Öffnungszeiten frei zugänglich. Darüber hinaus werden passend zur Jahreszeit allerlei Veranstaltungen und Kurse für die ganze Familie angeboten. Bei den Kindern äußerst beliebt sind das Tierspurenlesen im Winter, Nachtwanderungen, märchenhafte Spaziergänge und Bastelkurse mit Filz- oder Flechtmaterial. Ferner findet einmal im Jahr ein großes Waldfest statt, mit Waldgottesdienst, Wildspezialitäten und vielen Aktionen rund um den Wald.

KURZINFO

Ausgangspunkt: Parkplatz des Walderlebniszentrums Tennenlohe, 307 m (Navi: Weinstraße 100, 91058 Erlangen).
Anfahrt: B 4 in Richtung Erlangen an der Ausfahrt Tennenlohe in Richtung Tennenlohe verlassen. Nach Überqueren der B 4 führt uns an der zweiten Einfahrt links ein Wegweiser in Richtung Walderlebniszentrum.
Mit dem Bus: Haltestelle Tennenlohe-Skulpturenpark der VGN-Buslinien 20 von Richtung Nürnberg/Erlangen und 290 bzw. 295 von Erlangen/Tennenlohe; ca. 150 m nördlich der Bushaltestelle, ausgeschilderter Weg links in Richtung Walderlebniszentrum (5 Min. Gehzeit).
Gehzeit: 50 Min.; bitte zusätzliche Zeit für den Aufenthalt an den Spielstationen einplanen.
Distanz: 1,8 km.
Höhenunterschied: 15 m.
Ausrüstung: Sportschuhe oder Trekkingsandalen. Bei feuchtwarmer Witterung Mückenschutz nicht vergessen.
Anforderungen: Ab 2 Jahren. Ebene Waldwege und -pfade, die auch für Kinderwagen und Laufrad geeignet sind.

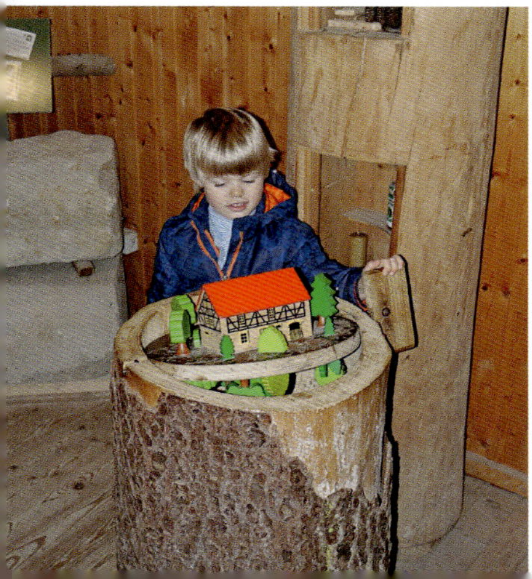

In den Themenhäusern wird das Thema Wald spielerisch erklärt.

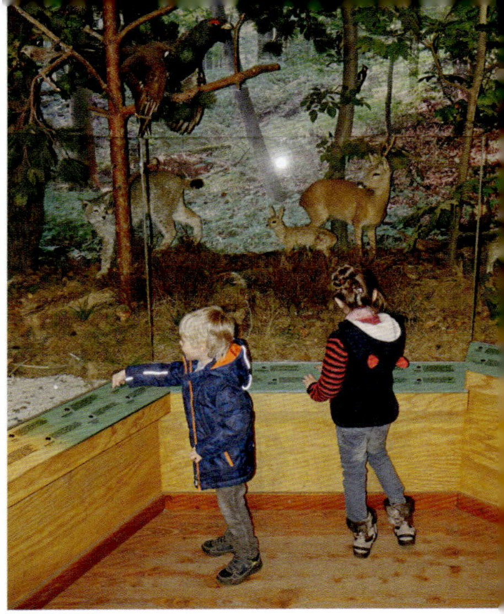

Im Haus der Tiere ertönen die Stimmen unserer Waldbewohner.

Bei der Variante geht es auf flachen breiten Wegen zu den Urwildpferden, nur am Aussichtspunkt leichter Anstieg. Beide Tourvorschläge sind für den Kinderwagen geeignet. Überwiegend schattige Wanderung.

Einkehr: Wald Café im Walderlebniszentrum (Weinstraße 100, 91058 Erlangen; geöffnet von März bis Ende Oktober an Samstagen, Sonn- und Feiertagen während der Öffnungszeiten des Walderlebniszentrums).

Variante: **Ab 8 Jahren.** Besuch der Urwildpferde (Przewalski-Pferde) im nahe gelegenen Tennenloher Forst. Anstatt von Station 14, der Balanciereidechse (6) über das Walderlebniszentrum zum Parkplatz zurückzukehren, wandern wir weiter geradeaus durch den Wald bis zur Sebastianstraße. Auf dem dortigen Fuß- und Fahrradweg laufen wir rechts bis zum Feuerwehrhaus. Dort überqueren wir die Sebastianstraße und etwas später die Bundesstraße über eine Brücke. An der nächsten T-Kreuzung gehen wir links und folgen der Beschilderung Urwildpferde, die uns zum Gehege der Urwildpferde und dem Aussichtshügel bringt. Wir kehren auf demselben Weg wieder zurück zur Balanciereidechse (6) und weiter wie im Haupttext beschrieben (zusätzlich 6,1 km, 2.30 Std. Gehzeit).

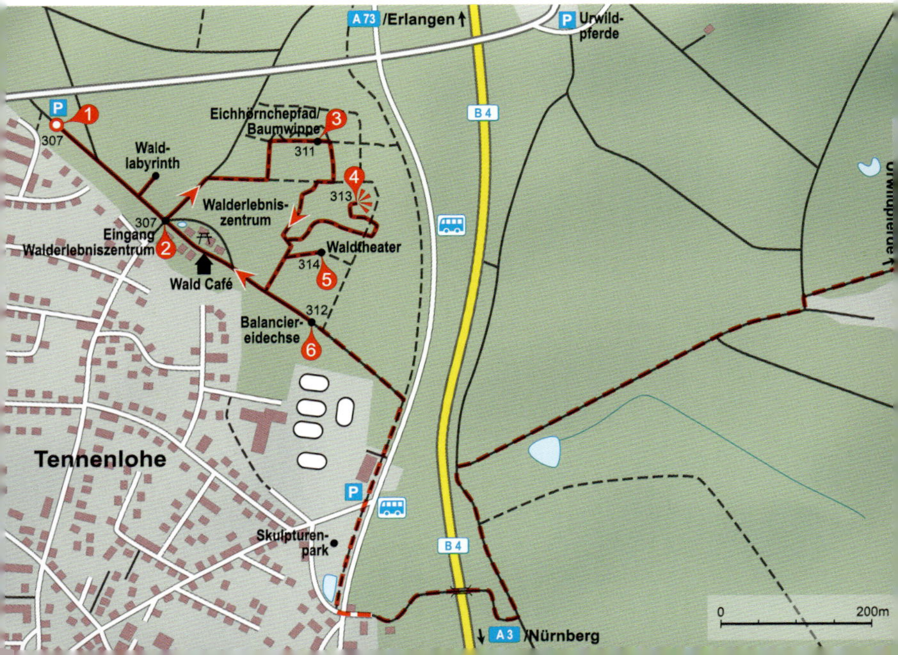

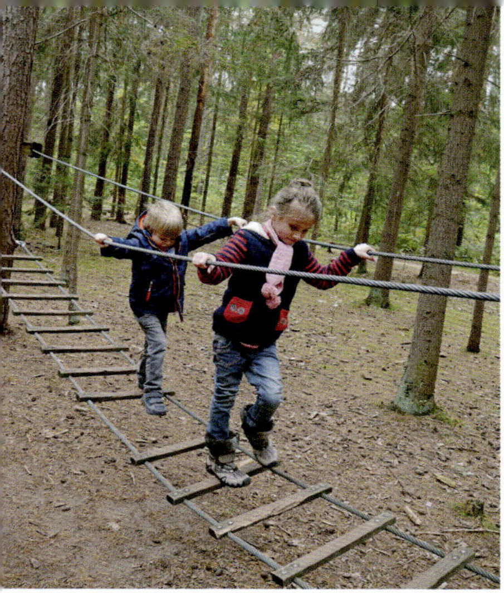

Unterwegs im Klettergarten.

HIGHLIGHTS

★ Das Walderlebniszentrum mit seinen Ausstellungen kann während der Öffnungszeiten kostenfrei besucht werden (Infos unter www.walderlebniszentrum-tennenlohe.de; Tel. +49 911 99715 2100).

★ Der »Forsthistorische Lehrpfad« im Walderlebniszentrum erklärt wie in früheren Zeiten Forstwirtschaft betrieben wurde.

★ Der Naturerlebnispfad im Reichswald mit Spiel- und Spaßaktionen für die ganze Familie ist auch außerhalb der Öffnungszeiten des Walderlebniszentrums frei zugänglich.

★ Besuch der Przewalski-Urwildpferde im Tennenloher Forst im Rahmen der vorgeschlagenen Variante oder im Anschluss an die Wanderung. Vom Aussichtspunkt des weitläufigen Geheges sind die ausgewilderten Pferde zu bewundern (siehe Variante). Füttern und streicheln darf man die Pferde allerdings nicht (weitere Infos unter www.wildpferde-tennenlohe.de).

Zwischen dem **Parkplatz (1)** und dem schon in Sichtweite gelegenen Walderlebniszentrum beginnt links an der Station 1 das Waldlabyrinth. Hier legen wir eine erstaunlich lange Strecke zurück, bevor wir die mächtige Kiefer in der Mitte erreichen. Wir laufen weiter zum Eingang des **Walderlebniszentrums (2)**, wo uns Eichhörnchen »Wezzi« mit einer großen Übersichtstafel empfängt. Der ausgeschilderte NaturErlebnis-Pfad führt uns links in den Wald hinein und gleich wieder rechts zum **Barfußpfad**. An dessen Ausgang laufen wir auf der gegenüberliegenden Seite weiter zur Station 3, an der beim **Zapfenweitwurf** Treffsicherheit gefragt ist. Kurz darauf führt unser Weg rechts zum **Tierweitsprung**. Schon in Sichtweite liegen die Stationen 5 und 6 mit dem Eichhörnchenpfad und der **Baumwippe (3)**. Als Nächstes passieren wir die Sandsteinschlange und biegen rechts ab. Gleich darauf erreichen wir den links im Wald gelegenen **Totempfahl** (Station 8). Dann halten wir uns rechts, können an den **Kletterbäumen** von Station 10 unser Geschick beim Klettern testen und legen gegenüber bei einer Holzsitzgruppe eine Pause ein. Mit der Beschilderung wandern wir links weiter und sehen schon die Station 11 mit dem **Baumtelefon**, danach die Station 12 mit der **Lauschecke**. Gegenüber beginnt auf der linken Seite der **Pirschpfad**. Ein Weg aus Holzspänen schlängelt sich durch den Wald bis zur **Aussichtskanzel**

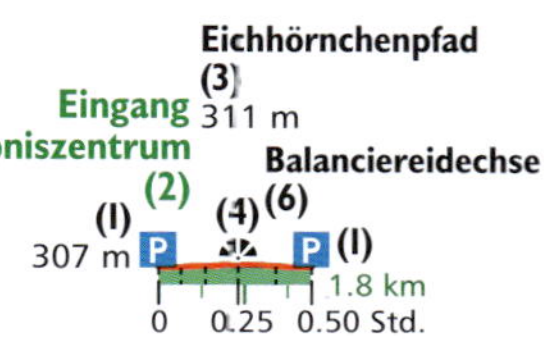

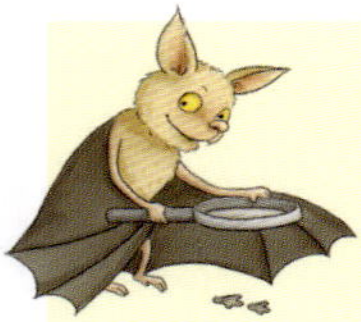

Hallo Kinder,

wenn ihr nach dem Besuch des Walderlebniszentrums noch Lust habt, könnt ihr im nahe gelegenen Naturschutzgebiet Tennenloher Forst den Przewalski-Urwildpferden einen Besuch abstatten. Diese Herde halbwild lebender Pferde stammt aus dem Tierpark Hellabrunn und dem Tiergarten Nürnberg und wurde im Jahr 2003 im Rahmen eines Auswilderungsprojektes auf dem ehemaligen Truppenübungsplatz angesiedelt. Seitdem sind die Urwildpferde hier die Landschaftspfleger. Sie beweiden das Gebiet und erhalten so die waldfreien Flächen, die der Lebensraum vieler Tier- und Pflanzenarten sind. Unterstützt werden sie dabei seit 2012 von einer Herde Pfauenziegen. Die Ziegen und die Urwildpferde könnt ihr von einem Aussichtshügel in der Mitte des Geheges gut beobachten.

(4) bei Station 9. Unterwegs begegnen wir einigen Blech-Wildtieren und deren Fußspuren. Wir kehren auf dem Pfad wieder zum Hauptweg zurück und laufen links auf ihm weiter zum Eingang des **Waldtheaters (5)** (Station 13), der auf der linken Seite liegt. Die Beschilderung bringt uns im Anschluss zu einem breiten Forstweg. Auf ihm wandern wir zuerst ein Stück nach links zur **Balanciereidechse (6)** an Station 14 und wenden uns dann in Richtung Walderlebniszentrum. Viele Themenhäuser über heimische Pflanzen und Tiere im Tennenloher Forst, der »Forsthistorische Lehrpfad« und ein Waldcafé laden zum Verweilen ein. Sollte das Walderlebniszentrum geschlossen haben, kann es rechts in einem Bogen umgangen werden. Wir verlassen das Zentrum am schon bekannten Eingang und laufen zurück zum **Parkplatz (1)**.

Die Urwildpferde erhalten die wertvollen Heiden und den Sandmagerrasen .

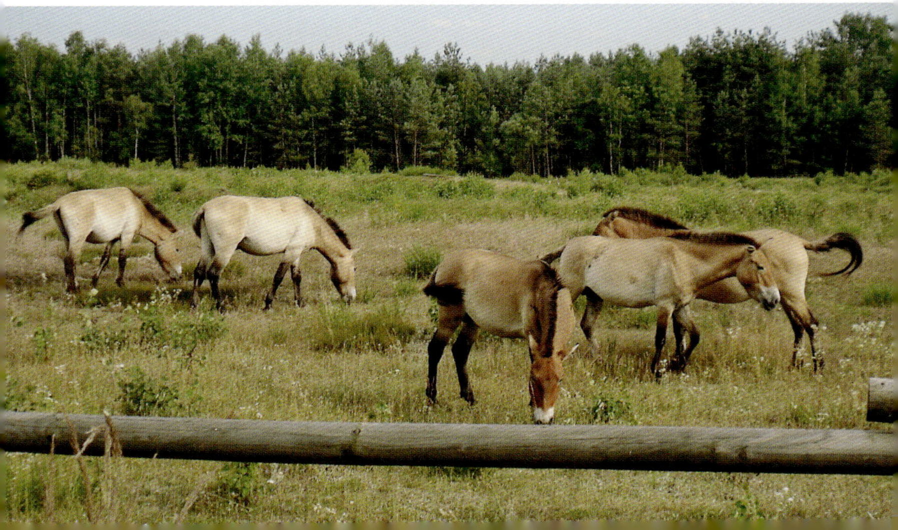

29 Sandsteinschlucht »Teufelsbadstube«

Bei Kalchreuth

ab 4 J.

Buddelspaß am Bodenlehrpfad

Die Kulturlandschaft rund um Kalchreuth ist bekannt für ihre Streuobstwiesen mit vielen, alten Kirschsorten. Am 1. Sonntag im Juli findet dort jedes Jahr die traditionelle »Kirschkerwa« statt – ein Erlebnistag für die ganze Familie. Besonders beliebt bei den Kindern sind das Kirschkernweitspucken und Sackhüpfen. Südwestlich von Kalchreuth befindet sich der älteste Bodenlehrpfad Bayerns im Sebalder Reichswald, dem wir heute einen Besuch abstatten. Der 2003 eingeweihte Lehrpfad wurde neu gestaltet. Auf mehreren Tafeln werden die Eigenschaften sowie die Bedeutung der Bodentypen erläutert und in den danebenliegenden Erdgruben kann man sich die freigelegten Bodenschichten ansehen. Kinder lieben es, in die Löcher zu steigen und dort zu buddeln.

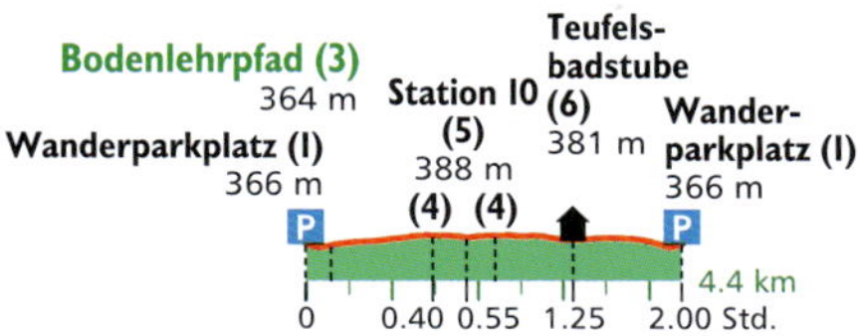

Nachdem wir die Stationen des Lehrpfads passiert haben, erreichen wir die »Teufelsbadstube« am Felsenkeller Kalchreuth mit seinem terrassenartig angelegten Biergarten. An der historischen Bierlagerstätte sitzen wir auf urigen Naturholzbänken, entweder schattig auf halber Tiefe in der felsigen, ca. 20 Meter tiefen Schlucht oder etwas weiter oben schön sonnig auf einer großen Wiese. Oberhalb des Teufelsgrabens laufen wir anschließend zurück zur Wolfsfelder Wiese.

Verdiente Pause im lauschigen Felsenkeller.

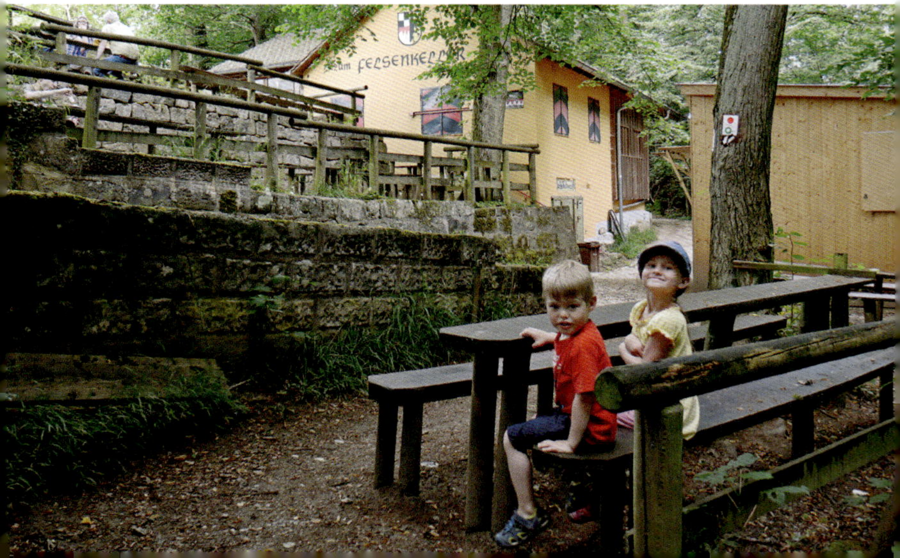

KURZINFO

Ausgangspunkt: Wanderparkplatz an der Verbindungsstraße zwischen Kalchreuth und Neunhof, 366 m (Navi: N49.546752, E11.104670).
Anfahrt: Von der Ortsmitte in Kalchreuth in Richtung Neunhof/Kraftshof/Boxdorf, nach ca. 2 km liegt der kleine Wanderparkplatz an der linken Fahrbahnseite.
Gehzeit: 2.00 Std.
Distanz: 4,4 km.
Höhenunterschied: 85 m.
Ausrüstung: Sportschuhe oder Trekkingsandalen. Zur näheren Erforschung der vielen Bodengruben ist Matschkleidung ideal und Gummistiefel sollten nicht fehlen! Eine kleine Schaufel erleichtert das Erkunden der Bodengruben und mit einer Becherlupe lassen sich gefundene Insekten besser betrachten. Etwas Wasser und ein Handtuch zum Säubern der Hände.
Anforderungen: Ab 4 Jahren. Leichtes Auf und Ab über Waldwege und Wanderpfade. Nur die Kurzvariante führt ausschließlich über bequeme, breite Waldwege, die mit einem Kinderwagen befahrbar sind. Überwiegend schattige Wanderung.
Einkehr: Felsenkeller Kalchreuth (Tel. +49 911 5180868; www.landgasthof-sussner-kalchreuth.de/felsenkeller; im Sommer Mi.–Sa. ab 13 Uhr, So. und an Feiertagen ab 12 Uhr geöffnet, im Winter So. und an Feiertagen ab 13 Uhr).
Div. Gaststätten in Kalchreuth.
Kurzvariante: Vom Wanderparkplatz (1) wie beschrieben, entlang des Bodenlehrpfades bis Station 10 (5) und auf demselben Weg zurück (3,8 km, 1.45 Std. Gehzeit, kinderwagengeeignet).

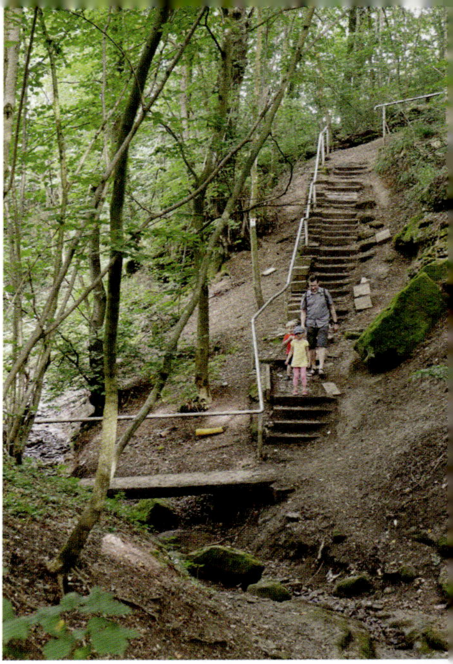

Abstieg in die Rhätsandsteinschlucht gegenüber dem Felsenkeller.

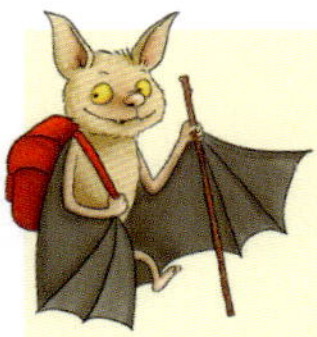

Hallo Kinder,

an den verschiedenen Stationen des Bodenlehrpfades im Sebalder Reichswald wurden kleine Gruben in den Waldboden gegraben. Ihr könnt dort hineinsteigen, um euch die verschiedenen Bodentypen aus nächster Nähe anzusehen und mit den eigenen Händen zu untersuchen. So entdeckt ihr Pflanzen und Tiere im Boden und lernt die verschiedenen Bodenarten kennen, wie zum Beispiel Lehm, Ton, Sand, Schluff, Pararendzina, Mergel und Tegel. Außerdem erfahrt ihr, wie der Boden als Temperaturregler, Regenwasserspeicher und als stabile Grundlage des Waldes dient. Viel Spaß beim Buddeln und Erkunden der verschiedenen Erdgruben!

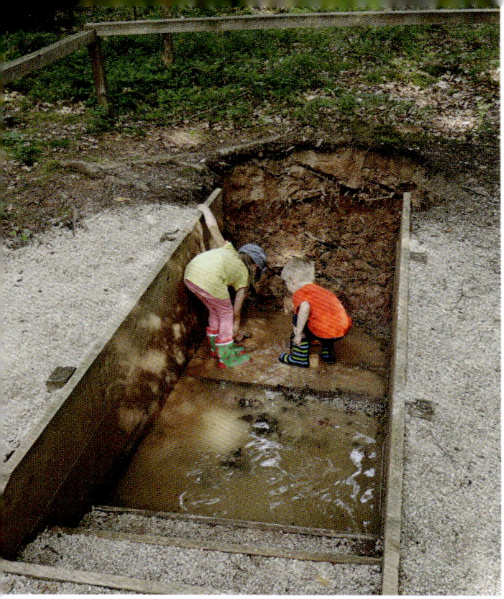

Neugierige Naturwissenschaftler am Werk.

HIGHLIGHTS

- ★ Bodenlehrpfad mit zehn Stationen zum Erforschen von Bodentypen und Lebewesen im Boden.
- ★ Uriger Biergarten in der Schlucht »Teufelsbadstube«.
- ★ Alljährliche Kalchreuther »Kirschkerwa« am 1. Sonntag im Juli – ein Familienfest und Informationstag rund um Kirsche und Streuobst. Mit großem Kinderprogramm, dazu erntefrische Kirschen zum Probieren und Kaufen.
- ★ Öffentliche Skateanlage neben dem Trainingsgelände des Sportvereins 1. FC Kalchreuth.
- ★ Vier Hektar großes Damwild-Gehege (Aussichtsturm, Ruhebänke), etwas weiter südlich an der Straße nach Neunhof gelegen.

Vom **Wanderparkplatz (1)** laufen wir links mit der Markierung *Roter Fuchs* in Richtung Bodenlehrpfad (Wegweiser). Vorbei an der **Wolfsfelder Wiese (2)** und einem kleinen Weiher kommen wir zum Beginn des **Bodenlehrpfads (3)**. Dort biegen wir links ab und wandern entlang der Forststraße leicht bergan. Die zehn Stationen des Lehrpfades informieren uns über die verschiedenen Bodentypen und ihre Aufgabe im Wald. Bei den meisten Infotafeln lädt eine Bodengrube zur Ansicht und zum Buddeln ein. Die Gruben liegen meist links oder rechts etwas versteckt im Wald. An **Station 10 (5)** kehren wir um und laufen zurück bis **Station 8 (4)**. Dort treffen wir auf die Markierung *Roter Punkt*, die uns über verschlungene, schmale Waldpfade bis zum Teufelsgraben bringt. Auf einem schmalen Steg überqueren wir die Rhätsandstein-Schlucht und gelangen zum Felsenkeller in der **»Teufelsbadstube« (6)**. Am dortigen Bierkeller legen wir eine längere Pause ein und können uns entscheiden, ob wir in der Rhätsandsteinschlucht im Schatten oder etwas oberhalb auf der sonnigen Wiese sitzen wollen.

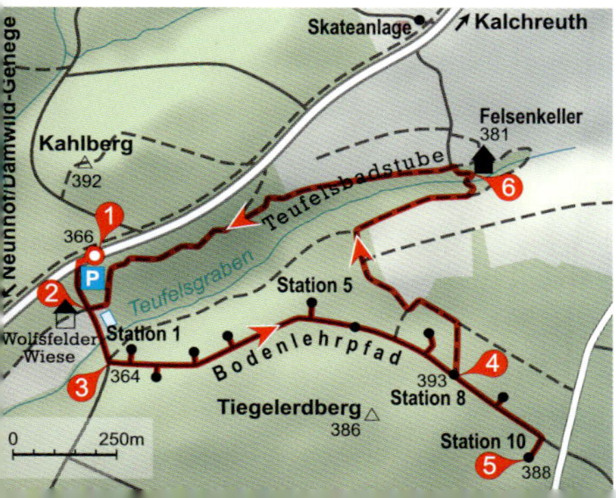

Hernach wandern wir oberhalb der Schlucht mit der Markierung *Blauer Querstrich* links am Waldrand entlang in Richtung Wolfsfelder Wiese. Etwas später taucht unser Wanderpfad wieder in den Wald ein und bringt uns entlang des Teufelsgrabens zur schon bekannten **Wolfsfelder Wiese (2)**. Wir halten uns rechts und sind wenig später zurück am **Wanderparkplatz (1)**.

ZennOase

Kleiner Rundweg in Langenzenn

ab 2 J.

Spielparadies mit Palmen und Piratenschiff

Unser kleiner Rundgang bringt uns zuerst zum Schwanenweiher mit seinen Kanadagänsen, während es ungeduldige Kinder wahrscheinlich sofort zum Spielen und Toben in Richtung ZennOase zieht. Doch wie entstand die Idee zu dieser Freizeitzone? Schon Ende des 19. Jahrhunderts bepflanzte der Verschönerungsverein unter Leitung des Privatiers Andreas Wilhelm Förster den bereits bestehenden Fußweg mit Bäumen entlang der Zenn. Die so entstandene Baumallee zwischen Stadtmauer und Fluss erhielt später den Namen Försterallee. Ende 2014 wurde das komplett umgebaute Areal mit vielen Spiel- und Freizeiteinrichtungen der Öffentlichkeit zugänglich gemacht und wenig später noch durch einen Biergarten bereichert. Neben einem Aktivpark für die Erwachsenen entstand der wohl schönste Spielplatz der Gegend. Von hier sind die Kinder kaum mehr wegzubekommen, und schnell wird aus einer kurzen Tour ein ganzer Tag unvergessenes Spielvergnügen in der ZennOase.

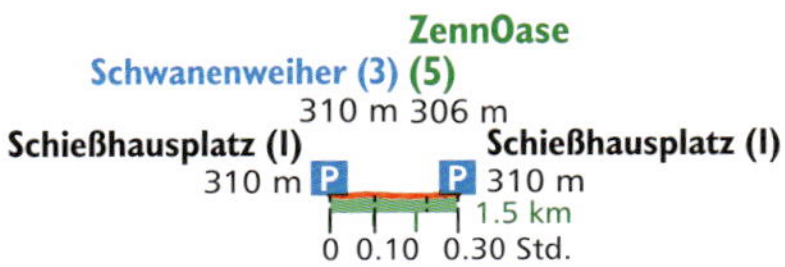

Der aufwendig gestaltete Abenteuerspielplatz entlang der Försterallee.

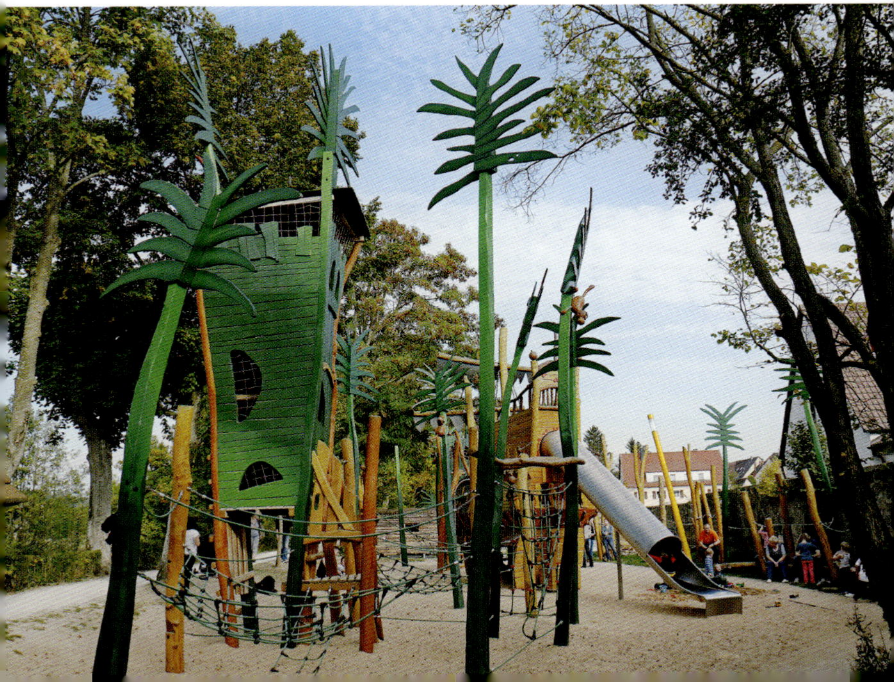

KURZINFO

Ausgangspunkt: Parkplatz am Schießhausplatz gegenüber dem Feuerwehrgebäude, 310 m (Navi: Schießhausplatz 5, 90579 Langenzenn).

Anfahrt: Über die B 8 von Nürnberg in Richtung Emskirchen. Auf Höhe Burggrafenhof die B 8 in Richtung Langenzenn-Zentrum verlassen. Durch die Burggrafenhofer Straße weiter bis zum Rathaus, dort links in die Straße »Schreiberstorberg« und gleich wieder links in die Hindenburgstraße. Anschließend rechts in den Schießhausplatz einbiegen. An dessen Ende liegt der große Parkplatz.

Mit der Bahn: Mit Regionalbahn R 12 aus Richtung Nürnberg bis zur Haltestelle Hardhof. Auf der südlichen Seite des Bahnhofs verläuft, vorbei an der Tapas Bar Hardhof, ein Fußweg durch ein kleines Wohngebiet und den Wiesengrund der Zenn bis zum Schießhausplatz (400 m, 10 Min. Gehzeit).

Gehzeit: 30 Min.

Distanz: 1,5 km.

Höhenunterschied: Unwesentlich.

Ausrüstung: Sportschuhe oder Trekkingsandalen, Wechselkleidung (Wasserspielplatz an der ZennOase), Fernglas zur Beobachtung der Kanadagänse am Schwanenweiher.

Anforderungen: Ab 2 Jahren. Durchgängig ebener, mit jedem Kinderwagen und dem Laufrad befahrbarer Fuß- und Fahrradweg, nur am Schwanenweiher schmaler Trampelpfad über die Wiese. Sonnige Wanderung.

Einkehr: Langenzenner BiergartenOase (Försterallee, 90579 Langenzenn; Tel. +49 160 99251642; www.biergarten-oase.de; von April bis Oktober (je nach Witterung) 11–22 Uhr geöffnet). Weitere Gasthäuser in Langenzenn.

An der Einfahrt des **Parkplatzes (1)** am Feuerwehrhaus wenden wir uns nach links und überqueren das Gewässer Zenn über eine schmale **Holzbrücke (2)**. Auf dem geteerten Fahrrad- und Fußweg spazieren wir durch den Wiesengrund und halten uns beim Haus Wiesenweg 17 rechts. Bald darauf erreichen wir den Bahndamm, wo wir uns abermals rechts halten. Unterhalb des Bahndamms führt uns der Weg zuerst zum schon in Sichtweite liegenden **Schwanenweiher (3)**. Auf einen Trampelpfad laufen wir hinab zum Weiher. Entlang des Ufers laden viele Sitzbänke zum Verweilen ein. Eine Gruppe von Kanadagänsen wohnt und brütet in einem Gänsehaus auf einer Insel mitten im Schwanenweiher. Auch viele einheimische Wasservogelarten haben am Weiher ihre Heimat. Unser Blick schweift über die Altstadt von Langenzenn und hinüber zum Treiben in der ZennOase.

Wir kehren zurück zum geteerten Fußgängerweg und folgen ihm weiterhin. Kurz vor Erreichen der Straße »An der Bleiche« macht er einen

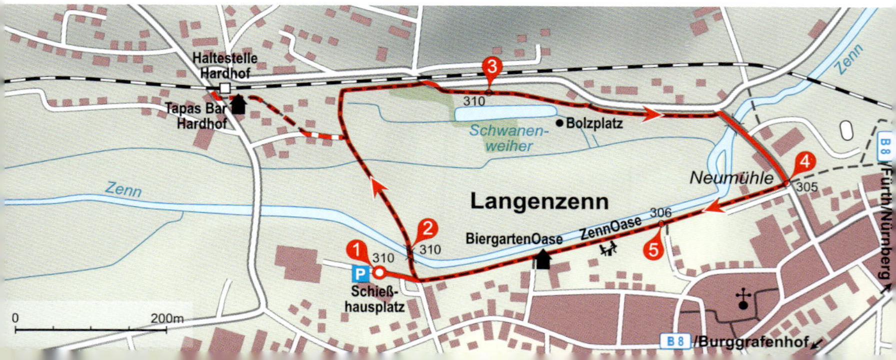

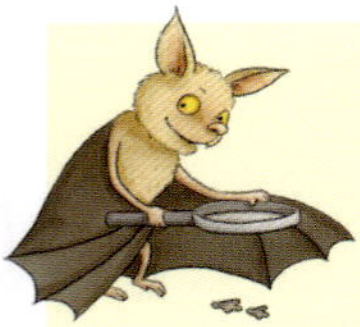

Hallo Kinder,

sicher wundert ihr euch, warum gerade am Schwanenweiher Kanadagänse zu beobachten sind? Die ursprünglich aus Nordamerika stammenden Zugvögel kamen nicht von selbst nach Europa, sondern wurden wegen ihrer Größe und Schönheit von nordeuropäischen Züchtern als Ziergeflügel gehalten. Geflohene und ausgewilderte Gänse bildeten die Stammpopulation der heutigen Kanadagänsevorkommen in Skandinavien. Während der Wintermonate machen sich die Gänse auf den weiten Weg in den warmen Süden und sind deshalb in Deutschland hauptsächlich als Durchzügler zu beobachten. Die Gänse am Schwanenweiher leiden jedoch an einem Gendefekt, dem sogenannten »Kippflügel«. Es ist eine Gelenkschwäche, bei der sich ein Teil des Flügels während des Wachstums so lange verdreht, bis die Schwungfedern seitlich abstehen oder sogar auf den Boden schleifen. Dies führt dazu, das die betroffenen Tiere nicht mehr wendig genug oder sogar flugunfähig sind. Aus diesem Grund sind die Kanadagänse in Langenzenn zurückgeblieben. Seitdem kümmern sich die ehrenamtlichen Helfer vom Verein »Tierfreunde Langenzenn e. V.« liebevoll um die Gänse und erleichtern ihnen damit das Überwintern.

Rechtsknick und verläuft nun parallel zur Sanktustorstraße. Auf einer Brücke überqueren wir die Zenn und biegen bald darauf rechts auf einen Fuß- und Fahrradweg entlang der **Försterallee (4)** ein. Wir passieren einige Beete der »Essbaren Stadt«, die von Bürgern angelegt und gepflegt werden und die zum Naschen einladen. In der **ZennOase (5)** ist schließlich etwas für jeden Geschmack geboten – vom Bewegungsparcours über eine Ruhezone bis zum Biergarten. Dazwischen befinden sich der ausgedehnte Abenteuer- und Kleinkindspielplatz, ein Labyrinth, ein Kletterfelsen und ein Wasserspielplatz. Die einzelnen Bereiche sind durch Holzwände mit farbigen Sichtfenstern unterteilt.
Am Ende der Försterallee erreichen wir wieder unseren **Parkplatz (1)**.

HIGHLIGHTS

- ★ Die ZennOase, ein detailreich und liebevoll gestalteter Spielplatz in Form einer Pirateninsel mit Palmen, zahlreichen Tierfiguren, einem gestrandeten Piratenschiff mit Kanonen, einem Drachenschiff und Wackelkanus.
- ★ Kanadagänse nisten in einem Gänsehaus mitten im Schwanenweiher.
- ★ Bolzplatz neben dem Schwanenweiher.

Kanadagänse am Schwanenweiher.

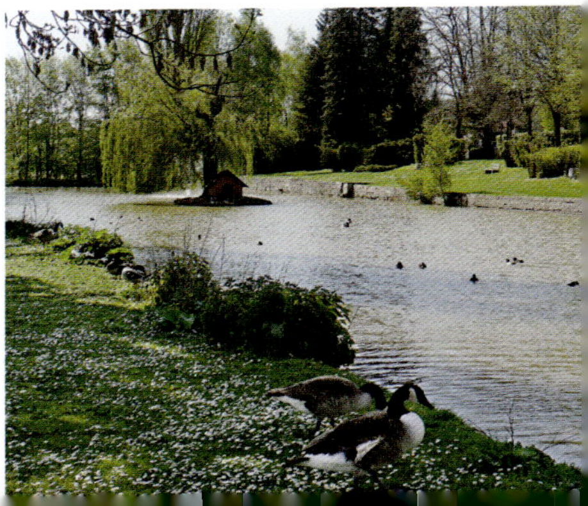

31 Durch die Bitterbachschlucht

Bei Lauf an der Pegnitz

ab 4 J.

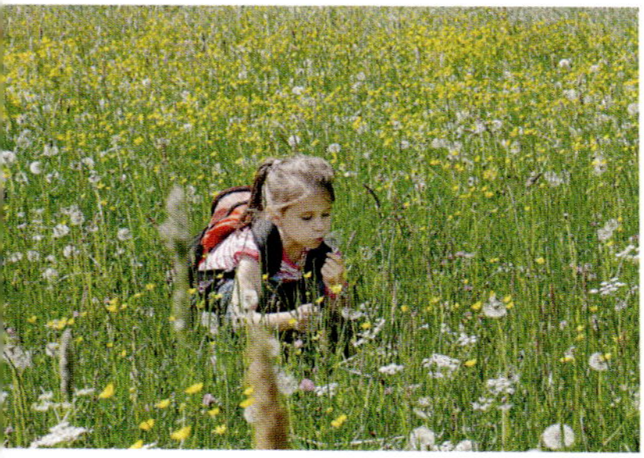

Pusteblume geht auf die Reise.

Eindrucksvolle Felsen und Plansch-vergnügen am Bach

Im Nordwesten der Stadt Lauf an der Pegnitz eröffnet sich mitten im Wald eine beeindruckende Schlucht. Die Bitterbachschlucht ist eine geologische Besonderheit aus der Eiszeit. Im Laufe der Jahrtausende hat sich der Bitterbach hier tief in den Burgsandstein eingegraben und dabei reizvolle Gesteinsaufschlüsse und -einschnitte geschaffen. Der malerische Bachlauf mit seinen von Moosen und prächtigen Farnen überwucherten Felsen, unterspülten Schluchtwänden und kleinen Wasserfällen wurde erst Anfang der 1950er-Jahre dem Wanderer zugänglich gemacht. Die zahlreichen seichten, sandigen Bachstellen sind für Kinder ein Plansch- und Buddelparadies.

KURZINFO

Ausgangspunkt: Großer Parkplatz an der Bushaltestelle Bitterbachhalle, 342 m, in Lauf an der Pegnitz (Navi: Daschstraße 1, 91207 Lauf an der Pegnitz).
Anfahrt: A 9 an der Ausfahrt Lauf verlassen und auf der B 14 Richtung Nürnberg. Diese in Richtung Lauf an der Pegnitz/Eckental verlassen und weiter Richtung Eckental durch die Eschenauer Straße, wenig später rechts in die Daschstraße.
Gehzeit: 1.30 Std.
Distanz: 3,5 km.
Höhenunterschied: 65 m.
Ausrüstung: Gut profilierte Sport- oder Wanderschuhe. Wechselkleidung empfohlen (mehrere Wasserspielmöglichkeiten). Badesachen zum Besuch des Freibades Lauf.
Anforderungen: Ab 4 Jahren. Meist schmale Pfade, für die Trittsicherheit notwendig ist. An einigen Stellen müssen unsichere Kinder an die Hand genommen werden! Bei Nässe Rutschgefahr. Rückweg meist auf Forst- und Gehwegen. Überwiegend schattige Wanderung, daher im Sommer bestens geeignet.
Einkehr: Restaurant »Dionysos« im Sportpark Haberloh (Am Haberloh 6, 91207 Lauf an der Pegnitz; Tel. +49 9123 987274; Mo., Mi.–Sa. ab 15 Uhr, So. 11.30–22 Uhr durchgehend geöffnet, Di. Ruhetag; Kindergerichte auf Nachfrage). Weitere Gaststätten in Lauf an der Pegnitz.
Variante: Ab 6 Jahren. An der Straße (5) geradeaus weiter, am Pumpwerk vorbei (Markierung rotes X). Wir folgen dem sich schlängelnden Feldweg bis zu einer Siedlung. Dort ohne Markierung rechts am Siedlungsrand entlang. Wieder im Wald biegen wir links in einen breiten Waldpfad ein und folgen diesem bis zum nächsten Siedlungsrand. Rechts an diesem entlang weiter bis zu einem Spielplatz an der Beethovenstraße. Ab da folgen wir der Haupttour zurück zum Parkplatz (1) (4,3 km, 2 Std.).

An ausgesetzten Stellen führt der Wanderweg über Holzstege.

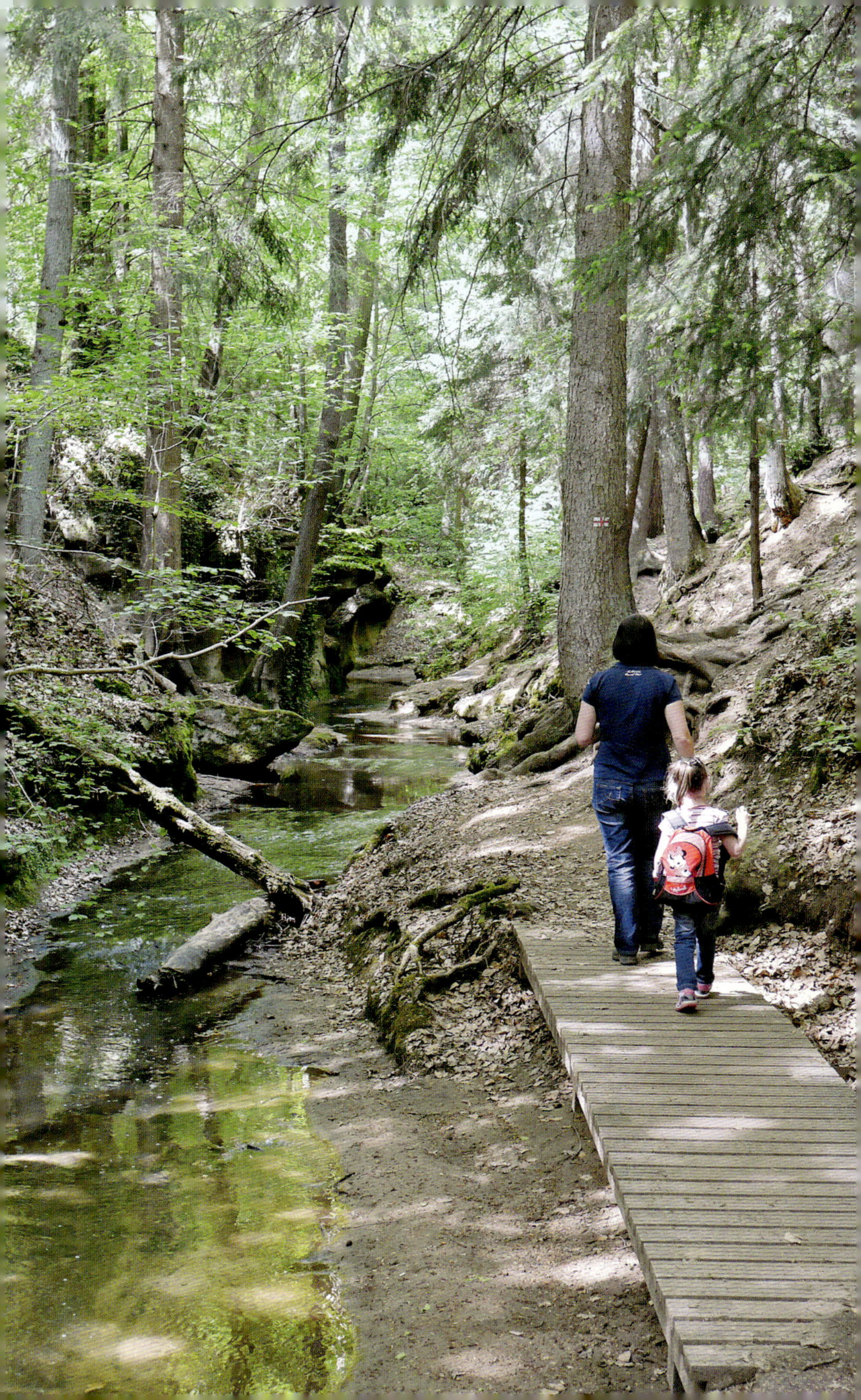

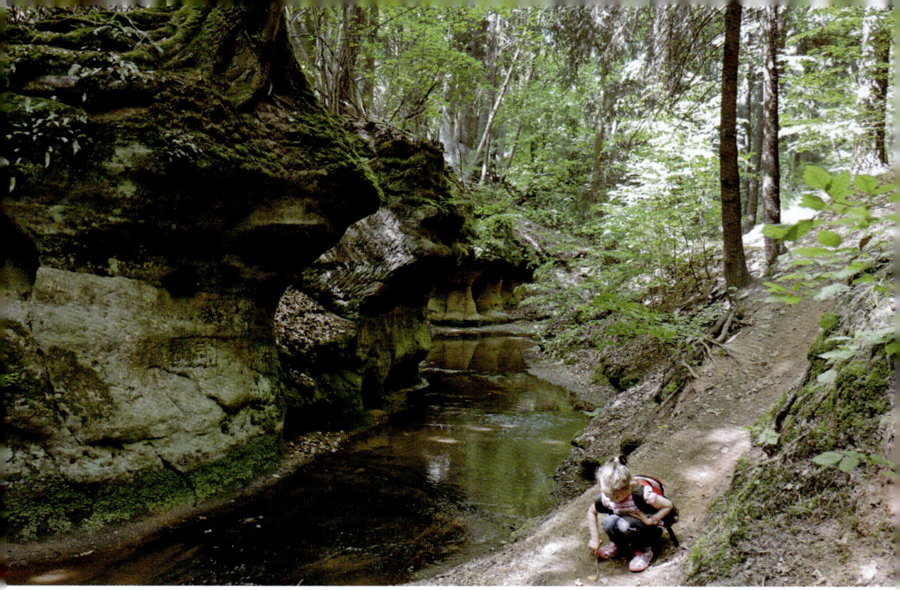

Stellenweise verläuft der Wanderpfad direkt neben dem Bachbett.

Gegenüber dem Buswartehäuschen (Pavillon) am **Parkplatz (1)** führt ein schmaler Weg in den Wald hinein, der uns bergab zur Kreuzung der Straßen **»Am Bitterbach« (2)** und Daschstraße bringt. Auf der gegenüberliegenden Straßenseite wandern wir mit der Markierung *Rotes Kreuz* die Straße »Am Bitterbach« entlang. Am Ende der Straße gehen wir weiter auf einem Wanderweg in den Wald hinein und treffen auf die ersten Tafeln des Naturlehrpfades. Sie informieren uns über die Flora und Fauna sowie über den Lebensraum der Tiere in dieser Kulturlandschaft. Wir folgen weiterhin dem *Roten Kreuz* **(3)**, das uns hinunter zum Bitterbach bringt. Ein schmaler Pfad führt uns über mehrere Holzstege und folgt dem sich durch die **Bitterbachschlucht (4)** schlängelnden Bach. Felsen, alte Bäume und von Moosen überwucherte Wurzeln säumen unseren Weg.

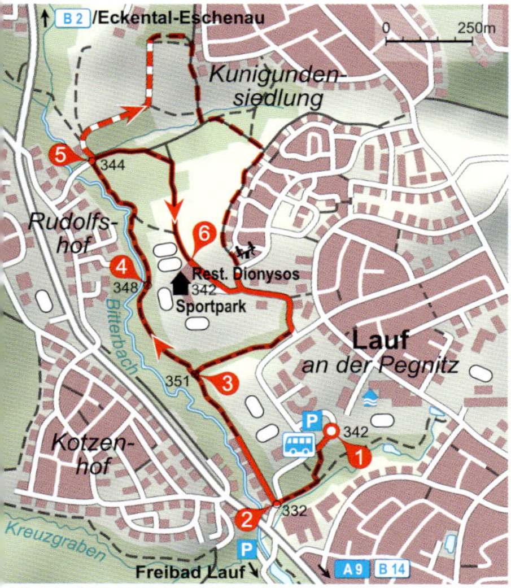

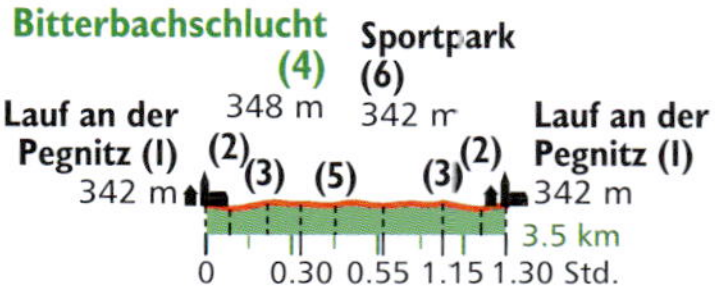

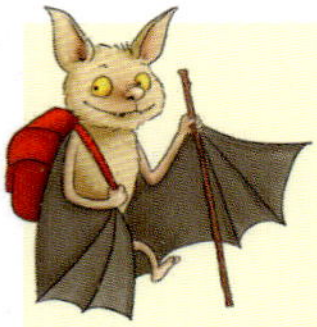

Hallo Kinder,

beim Wandern durch die Bitterbachschlucht seht ihr jede Menge Burgsandstein. Besonders in Franken ist er weit verbreitet. Seinen Namen verdankt dieser Sandstein seiner Verwendung als Baumaterial der Kaiserburg Nürnberg. In ganz Franken ist Burgsandstein zum Bau von Häusern, Kirchen und Burgen benutzt worden. Der heutige Tiergarten Nürnberg war eines von vielen Abbaugebieten, was an den Felsenkulissen der Gehege noch deutlich erkennbar ist. In der Bitterbachschlucht dagegen ist der Burgsandstein durch die Kraft des fließenden Wassers freigelegt und ausgespült worden.

Am Ende der Schlucht geht unser Wanderpfad in einen breiten Forstweg über, der auf eine **Straße (5)** trifft. Dort ignorieren wir die Markierung *Rotes Kreuz* und laufen stattdessen rechts weiter durch den Wald. An den nächsten zwei Weggabelungen halten wir uns rechts und folgen den Infotafeln. Wir treten aus dem Wald heraus und sehen schon den nahen **Sportpark (6)**. Nach diesem biegen wir rechts in die Beethovenstraße ein. Vor der Einmündung in die Daschstraße, gegenüber der Montessori-Schule, führt ein schmaler Weg erst rechts entlang der Straße und dann in den Wald hinein. Etwas später treffen wir auf den vom Hinweg bekannten Weg **(3)**, der uns links mit dem *Roten Kreuz* wieder zum **Parkplatz (1)** zurückbringt.

HIGHLIGHTS

- ★ Die Bitterbachschlucht mit mehreren Spielmöglichkeiten am Bach.
- ★ Geoökologischer Naturlehrpfad mit vielen Schautafeln.
- ★ Nach der Tour: Besuch im Freibad Lauf, einem Erlebnisbad mit Rutschen, Wasserpilz, Wasserspeiern und Kinderplanschbecken mit Kletterfelsen und Schiffchenkanal. Öffnungszeiten unter www.lauf.de (Schützenstraße 40, 91207 Lauf an der Pegnitz; Tel. +49 9123 985 970).
- ★ Eine Alternative nicht nur bei schlechtem Wetter ist das Industriemuseum Lauf, in dem alte Handwerksberufe und alte, weitgehend im Originalzustand erhaltene Industrieanlagen anschaulich vorgeführt werden (weitere Informationen siehe Freizeittipp G3).

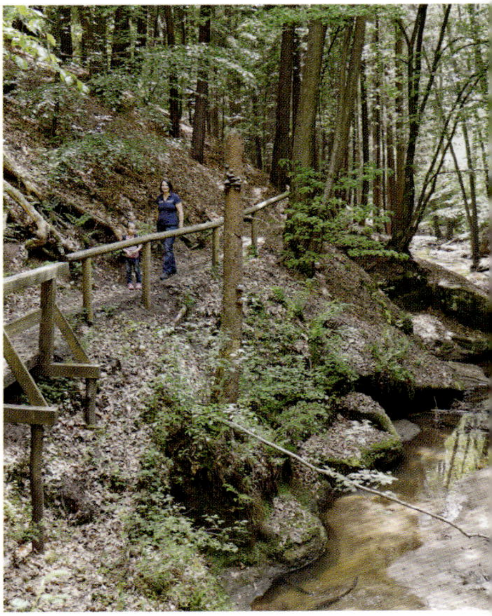

Wildromantische Natur.

32 Naturerlebnispfad im Schönberger Forst

Spitalwald bei Lauf an der Pegnitz — ab 4 J.

Spielstationen und Seilgarten mitten im Wald

Naturerlebnispfade sind wunderbar dafür geeignet, den Entdeckerdrang der Kinder zu wecken. Der Förderverein »Naturerlebnispfad im Schönberger Forst e. V.« hat mitten im Wald ein vielfältiges und abwechslungsreiches Erfahrungsfeld für Kinder und Erwachsene geschaffen. Das Ziel des Vereins ist »die naturnahe Begegnung von Menschen mit und ohne Behinderung«. Ein wirklich gelungenes Projekt, das Kindern Spaß am Wandern im Wald macht und keine Langeweile aufkommen lässt. Da leider auf der Strecke keine Einkehr liegt, sollte eine Brotzeit im Rucksack nicht fehlen. Schließlich schmeckt das Essen an der frischen Luft am besten.

KURZINFO

Ausgangspunkt: Parkplatz bei den Moritzberg-Werkstätten, 348 m (Navi: Nessenmühlstraße 35, 91207 Lauf an der Pegnitz).

Anfahrt: A 9 an der Anschlussstelle Lauf an der Pegnitz verlassen, weiter Richtung Lauf. Dann rechts Richtung Schönberg. In Schönberg zuerst links über den Marktplatz, dann gleich wieder links über Neuhäuserstraße und Nessenmühlstraße zum Parkplatz.

Gehzeit: 2.00 Std.; durch die vielen Spielstationen kann daraus auch ein Halbtagesausflug werden.

Distanz: 4,7 km.

Höhenunterschied: 75 m

Ausrüstung: Sportschuhe oder Trekkingsandalen. Proviant und Getränke für unterwegs.

Anforderungen: Ab 4 Jahren. Ebene, breite Forstwege und schmale Waldpfade, die nach Regenfällen etwas matschig sein können. Schattige Wanderung.

Einkehr: Unterwegs keine; Gasthäuser in Schönberg und Lauf an der Pegnitz.

Niedrigseilgarten – vorsichtig von Trittbrett zu Trittbrett.

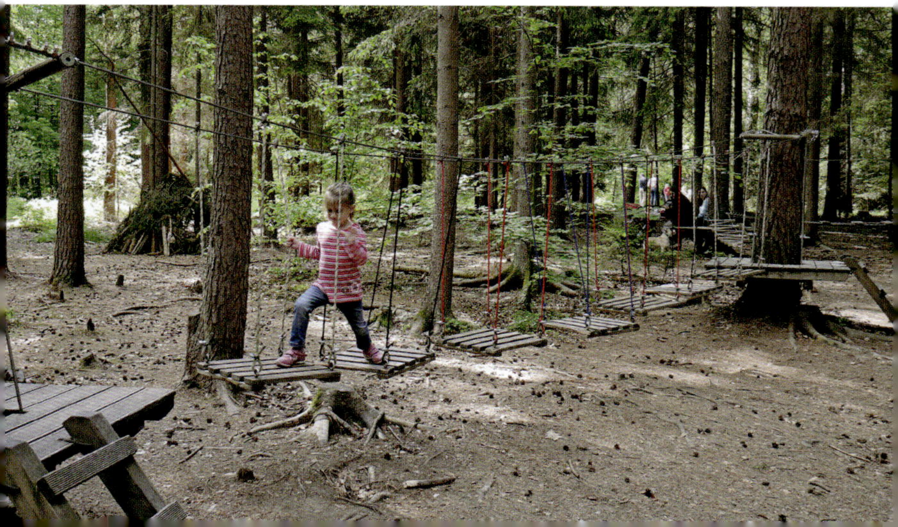

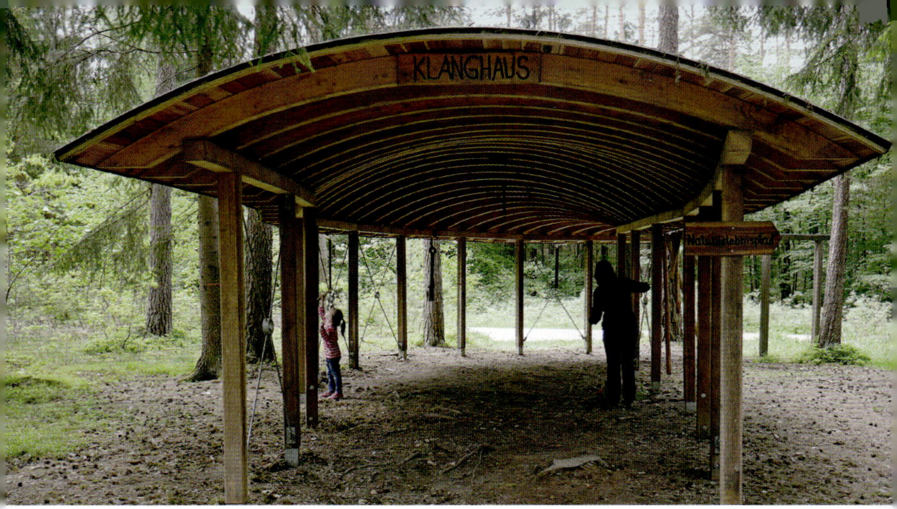

Ein unvergessliches Klangerlebnis mitten im Wald.

Vom **Parkplatz (1)** gehen wir zurück zur Nessenmühlstraße und halten uns links Richtung Lauf an der Pegnitz. Nach ca. 30 m biegen wir links in einen breiten Landwirtschaftsweg mit der Beschilderung »Waldhaus« ein. Der geschotterte Weg bringt uns in weiten Bögen zum Wald. An der dortigen Kreuzung wandern wir rechts weiter Richtung Waldhaus. Der Forstweg führt uns zuerst am Waldrand entlang, dann im Wald weiter zum **Waldhaus (2)**. Kurz vor dem Waldhaus zweigt ein kleiner Pfad rechts ab, der zur leichteren Orientierung mit einem *Orangen Punkt* an den Bäumen gekennzeichnet ist. Nach kurzer Zeit gelangen wir zur **Balancierbrücke**. Geradeaus geht es weiter, den links

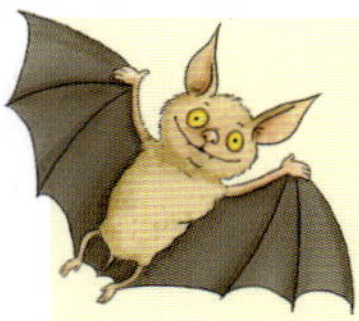

Hallo Kinder,

der Schönberger Forst, ist kein gewöhnlicher Wald – hier gibt es viele Stationen zum Mitmachen, Fühlen, Hören und Spielen. Wir starten am Waldhaus und huschen auf einem schmalen Waldpfad von einem Erlebnis zum anderen. Nach der Balancierbrücke erreichen wir das Klanghaus. Dort spielen wir auf Gegenständen aus verschiedenen Materialien ein Lied und sind fasziniert von der Akustik des Hauses. Das Baumtelefon zeigt uns wie gut Holz den Schall leiten kann. Außerdem erfahren wir viel über das Wurzelwerk unterschiedlicher Bäume und die Bestimmung des Baumalters. Sogar einen Spielplatz und einen Niedrigseilgarten werdet ihr mitten im Wald entdecken. Ein prickelnder Abschluss für unsere Füße ist der Tastpfad. Dort heißt es, Schuhe ausziehen und verschiedene Bodenmaterialien ertasten. Für euch noch ein kleiner Tipp: Gleich neben dem Parkplatz findet ihr den Lebenshilfe-Laden mit vielen schönen Sachen für euer Kinderzimmer.

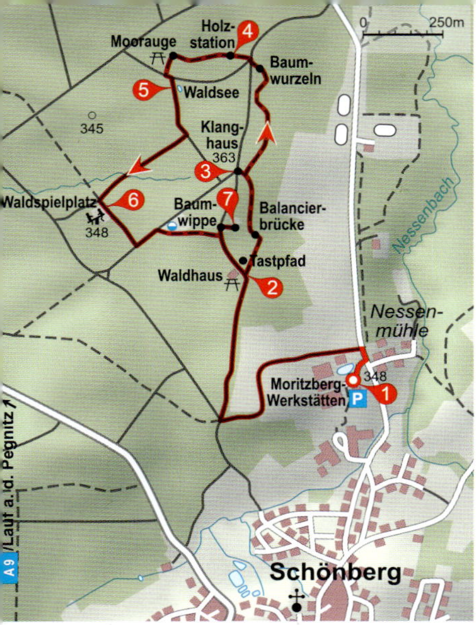

schon zu sehenden Seilgarten besuchen wir im späteren Verlauf der Wanderung. Nun schlängelt sich unser Pfad durch den Wald und wir gelangen zum **Klanghaus (3)**. Durch die besondere Akustik des Gebäudes sind die Urtöne der verschiedenen Klangkörper gut zu hören. Die nächste Station ist das **Baumtelefon**. Danach folgen wir dem sich windenden Trampelpfad, vorbei an der Station **Baumwurzeln**, bis zu einer breiten Forststraße. Auf ihr kurz nach rechts bis zu einer Abzweigung und dort geradeaus weiter auf einen schmalen Pfad (siehe Beschilderung). Wir durchschreiten die **Holzstation (4)** und treffen etwas später auf das **Moorauge**, wo uns Ruhebänke zu einer Pause einladen. Der weitere Weg bringt uns zu einer Forststraße, dort halten wir uns zuerst links, dann wieder rechts, um zum **Waldsee (5)** zu gelangen. Schon bald weist uns ein Schild rechts zum **Waldspielplatz (6)** mit einem Kletterturm mit Rutsche und einem Bodentrampolin. Weiter geht es links, bis wir wieder auf einen Forstweg treffen. Auf ihm nach links, bis wir der Begrenzungszaun eines Trinkwasserbrunnens erreichen. Dort führt ein schmaler Pfad rechts durch den Wald, bis zu einer Waldlichtung. Hier sehen wir schon das **Weidenlabyrinth** und etwas links davon die **Baumwippe**. Bevor wir unseren Rückweg zum Waldhaus rechts auf der breiten Forststraße antreten, testen wir unser Klettergeschick noch im **Niedrigseilgarten (7)**, der hinter dem Weidenlabyrinth etwas versteckt im Wald liegt. Kurz bevor wir das Waldhaus erreichen, können unsere nackten Füße auf dem **Tastpfad** verschiedene Bodenbeläge erkunden. Vom **Waldhaus (2)** wandern wir auf bekannter Strecke zum **Parkplatz (1)** zurück.

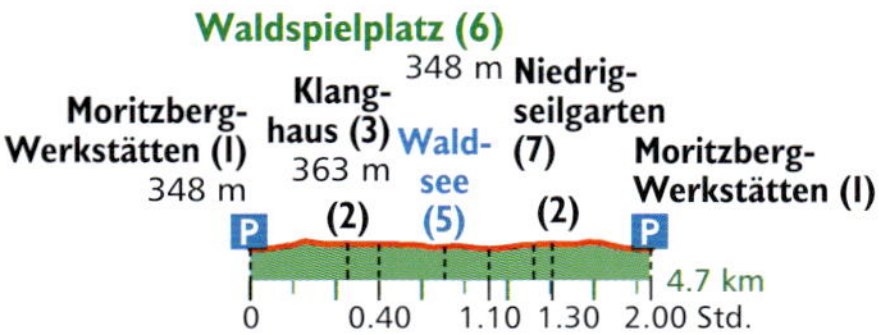

HIGHLIGHTS

- ★ Kostenloser Walderlebnispfad mit spannenden Stationen, Waldspielplatz und Niedrigseilgarten (www.naturerlebnispfad.info).
- ★ Heidelbeer- und Himbeersträucher säumen den Waldpfad.
- ★ Lebenshilfeladen neben dem Parkplatz auf dem Gelände der Moritzberg-Werkstätten mit hochwertigem Kinderspielzeug, Zubehör fürs Kinderzimmer und vieles mehr (Öffnungszeiten siehe www.lebenshilfe-nbg-land.de).

Wir zählen die Jahresringe bis zur Mondlandung.

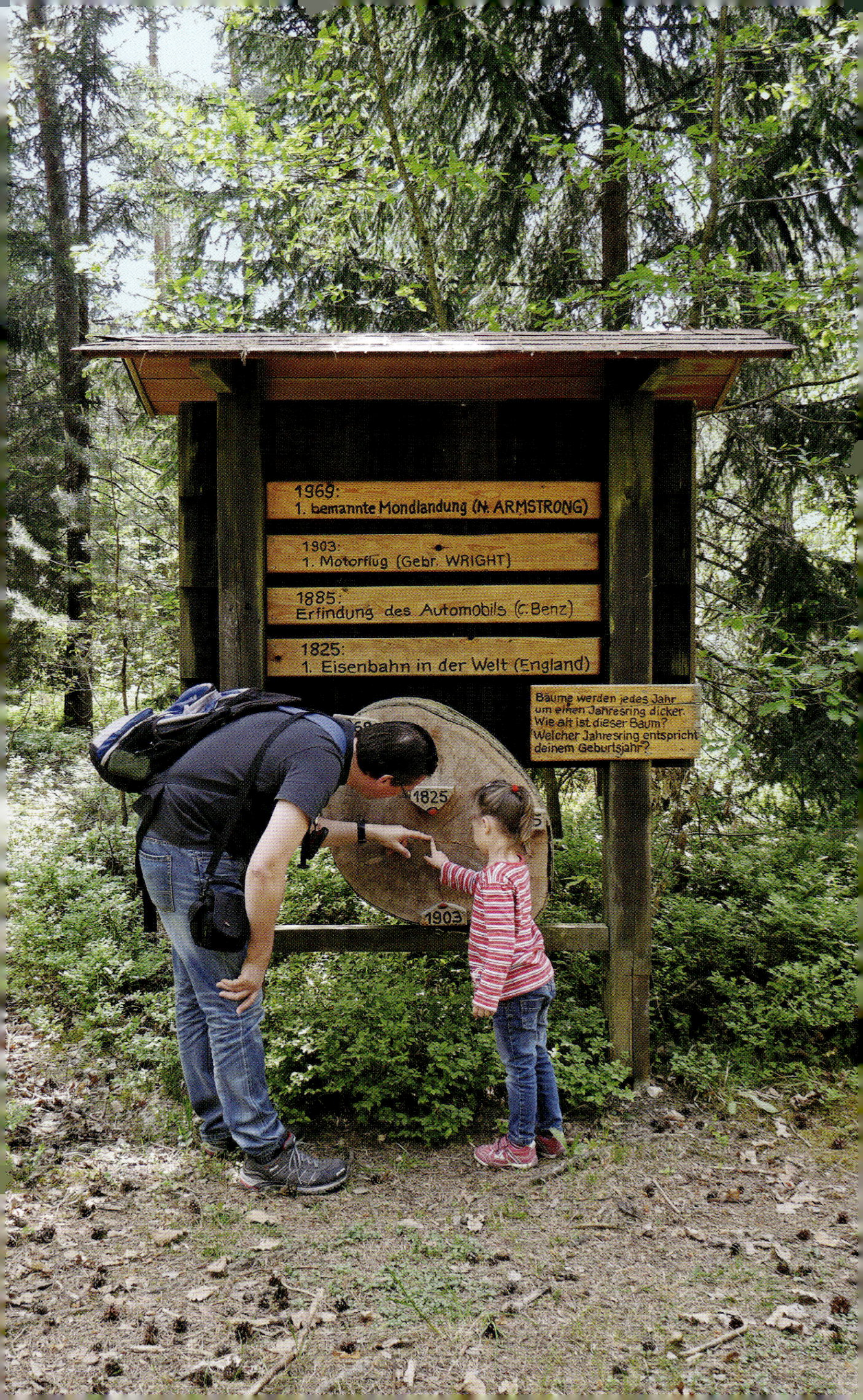
1969:
1. bemannte Mondlandung (N. ARMSTRONG)
1903:
1. Motorflug (Gebr. WRIGHT)
1885:
Erfindung des Automobils (C. Benz)
1825:
1. Eisenbahn in der Welt (England)
Bäume werden jedes Jahr
um einen Jahresring dicker.
Wie alt ist dieser Baum?
Welcher Jahresring entspricht
deinem Geburtsjahr?
1825
1903

33 Durch die Schwarzachklamm

Am Brückkanal ab 4 J.

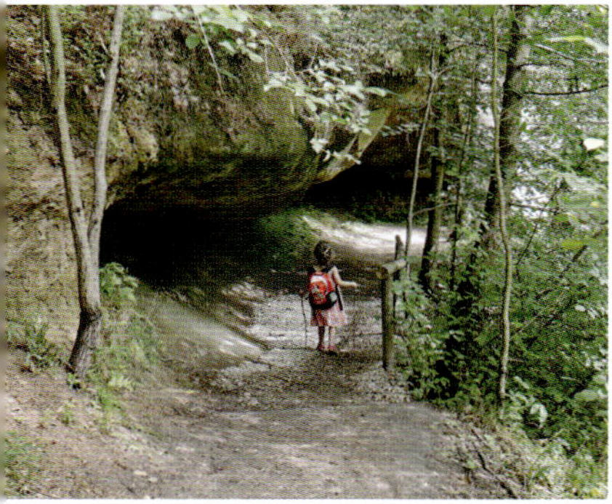

Durch die wildromantische Sandsteinschlucht.

In den fränkischen »Grand Canyon«
An schönen Sommertagen zieht es die Nürnberger hinaus zur Waldschänke Brückkanal und zur dahinterliegenden Schwarzachklamm. Der familienfreundliche Biergarten ist einer der beliebtesten in der Umgebung und die tief in den Sandstein eingeschnittene Schlucht ist einzigartig. Ein wildromantischer, uriger Pfad führt uns vorbei an steilen Felswänden, Spalten, Höhlen und einem Felstor. Kinder haben Spaß daran, in die Felsnischen zu kriechen und sich zu verstecken oder an seichten Stellen der Schwarzach zu planschen. Über schmale Stege wandern wir entlang wuchtiger Felsüberhänge und die rötlichen Sandsteinschichten erinnern uns ein wenig an den Grand Canyon. Der oberhalb der Schlucht verlaufende Rückweg lässt uns tief hinunter in das Flussbett blicken, bevor wir auf dem aus Sandstein-Quadern erbauten Brückkanal die Schwarzach überqueren.

Die Schwarzach hat hier im Sandstein eine Felsensäule hinterlassen.

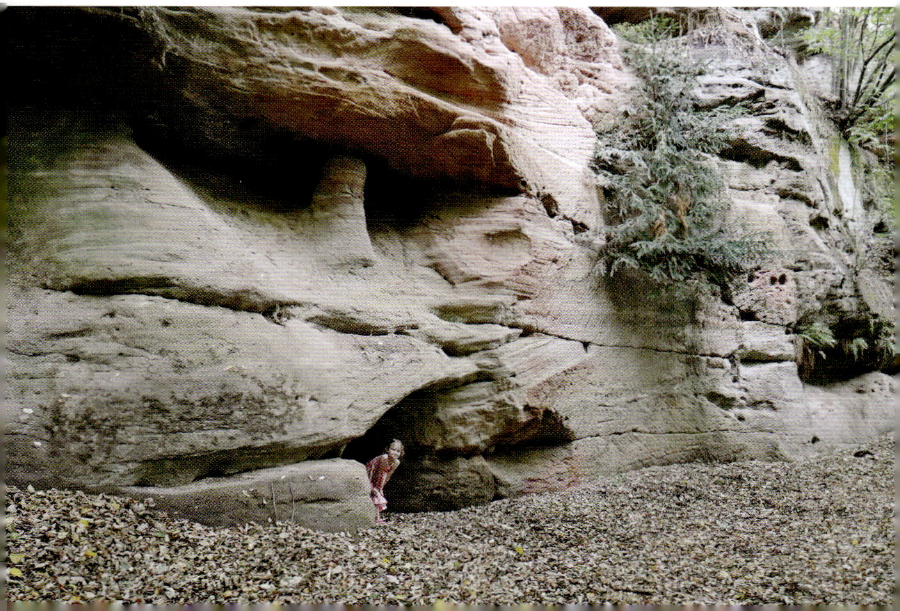

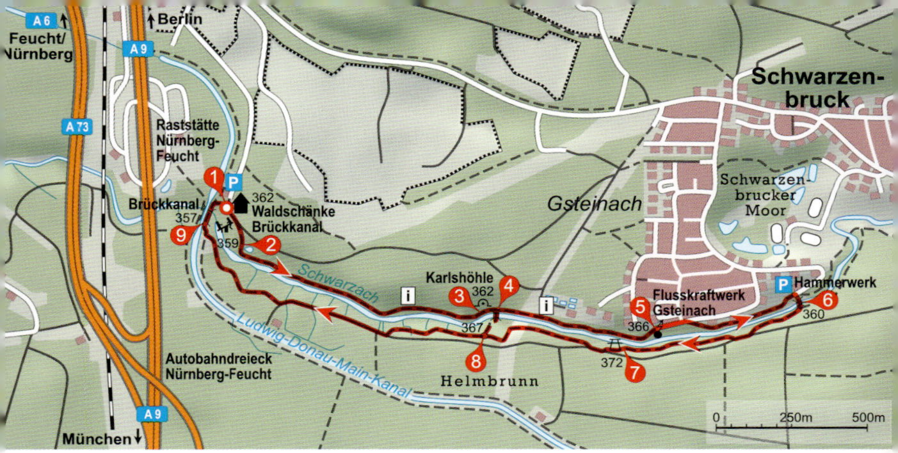

KURZINFO

Ausgangspunkt: Waldschänke Brückkanal mit Parkplatz, 362 m (Navi: Am Brückkanal 3, 90537 Feucht-Schwarzenbruck).

Anfahrt: A 73 bei Anschlussstelle Feucht verlassen. An der ersten Kreuzung rechts in Richtung Schwarzenbruck abbiegen. Nach ca. 500 m in die zweite Straße rechts abbiegen, dann nach ca. 200 m in die erste Straße links. Dem Weg durch den Wald bis zur Waldschänke folgen.

Gehzeit: 2.00 Std.

Distanz: 4,5 km.

Höhenunterschied: 50 m.

Ausrüstung: Gut profilierte Sport- oder Wanderschuhe, Handtuch und Wechselkleidung (Planschen an einigen seichten Stellen der Schwarzach und an der Quelle).

Anforderungen: Ab 4 Jahren. Bequeme Wanderpfade und Forstwege. Einstieg und Verlassen der Klamm über viele Treppenstufen. Meist schattige Wanderung.

Einkehr: Waldschänke Brückkanal (Am Brückkanal 3, 90537 Feucht-Schwarzenbruck; Tel. +49 9128 4326; www.brueckkanal.com; Di.–So. 11–21 Uhr geöffnet, Mo. Ruhetag; Biergarten; Kinderspielplatz; Kindergerichte).

Kurzvariante: Ab 4 Jahren. Kurz nach der Karlshöhle (3) verlassen wir den markierten Wanderweg und überqueren am ersten Holzsteg (4) die Schwarzach. Auf der anderen Seite steigt der Weg steil über mehrere Stufen an und bringt uns hinauf zum Wanderpfad (8) mit der Markierung *4*, dem wir rechts wie bei der Hauptroute beschrieben zurück zur Waldschänke folgen (2,4 km, 1.00 Std. Gehzeit).

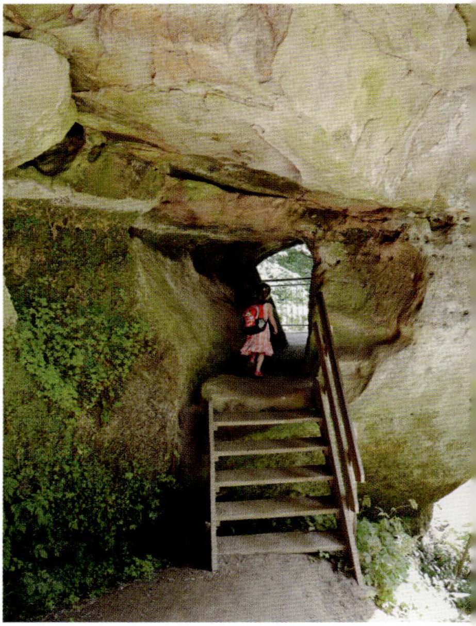

Durchgang durch den Felsen bei der Karlshöhle.

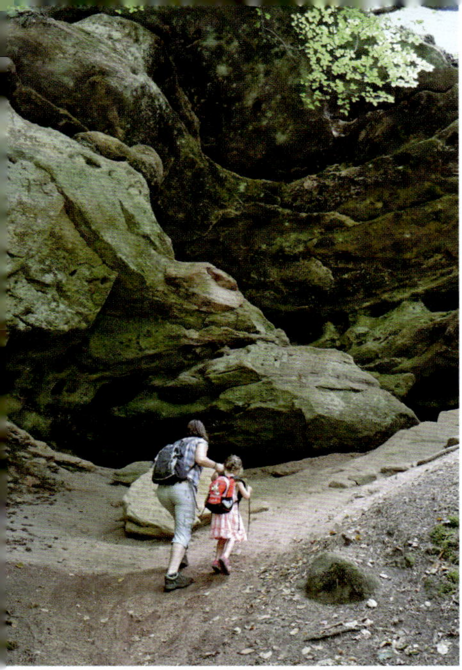

HIGHLIGHTS

- ★ Kurzweilige Wanderung durch die Schwarzachklamm mit eindrucksvollen Felswänden, Spalten, Höhlen und einem Felstor.
- ★ Informative Stationen des »Wasserwirtschaftlichen Lehrpfades«.
- ★ Groß angelegter Biergarten mit kleinem Kinderspielplatz.
- ★ Viele Heidelbeersträucher entlang des Rückweges.
- ★ Brückkanal über die Schwarzach, ein noch heute viel bestauntes Technikdenkmal, auf dem der Ludwig-Donau-Main-Kanal, der Vorläufer des heutigen Rhein-Main-Donau-Kanals, die Schwarzach überquert (siehe auch Tour 34).

Entlang des Wanderweges durch die Schlucht wollen viele Spalten und Höhlen entdeckt werden.

Im Biergarten der **Waldschänke Brückkanal (1)** beginnt unsere heutige Klammwanderung. Am Spielplatz der Gaststätte führt ein breiter Pfad mit der Markierung *Blaues Kreuz* in den Wald, der uns kurz darauf rechts hinunter zur Schwarzach bringt. An einer sprudelnden **Quelle (2)** beginnt der »Wasserwirtschaftliche Lehrpfad«, auf dessen Stationen wir auf unserer Wanderung noch öfter treffen werden. Eben geht es neben der ruhig dahinfließenden Schwarzach dahin. Immer wieder sehen wir ausgewaschene Burgsandstein-Formationen mit Höhlen und Spalten. Später wandern wir über einen Steg entlang der steilen Felshänge und erreichen dann den durch die Schwarzach ausgespülten Hohlraum der **Karlshöhle (3)**.

Nach der Höhle besteht die Möglichkeit, über einen **Holzsteg (4)** abzukürzen (siehe Kurzvariante). Wir aber gehen auf dem Pfad weiter und kommen an den Stationen **Gewässergüte** und **Flusskraftwerk-Gsteinach (5)** vorbei. Am Kraftwerk laufen wir die Treppenstufen hinauf, halten uns rechts mit der Markierung, die uns kurz darauf wieder auf einem schmalen Pfad rechts hinunter in die Klamm bringt. An mächtigen, steil aufragenden Felswänden vorbei, durchqueren wir etwas später ein Felsentor (Gustav-Adolf-Höhle). Anschließend erreichen wir einen Wanderparkplatz. An der dortigen **Holzbrücke (6)** wandern wir mit der Wegmarkierung *4* in Richtung Brückkanal weiter. Wir überqueren die Schwarzach, steigen die vielen

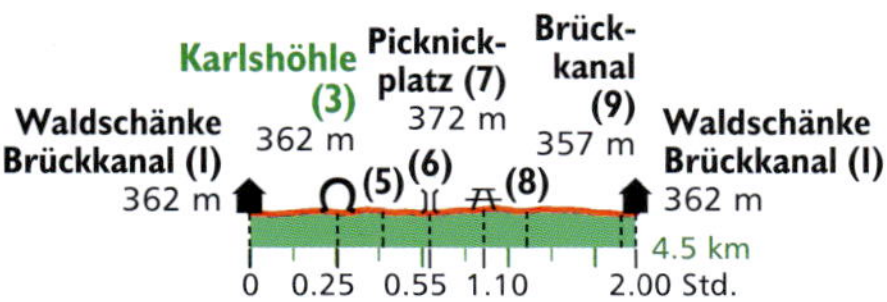

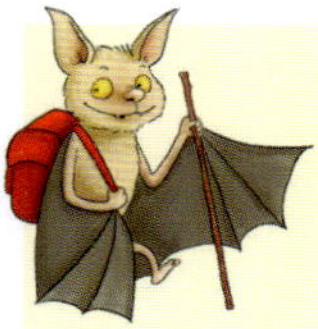

Hallo Kinder,

wisst ihr, wie die Schwarzachklamm entstanden ist? Vor Millionen Jahren lag das Flussbett der Schwarzach viel weiter oben als heute, etwa in Höhe des Biergartens. Doch im Laufe der Zeit hat sich der Fluss durch die Kraft des Wassers immer tiefer ins Gestein eingeschnitten. Weil der hier vorkommende Burgsandstein sehr hart und widerstandsfähig ist, konnte das Wasser nur an Spalten ins Gestein eindringen und nach und nach weichere Gesteinsschichten auswaschen. Vor allem durch die Wucht des Wassers bei Hochwasser entstanden unzählige Brandungshöhlen und Nischen, die ihr heute in den Felswänden der Schlucht sehen könnt. Kaum zu glauben, welche Kraft Wasser entwickeln kann!

Treppenstufen nach oben und treten rechts haltend unseren Rückweg an. Unsere Markierung führt uns oberhalb der tiefen Schlucht entlang. Unterwegs laden die vielen Heidelbeersträucher zum Naschen ein und einige Fitnesstafeln sowie ein **Picknickplatz (7)** lockern den Rückweg auf.

Nach Unterqueren einer Stromtrasse mündet von rechts die Kurzvariante **(8)** ein. Zusammen mit den Abkürzern wandern wir weiter mit der Markierung *4* in Richtung Brückkanal. Schon bald treten wir wieder aus dem Wald heraus und kommen zum **Brückkanal (9)**. Auf dem alten Bauwerk überqueren wir uns rechts haltend die Schwarzach und erreichen auf der anderen Seite wieder die **Waldschänke (1)**, wo wir den Tag im Biergarten ausklingen lassen.

Die Gustav-Adolf-Höhle, benannt nach einem Schwedenkönig.

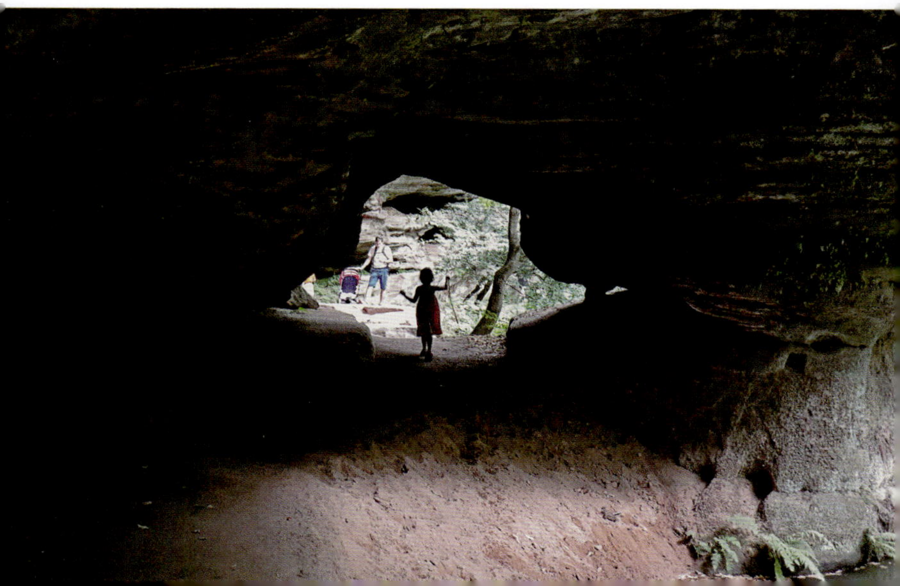

34 Walderlebnispfad Wendelstein

Im Oberen Herrenschacht

ab 4 J.

Erlebnisspielplatz am Ludwigskanal

Diese kurzweilige Wanderung durch den Oberen Herrenschacht hält allerhand Wissenswertes über den Wald nicht nur für Kinder, sondern auch für Erwachsene bereit. An 15 Stationen erfahren wir nicht nur viel über die Tiere im Wald und die Fische im Ludwigskanal, sondern auch über die Vorteile des Mischwaldes gegenüber der heutigen Monokultur. Wir erhalten einen Einblick in die Schutz- und Nutzfunktion des Waldes und lernen den Wald als Freizeit- und Erholungsraum kennen. Dabei sind unterwegs immer wieder unsere Geschicklichkeit oder unser Wissen gefordert. Etwa auf der Hälfte des Weges legen wir am Erlebnisplatz eine Picknickpause ein, bei der die Kinder ihrem Spieldrang freien Lauf lassen können.

KURZINFO

Ausgangspunkt: Parkbucht am Ende der Straße Treidelsweg, 359 m (Navi: Treidelsweg 24, 90530 Wendelstein).
Anfahrt: Die A 73 an der Anschlussstelle Wendelstein/Langwasser verlassen. Über die ST 2239 in Richtung Wendelstein. Erst rechts in die Nürnberger Straße, dann links dem Treidelsweg bis zu den Parkbuchten am Waldrand folgen.
Mit dem Bus: Haltestelle Wendelstein-Neues Rathaus der VGN-Buslinie 610 aus Richtung Nürnberg Langwasser Mitte. Von der Bushaltestelle zuerst der Schwabacher Straße, dann der Nürnberger Straße nach Norden bis zum Ludwigskanal folgen. Start und Ende der Tour dann an der Ecke Nürnberger Straße/Ludwigskanal (500 m, 10 Min. Gehzeit).
Gehzeit: 2.00 Std.; bitte zusätzliche Zeit für den Aufenthalt an den Spielstationen einplanen.
Distanz: 4,2 km.
Höhenunterschied: 55 m.
Ausrüstung: Sportschuhe oder Trekkingsandalen, Proviant und Getränke, evtl. Picknickdecke.
Anforderungen: Ab 4 Jahren. Ebene, breite Wege durch den Wald und schmaler Wanderpfad entlang des Ludwigskanals. Die Tour ist durchgehend mit der Markierung *Grüner Kreis* gekennzeichnet und sie ist kinderwagen-, laufrad- und rollstuhlgeeignet. Sowohl schattige als auch sonnige Wegabschnitte.
Einkehr: Keine unterwegs; Gasthäuser in Wendelstein.
Kurzvariante: Wie im Haupttext beschrieben bis zur Station 6 (2) und dort links weiter, quer durch den Wald bis hinunter zur Station 12 und dem Erlebnisplatz (4) bei Station 13. Von dort wie in der Haupttour beschrieben entlang des Ludwigskanals zurück zur Parkbucht (1) (3,6 km, 1.45 Std. Gehzeit).

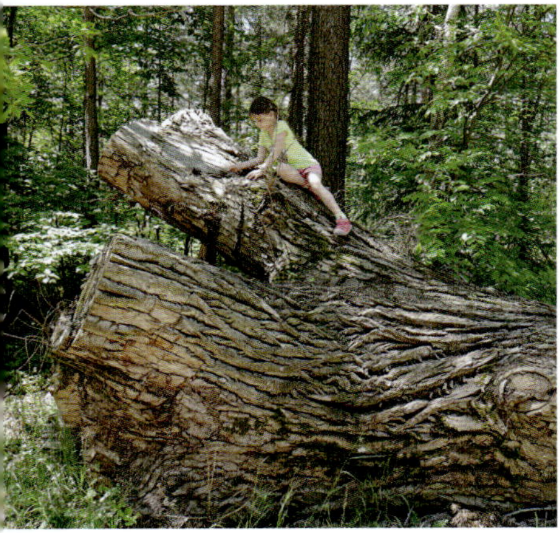

Ein gefällter Baumstamm wird erobert.

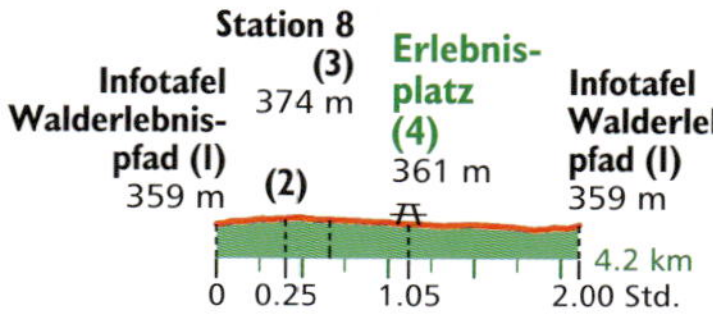

An der Parkbucht am Waldrand beginnt unser Rundweg an der **ersten Station (1)** mit einer Infotafel. Die Markierung *Grüner Kreis* begleitet uns ab sofort auf der gesamten Wegstrecke. Wir laufen auf dem breiten Waldweg weiter in den Wald hinein und schon nach ca. 200 m lässt sich eine Spechthöhle durch ein Fernrohr beobachten. Bald erreichen wir Station 2, den Karlsbrunnen mit einem Picknickplatz. Zwischen den einzelnen Stationen des Walderlebnispfades stoßen wir immer wieder auf kleine Infotafeln am Wegrand, die die hier wachsenden Baumarten vorstellen. Binnen Kurzem kommen wir an Station 3 vorbei, einer Sandsteinschlange, auf der wir balancieren können. Geradeaus weiter treffen wir auf die Vogelstimmen-Station 4, an der wir

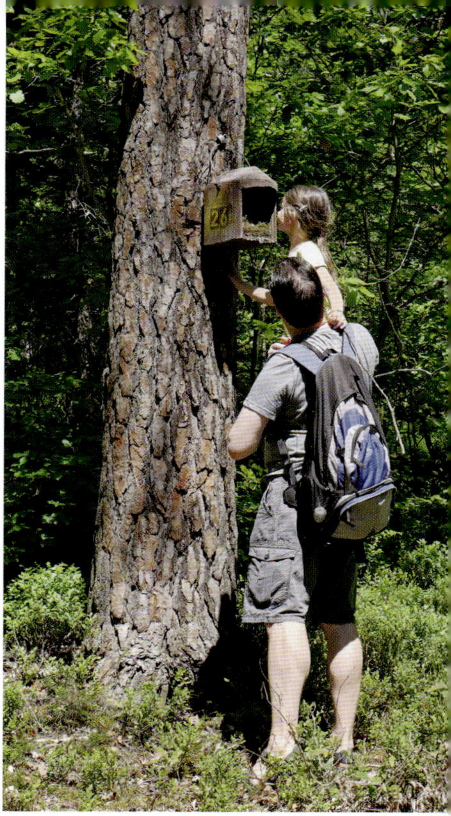

»Hausbesichtigung« mal anders.

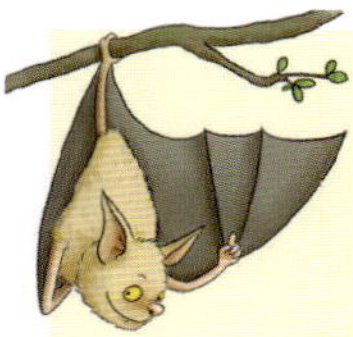

Hallo Kinder,

unterhalb des Erlebnisplatzes treffen wir heute an der Sorger Kanalbrücke auf den Ludwig-Donau-Main-Kanal, der auch Ludwigskanal genannt wird. Diese schiffbare Verbindung zwischen Main und Donau ließ König Ludwig I. von Bayern in 10-jähriger Rekordzeit erbauen und wurde 1846 fertiggestellt. Somit entstand ein durchgängiger Wasserweg zwischen der Nordsee und dem Schwarzen Meer. Auf dem Uferweg, den ihr heute entlangwandert, zogen früher Pferde die schwer beladenen Treidelschiffe (Lastkähne), da diese nicht motorisiert waren. Wenn ihr das hautnah erleben wollt, empfehlen wir euch einen Ausflug ins nahe gelegene Burgthann (siehe Freizeittipp I2). Treidelschiff »Elfriede« wird dort während der Sommermonate an jeweils einem Sonntag im Monat noch heute von einem Pferd ein Stück auf dem Ludwigskanal gezogen. Das ist ein tolles Erlebnis für die ganze Familie, das ihr euch nicht entgehen lassen solltet!

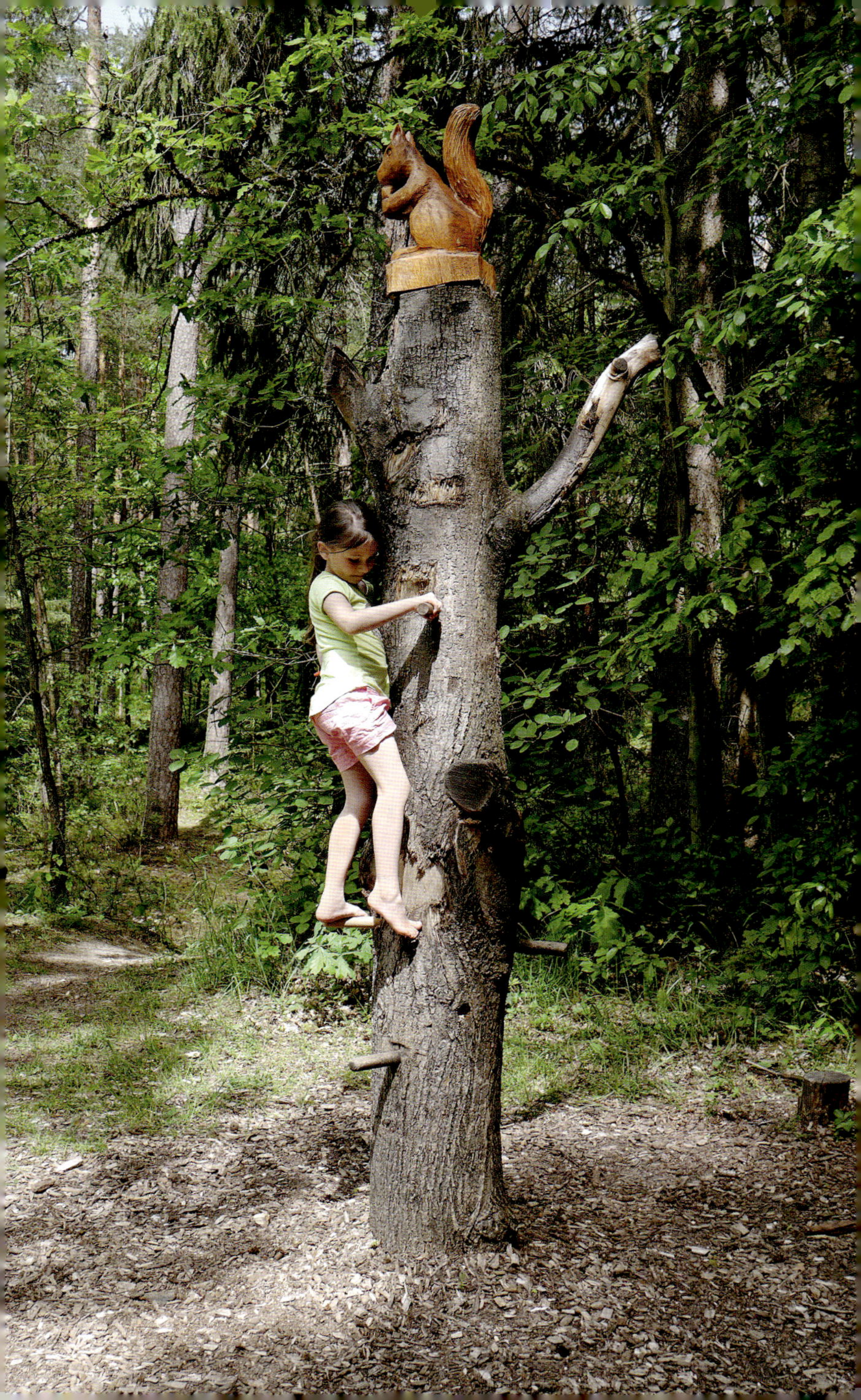

erraten müssen, welcher Vogel zu welchem Gezwitscher passt. Nach Passieren der Station 5 (Sonderfunktion des Waldes) könnten wir an **Station 6 (2)** (Jahresringe des Baumes) unsere Wanderung wie in der Kurzvariante beschrieben abkürzen. Wir folgen jedoch weiter der Markierung und erreichen nach Station 7 (Waldumbau), bei **Station 8 (3)** (Schutzfunktion des Waldes) eine T-Kreuzung, wo wir unsere Wanderung links fortsetzen. Ab Station 9 (Baumrekorde) begleiten uns am Rand des Weges die liegenden Teile eines gewaltigen Baumes, die den aktuell größten Baum der Welt bildlich darstellen sollen. Danach erklimmen wir an Station 10 einen Jägerhochsitz, stellen unser Wissen über Tierspuren unter Beweis und erfahren vieles über die Jagd. Nach der Station 11 (Nutzfunktion des Waldes) und Station 12 (Erholungsfunktion des Waldes) biegen wir links auf den großen **Erlebnisplatz (4)** am Ludwigskanal mit der Station 13 ein. Bei der Zapfenwurfanlage, beim Tierweitsprung und beim Holzgewichte-Stemmen legen wir eine ausgedehnte Pause ein. Hier können die Kinder nach Herzenslust balancieren, einen Baumstamm hinaufkraxeln, durch einen hohlen Stamm kriechen oder auf dem Baumxylophon spielen. Vor der Brücke führt uns der *Grüne Kreis* zum Kanal hinab. Dort halten wir uns links, unterqueren die Brücke und erreichen nach kurzer Zeit Station 14 (Tiere und Pflanzen am Kanal) und Station 15 (Fische im Kanal), bevor wir die ersten Häuser von Wendelstein entdecken. Am Ende des Fußweges treffen wir auf die Nürnberger Straße. Links geht es auf ihr weiter bis zum Beginn des Treidelswegs, auf dem wir zu unserer Parkbucht an der **Infotafel (1)** zurückkehren.

Links: Am Erlebnisplatz wird es nicht langweilig.

HIGHLIGHTS

- ★ 15 Stationen entlang des Walderlebnispfads mit vielen Informationen rund um den Wald und zahlreichen Spielstationen zum Mitmachen.
- ★ Erlebnisplatz an der Sorger Kanalbrücke mit Picknickplatz und jede Menge Spielelementen.
- ★ Wandern entlang des historischen Ludwig-Donau-Main-Kanals, den König Ludwig I. von Bayern erbauen ließ.
- ★ In ca. 16 km Entfernung liegt die Ortschaft Burgthann, wo mit dem Treidelschiff »Elfriede« mehrmals in den Sommermonaten eine Ausflugsfahrt auf dem Ludwig-Donau-Main-Kanal unternommen werden kann (siehe auch Freizeittipp I2).

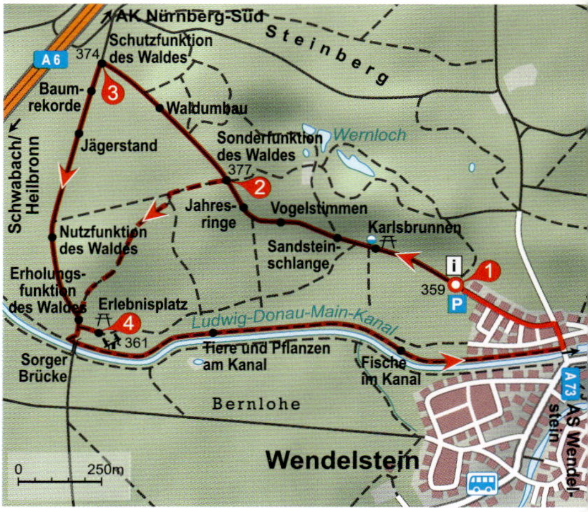

35 KammerSTEINPILZpfad

Am Heidenberg

ab 4 J.

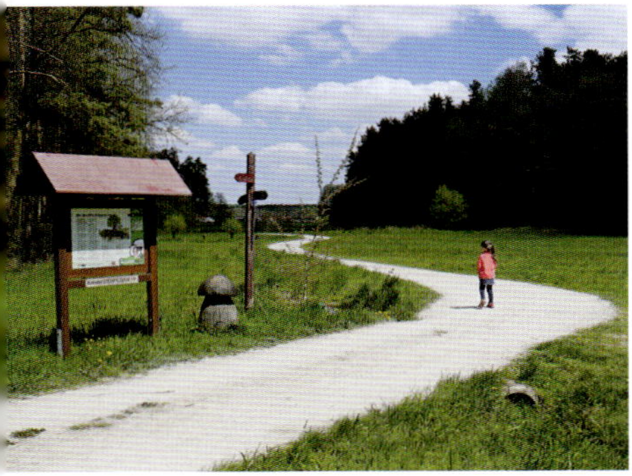

Mühelos von einem »Pilznest« zum nächsten.

Unterwegs mit Steinpilz »Börni«

Die Gemeinde Kammerstein gilt seit geraumer Zeit als die »Pilzhauptstadt« des Landkreises Roth. Früher war das Sammeln von Pilzen eine wichtige Nahrungs- und Erwerbsquelle für die heimische Bevölkerung rund um den Heidenberg. Die Schwammerl wurden dann auf den umliegenden Wochenmärkten und sogar bis nach München verkauft. Daraus entstand die Idee, am Fuß des Berges einen Pilzlehrpfad zu schaffen. Im Herbst 2014 war es endlich soweit, der erste und derzeit einzige Pilzlehrpfad Mittelfrankens wurde eröffnet. An zehn Infotafeln, den sogenannten Pilznestern, erfahren wir viel Wissenswertes über Standort, Struktur, Gestalt, Farben und Formen heimischer Pilzarten. All dies geht weit über die Frage »essbar oder giftig« hinaus. Maskottchen »Börni« stellt den Kindern an jeder Station kurze, spannende Quizfragen. Ein interaktives Pilzbuch an Station 4 führt die kleinen Besucher spielerisch in das Reich der Pilze. Daneben lädt ein aus kleinen Holzpilzen liebevoll gestalteter Picknickplatz zur Wanderpause ein.

KURZINFO

Ausgangspunkt: Waldparkplatz an der Heidenbergstraße in 91126 Kammerstein, 417 m (Navi: N49.291189, E10.977314).

Anfahrt: Von der Anschlussstelle Schwabach-West der A6 auf der B466 Richtung Kammerstein/Gunzenhausen. Am Kreisverkehr bei Kammerstein in Richtung Kammerstein die Bundesstraße verlassen. Der Hauptstraße folgen und in der Ortsmitte links in die Heidenbergstraße abbiegen. Nach ca. 100 m Wegweiser links zum Waldparkplatz.

Mit dem Bus: Haltestelle Ramungusweg der VGN-Buslinie 607 aus Richtung Schwabach/Bahnhof oder Spalt. Von dort sind es ca. 400 m durch Dorfstraße und Heidenbergstraße bis zum Beginn des Lehrpfades an der Jakobuskapelle (400 m, 10 Min. Gehzeit).

Gehzeit: 2.00 Std.

Distanz: 4,3 km.

Höhenunterschied: 100 m.

Ausrüstung: Sportschuhe oder Trekkingsandalen. Proviant und Getränke, da unterwegs keine Einkehrmöglichkeit besteht. Zur Benutzung des Bolzplatzes und des Beachvolleyballfeldes Bälle nicht vergessen.

Anforderungen: Ab 4 Jahren. Meist sanfte An- und Abstiege auf Waldwegen und Wanderpfaden, anspruchsvolles Gefälle nur zwischen Station 9 und 10. Sowohl sonnige als auch schattige Tour.

Einkehr: Keine Einkehrmöglichkeit während der Wanderung und in Kammerstein.

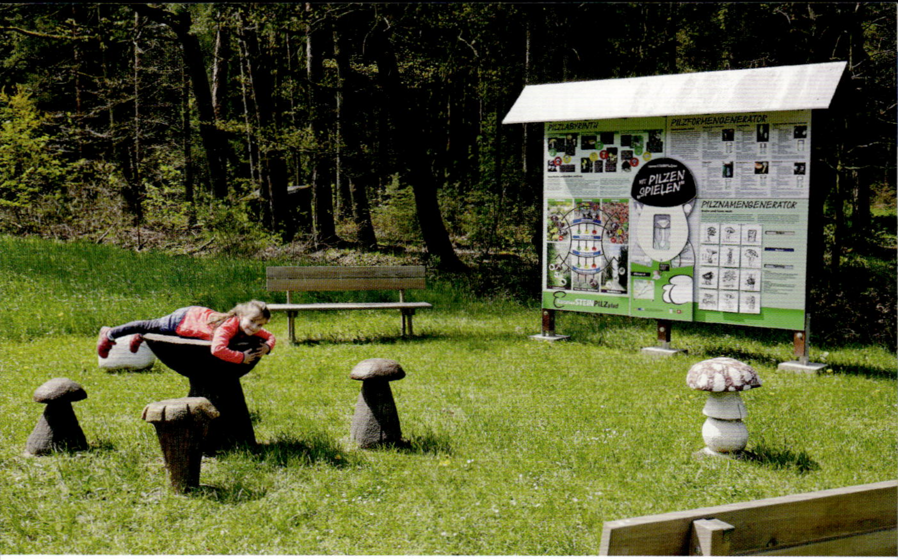

Brotzeitplatz mit lustigen »Pilzhockern«.

Vom **Waldparkplatz (1)** gehen wir auf der breiten Fahrstraße weiter in den Wald hinein. Nach 100 m treffen wir auf die Station 3 des Sagenwanderweges. Ein Stück danach beginnt links an der **Jakobuskapelle (2)** unser KammerSTEINPILZpfad. Die Kapelle und der Picknickplatz bieten einen Ort der Stille und Erholung in der freien Natur. Die dortige Infotafel **Pilznest 0** informiert über die Entstehung des Pilzpfades und das Maskottchen, Steinpilz »Börni«, stellt sich vor. Schon bald gabelt sich der Wanderweg, wir halten uns links und treffen auf die Infotafel **Pilznest 1** (In die Pilze gehen). Der Pfad verläuft leicht bergab und bringt uns vorbei an **Pilznest 2 (3)**, wo die verschiedenen Pilzstrukturen erklärt werden. Wir wandern weiterhin leicht abwärts, treten aus dem Wald heraus und gelangen zu **Pilznest 3** (Wo der Pilz zu Hause ist). Nun schlängelt sich unser Weg an Wiesen und Weihern mit herrlichen Seerosen entlang. Am Ende der Weiherkette gelangen wir zu **Pilznest 4 (4)** mit Pilzlabyrinth, Pilzformen- und Pilznamengenerator. Die große Spiel- und Animationstafel lädt zum Drehen, Schieben, Konstruieren und

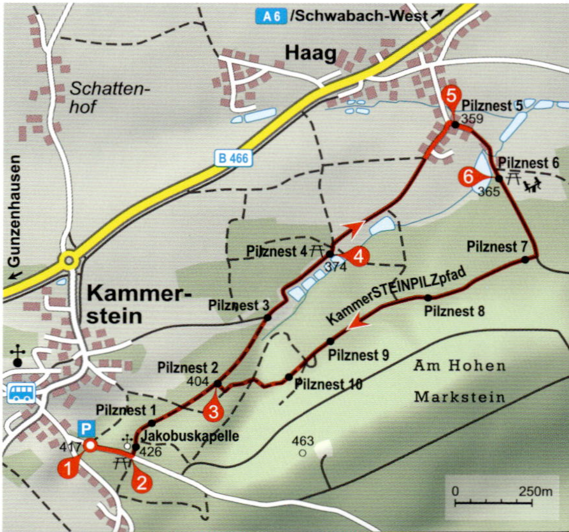

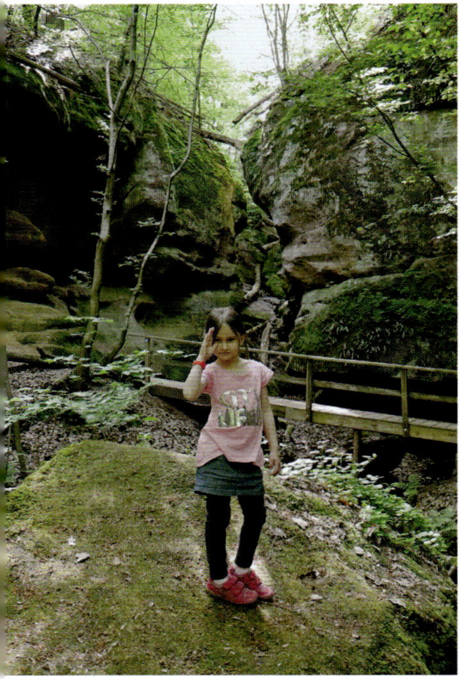

Ein kleiner Felsen wurde »erobert«.

HIGHLIGHTS

- ★ Zwei Kinderspielplätze, einer gleich zu Beginn der Wanderung in Fünfbronn und einer bei der Schnittlinger Eiche.
- ★ Das Naturdenkmal Schnittlinger Loch, eine Sandsteinschlucht mit vielen Kraxelfelsen.
- ★ Die ca. 450 Jahre alte Schnittlinger Eiche steht unter Naturschutz und überragt mit ihrer mächtigen Krone deutlich den angrenzenden Spielplatz.
- ★ Das Gruschdl Café – im ehemaligen Kuhstall entstand nach umfangreichen Umbauarbeiten ein etwas anderes Café. Bei Café und Kuchen darf nebenbei zwischen Töpferwaren und Nähstücken gestöbert werden.

wandern wir und überqueren an einer kleinen **Kapelle (4)**, mit einem Kastanienbaum, die Straße. Gleich darauf biegen wir von unserer Nebenstraße mit unserer Markierung *17* links auf einen Feldweg ab und tauchen dann in den Wald ein. Später wandern wir am Waldrand entlang, bis unser Wanderweg rechts in einen schmalen Pfad einschwenkt. Er bringt uns, teils über Stufen, stetig steil hinab zum **Schnittlinger Loch (5)**. Vom Holzsteg aus ergibt sich der beste Blick auf die sehenswerten Felsen der Schlucht. Für Klettermaxe gibt es nichts Schöneres, als hier zwischen den Sandsteinen herumzukraxeln. Der Pfad führt am Wasserlauf entlang und bringt uns bald zu einem lauschigen Picknickplatz.

Über einen Steg und viele, steile Stufen verlassen wir die Schlucht. Am Ende der Stufen halten wir uns links und überqueren am **Alternativparkplatz (6)** vorsichtig die Kreisstraße RH 6. Gleich darauf führt uns rechts ein kurzer Abstecher zum weitläufigen Kinderspielplatz und zur dahinterliegenden, mehrere Jahrhunderte alten **Schnittlinger Eiche (7)**.

Zurück am *Rundweg 17* sehen wir unser Ziel, die Ortschaft Fünfbronn, schon von Weitem und wandern in einem weiten Linksbogen dorthin zurück. Bevor wir den Heimweg antreten, verlassen wir an der Kirche den markierten Wanderweg und besuchen rechts, vorbei am Kriegerdenkmal, das in der Ortsmitte gelegene **Gruschdl Café (8)**. Neben leckeren Kuchen und Eis gibt es hier auch allerhand selbst gemachte Näharbeiten und interessante Ausstellungsstücke. Nach einer kleinen Stärkung kehren wir zurück zur Kirche und zum **Parkplatz (1)**.

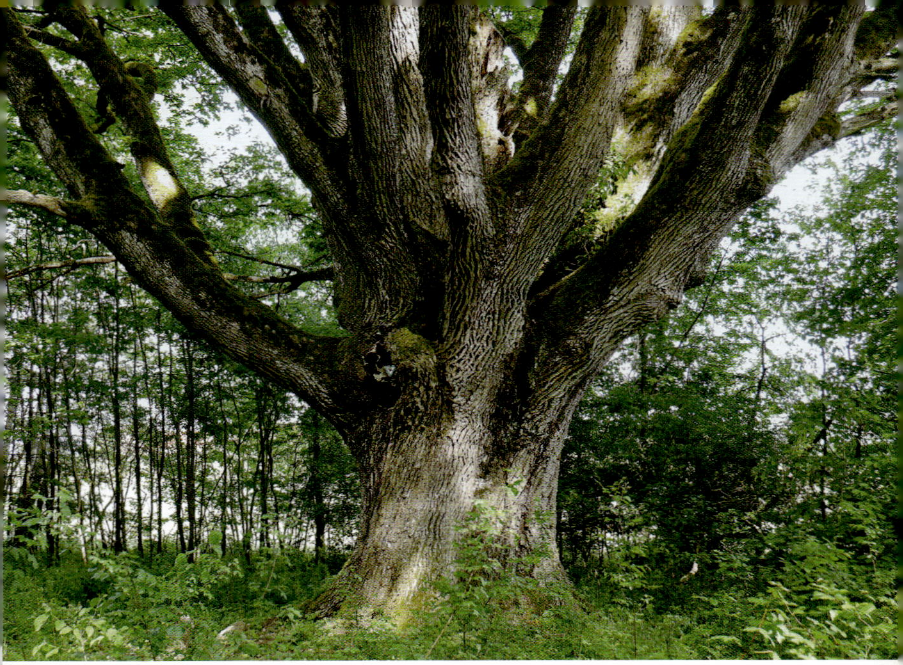

Schnittlinger Eiche – was hat dieser Baumriese wohl schon alles erlebt?

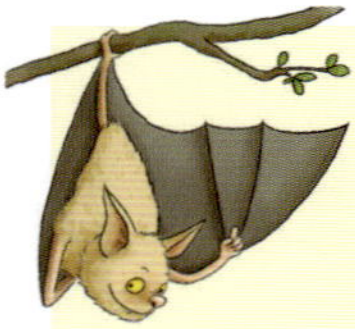

Hallo Kinder,

habt ihr die alte »Schnittlinger Eiche« beim Besuch des zweiten Spielplatzes entdeckt? Na klar, mit einem geschätzten Alter von 450 Jahren, einer Höhe von rund 31 Metern und einem Baumkronenumfang von ca. 113 Metern ist sie ja kaum zu übersehen! Wenn ihr den Baumstamm umarmen wollt, braucht ihr dafür 7 bis 8 Kinder. Sie ist eine Traubeneiche, aber sie trägt keine Weintrauben wie der Name vielleicht vermuten lässt, sondern ihre Früchte, die Eicheln, wachsen dicht beisammen am Zweig und ähneln daher einer Weintraube. Vielen Waldbewohnern dienen die reifen, heruntergefallenen Eicheln als Nahrung. Eichhörnchen und Wühlmäuse vergraben die Früchte als Vorrat für die kalten Wintermonate und vergessen dabei so manches Eichelversteck, sodass daraus ein neues Bäumchen wächst. Wir schätzen an der Eiche vor allem das widerstandsfähige, harte Holz, das zum Bau von Möbeln, Holzfässern, Fachwerkhäusern und Schiffen benutzt wird. In vielen europäischen Kulturen ist die Eiche ein Symbol für Standhaftigkeit, Weisheit, Wahrheit und Heldentum. Aufgrund dessen sind Eicheln und Eichenlaub oft auf Wappen, Rangabzeichen und Münzen abgebildet. Guckt doch mal, was ihr auf den deutschen 1-, 2- und 5-Euro-Cent-Münzen entdeckt!

B3 Erlebnishof Huckepack

Frisches Obst und Gemüse darf auf den 14 Hektar Feldfläche selbst geerntet werden. Auf die Kinder warten eine Naturspielwiese mit Strohpyramide, ein Maisschwimmbad, das Jumbo-Ball-Spiel, ein Oldtimertraktor und ein Tiergehege. Grillmöglichkeit vorhanden; bitte vorher reservieren.

Öffnungszeiten: Siehe Internet.
Adresse: Vacher Straße 30, 91056 Erlangen-Hüttendorf; Tel. +49 911 762570 ; www.huckepack-ernte.de

B4 Beerenland

An drei Standorten (Rückersdorf, Wolkersdorf, Fürth Hafen Unterfarrnbach) dürfen Heidelbeeren, Erdbeeren, Himbeeren und Johannisbeeren selbst gepflückt werden. Sorten und Pflückzeiten sind dem Internetauftritt zu entnehmen. Zusätzlich sorgen an manchen Standorten ein Maislabyrinth, ein Beerencafé, ein Streichelzoo und ein Kinderfreizeitareal für Abwechslung.
Öffnungs- und Erntezeiten sowie Anfahrtsbeschreibungen zu den Standorten unter cafebeerenland.de; Tel. +49 911 8101666.

Das Wetter hält – ab zum Baden in den Rothsee (Tour 36)!

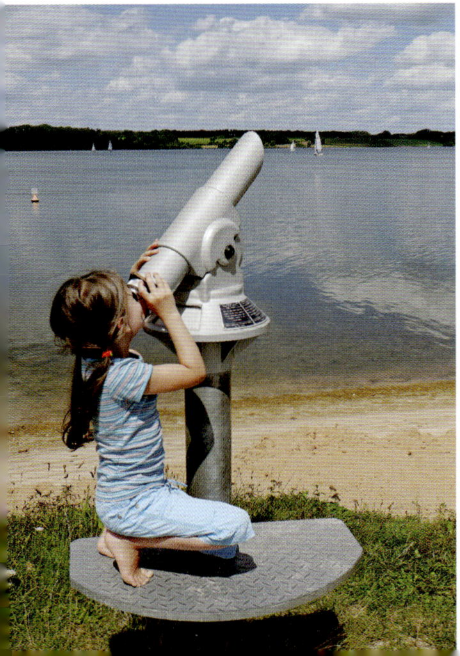

Erlebnisbäder und Badeseen

- Famillienschwimmbad Streitberg; siehe Tour 6
- Höhenschwimmbad Gößweinstein; siehe Tour 9
- Freizeit- und Familienbad »Juramar«; siehe Tour 10
- Felsenbad Pottenstein; siehe Tour 11
- Naturbad Königstein; siehe Tour 23
- Happurger Baggersee; siehe Tour 25
- Freibad Lauf; siehe Tour 31
- Rothsee; siehe Tour 36

C1 Bambados Bamberg

Familienfreundliches Spaßbad mit 77 m langer Reifenrutsche und 62 m langer Wildwasserrutsche, einem Kleinkinderbecken mit dem Piratenschiff Stella Maris, einem Barfuß-Erlebnispfad und einem kleinen Restaurant.

Öffnungszeiten: Siehe Internet.
Adresse: Pödeldorfer Straße 175, 96050 Bamberg; Tel. +49 951 77 4900; www.stadtwerke-bamberg.de

C2 Wellenfreibad Höchstadt an der Aisch

Geheiztes Freibad, das mit seinem halbstündigen Wellenbetrieb Meeresfeeling aufkommen lässt.

Öffnungszeiten: Während der Sommermonate, täglich 9–20 Uhr, Mittwoch ab 7 Uhr.

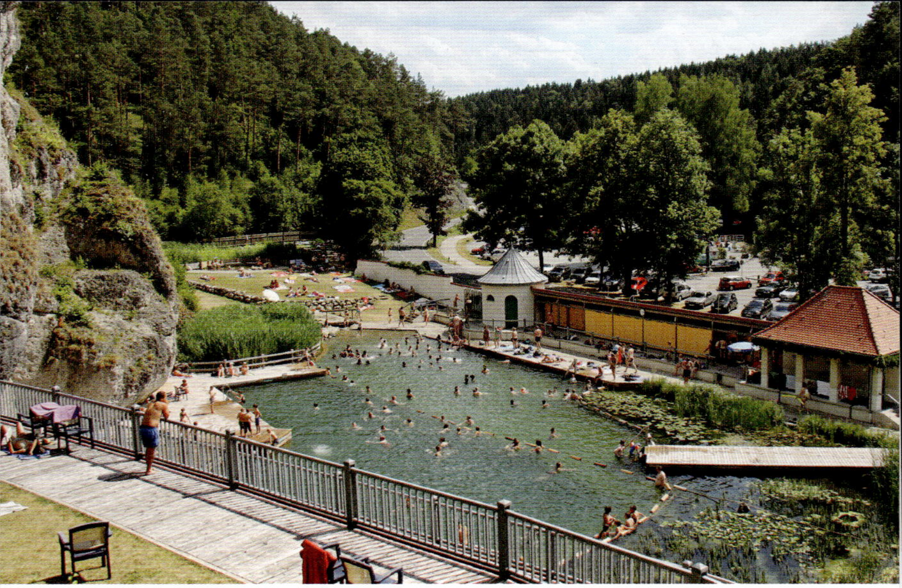

Felsenbad Pottenstein – Naturbad mit eindrucksvoller Kulisse (Tour 11).

Adresse: Kieferndorfer Weg 77, 91315 Höchstadt an der Aisch; Tel. +49 9193 2895; www.hoechstadt.de/erleben/freizeit-sport/wellenfreibad

C3 Königsbad Forchheim

Erlebnishallenbad mit Erlebnisrutschen und Familienbecken. In den Sommermonaten lockt der Freibadpark mit Wasserspielgarten für kleine Entdecker.
Öffnungszeiten: Ganzjährig geöffnet, siehe Internetauftritt.
Adresse: Käsröthe 4, 91301 Forchheim; Tel. +49 9191 3415660; www.koenigsbad-forchheim.de

C4 EbserMare

Familienfreundliches Freibad mit Wasserspielplatz, Kinderbecken, Elefantenrutsche, Sandkasten und großer Liegewiese.
Öffnungszeiten: Geöffnet bei schönem Wetter von Anfang Juni bis Mitte September täglich 9–19 Uhr.
Adresse: Weichselgarten, 91320 Ebermannstadt; Tel. +49 9194 739144; www.stadtwerke-ebermannstadt.de/ebsermare

C5 CabrioSol Ganzjahresbad Pegnitz

Highlight dieses Hallenbades ist das zu öffnende Cabrio-Hallendach. Außerdem verfügt es für die Kleinsten über eine großzügige Kindererlebnislandschaft mit Planschhöhle, Wasserfiguren und Wasserfall. Zusätzlich zum Hallenbad steht bei guter Witterung auch ein Freibad zur Verfügung.
Öffnungszeiten: Siehe Internet.
Adresse: Badstraße 4, 91257 Pegnitz, Tel. +49 9241 489080, www.cabriosol-pegnitz.de

C6 Freibad Betzenstein

Beheiztes, in die Natur eingebettetes Freibad am Ortsrand mit Kiosk und neu gestaltetem Kinderspielbereich.
Öffnungszeiten: Siehe Internet.

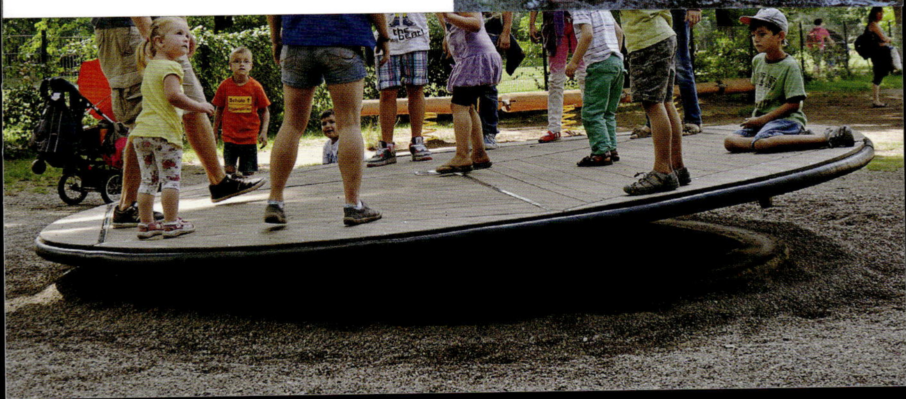

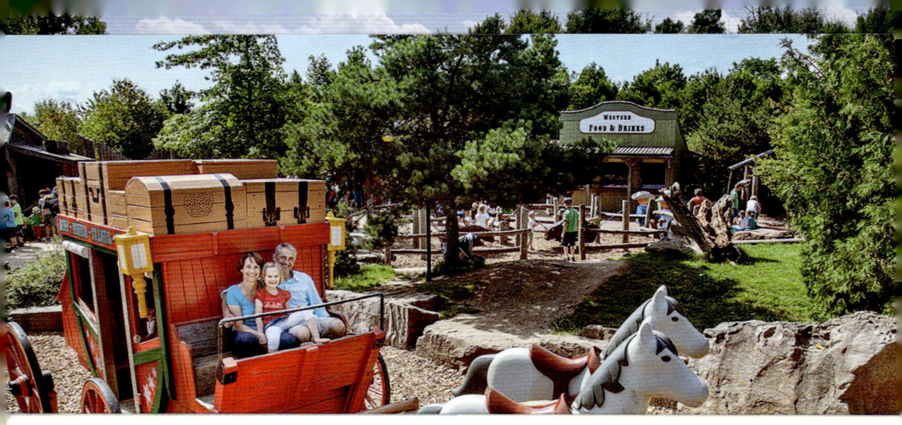

dem 18. Jahrhundert. Kinder ab ca. 8 Jahren finden auf der Internetseite des Museums Materialien für eine Museumsrallye.
Öffnungszeiten: Von April bis Oktober Montag bis Sonntag 10–17 Uhr, von November bis März an Sonntagen 13.30–17 Uhr.
Adresse: Am Museum 5, 91278 Pottenstein-Tüchersfeld; Tel. +49 9242 7417090; www.fsmt.de

G3 Industriemuseum Lauf

In 14 historischen Gebäuden werden alte und neue Gewerbe, Fabrikanlagen und Maschinen gezeigt, wie z.B. Hutmacherei, Schusterwerkstatt, Dampfmaschine, Ventilkegelfabrik. Auf dem Mitmachpfad können die Kinder auf Entdeckungsreise gehen und an den Dampfmodelltagen wird ein spezielles Kinderprogramm geboten.
Öffnungszeiten: Von April bis Dez. Mittwoch bis Sonntag 11–17 Uhr.
Adresse: Sichartstraße 5-25, 91207 Lauf a. d. Pegnitz; Tel. +49 9123 990 30; www.industriemuseum-lauf.de

G4 Deutsches Hirtenmuseum Hersbruck

Das Museum zeigt Exponate aus der fränkischen und weltweiten Hirtenkultur und lädt im zweiten Obergeschoss bei der interaktiven Ausstellung »Mensch und Tier« zum Mitmachen und Ausprobieren ein.
Öffnungszeiten: Von Freitag bis Sonntag 10–16 Uhr.
Adresse: Eisenhüttlein 7, 91217 Hersbruck; Tel. +49 9151 2161; www.deutsches-hirtenmuseum.de

G5 Mittelalterliche Lochgefängnisse

Tief unter der Erde liegen die ehemaligen Gefängnis- und Folterzellen, die einen Eindruck von der Gerichtsbarkeit des Mittelalters vermitteln. In diesen Räumen mussten die Angeklagten auf ihren Prozess warten.
Öffnungszeiten: Stündliche Führungen, täglich zwischen 11 und 15 Uhr.
Adresse: Im Alten Rathaus, Rathausplatz 2, 90403 Nürnberg; Tel. +49 911 2312690; museen.nuernberg.de/lochgefaengnisse/

Eintauchen in die Welt alter Fabrikanlagen im Industriemuseum Lauf.

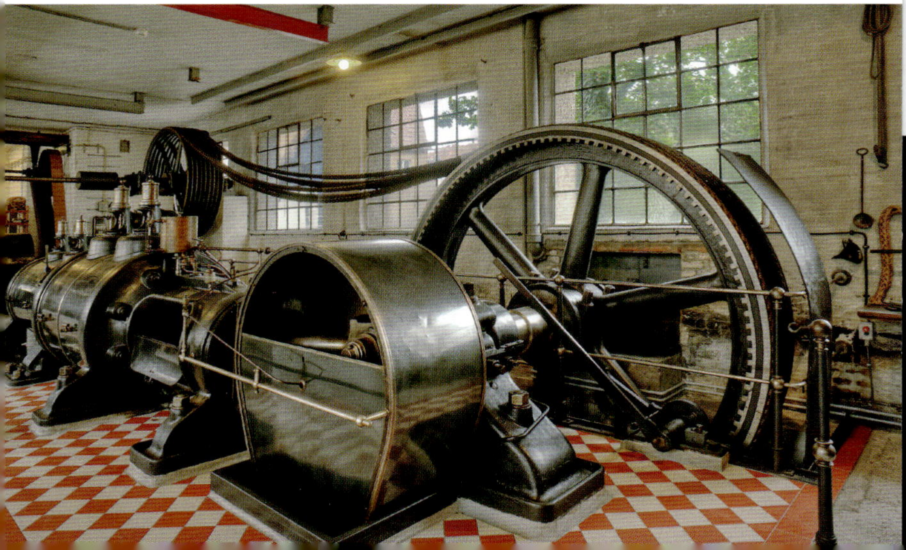

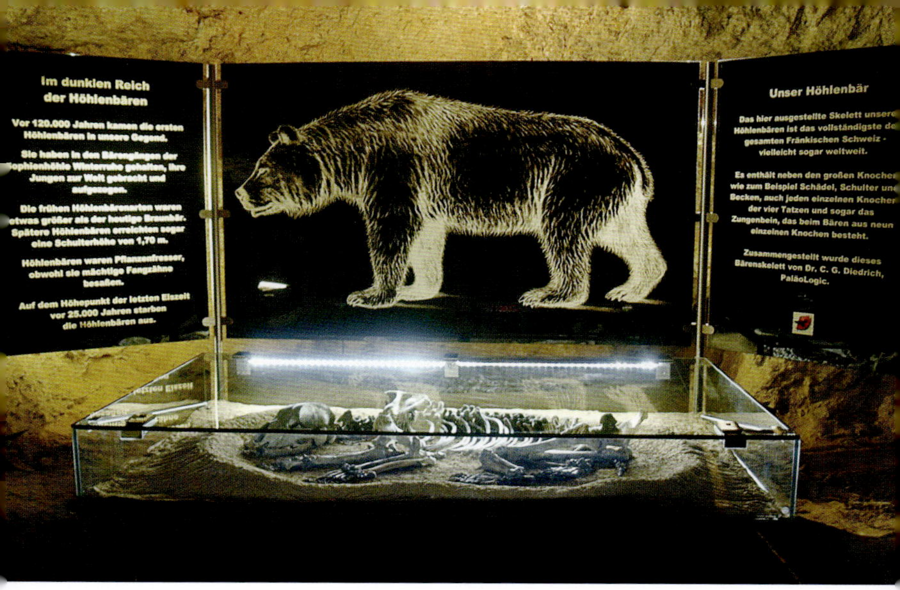

In der Sophienhöhle wurden Höhlenbärenknochen gefunden (Tour 4).

G6 Kinder & Jugendmuseum Nürnberg

Das Museum zeigt zwei Dauerausstellungen zu den Themen »Alltag der Urgroßeltern« und »Schatzkammer Erde« sowie wechselnde Mitmachausstellungen.

Öffnungszeiten: Siehe Internet.

Adresse: Michael-Ende-Straße 17, 90439 Nürnberg; Tel. +49 911 60004-0; www.kindermuseum-nuernberg.de

G7 DB Museum Nürnberg

Das älteste Eisenbahnmuseum der Welt lockt mit der Geschichte der Eisenbahn in Deutschland, Kinder-Bahnland und großem Außenbereich inklusive Sandspielplatz.

Öffnungszeiten: Montag Ruhetag, Dienstag bis Freitag 9–17 Uhr, Samstag, Sonntag und an Feiertagen 10–18 Uhr.

Adresse: Lessingstraße 6, 90443 Nürnberg; Tel. +49 800 32687386; www.dbmuseum.de

Schauhöhlen

- Sophienhöhle; siehe Tour 4
- Binghöhle; siehe Tour 5
- Teufelshöhle; siehe Tour 11
- Maximiliansgrotte; siehe Tour 22

H1 Historische Felsengänge

Weit verzweigtes Felsenkellerlabyrinth unter der Stadt Nürnberg. Einst lagerten die vielen Brauereien der Stadt ihr Bier in den in den Sandstein gehauenen Kellern. Bei speziellen Kinderführungen bahnen sich die kleinen Höhlenforscher, ausgerüstet mit Kompass und Schatzkarte, ihren Weg durch die Nürnberger Unterwelt, um dem »Kellergeist« aus der Patsche zu helfen oder das Geheimnis der verschwundenen Bierbrauerskinder zu lüften.

Öffnungszeiten: Führungen siehe Internetauftritt.

Adresse: Bergstraße 19, 90403 Nürnberg; Tel. +49 911 2449859; www.historische-felsengaenge.de

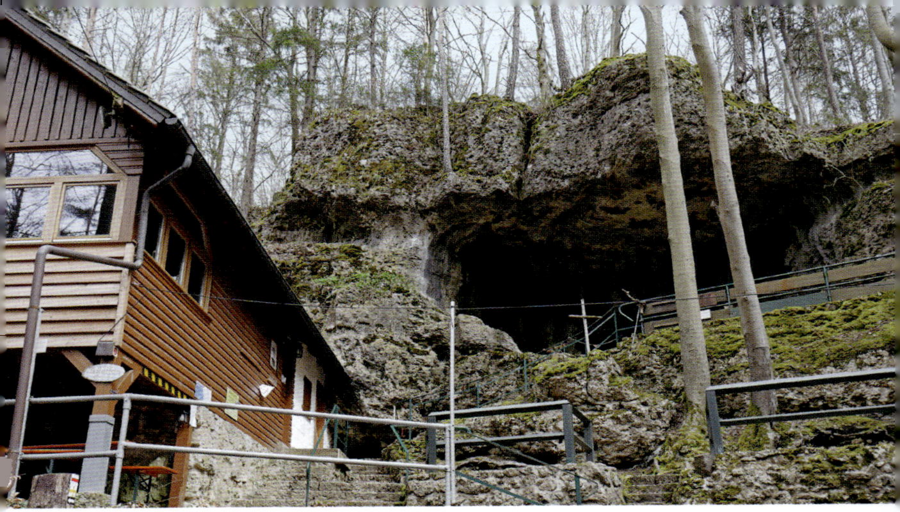

Osterhöhle – mit einer Taschenlampe erkunden wir die Unterwelt.

H2 Osterhöhle

130 Meter der 185 Meter langen Osterhöhle können im Rahmen einer 30-minütigen Führung erlebt werden.
Öffnungszeiten: Sa., So. und feiertags von Karfreitag bis Ende Oktober. Führungen zwischen 11 und 16.30 Uhr möglich, sobald genügend Teilnehmer vorhanden sind.
Adresse: Trondorf, 92259 Neukirchen bei Sulzbach-Rosenberg

Schifffahrt

I1 Hafenrundfahrt Bamberg

80-minütige Hafenrundfahrt auf der Pegnitz von der Altstadt durch Klein-Venedig bis zum Binnenhafen im Norden Bambergs.
Betriebszeiten: Siehe Internet.
Adresse: Am Kranen, 96047 Bamberg; Tel. +49 951 26679; www.personenschiffahrt-bamberg.de

I2 Treidelschiff Elfriede

Das Treidelschiff Elfriede wird von Mai bis September jeden ersten Sonntag im Monat von einem Pferd entlang des alten Ludwigkanals gezogen.
Öffnungszeiten: Fahrtbeginn zu den jeweiligen Tagen um 13 / 14 / 15 / 16 Uhr.
Adresse: Dammweg 8, 90559 Burgthann; www.burgthann.de

Kanu- und Tretbootverleih

- Ruder- und Tretbootverleih am Schöngrundsee bei Pottenstein; siehe Tour 11

J1 Kajak-Mietservice an der Wiesent

Angebot siehe Internetauftritt.
Öffnungszeiten: Vom 1. Mai bis 30. September täglich 9–17 Uhr.
Adresse: Doos 19, 91344 Waischenfeld; Tel. +49 9196 998423; www.kajak-mietservice.de

J2 Leinen Los, Kajakverleih auf der Wiesent

Angebot siehe Internetauftritt.

Rasante Fahrt auf der Sommerrodelbahn in Pottenstein (Tour 11).

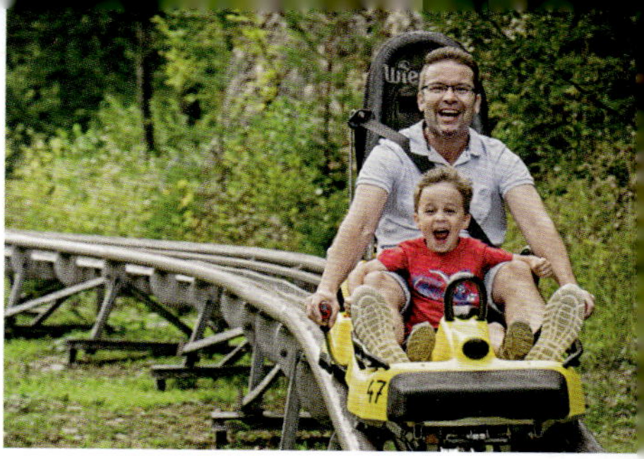

Öffnungszeiten: Siehe Internetauftritt.
Adresse: Behringersmühle 36, 91327 Gößweinstein; Tel. +49 9242 7409300 oder +49 170 7551943; www.leinen-los.de

J3 Alles im Fluss, Kanu-Mietservice an der Pegnitz

Angebot und Öffnungszeiten siehe Internetauftritt.
Adresse: Nürnberger Straße 17a, 91235 Velden; Tel. +49 157 8540 2053; www.befree-franken.de

J4 Kanutouren und Kanuverleih Pegnitz

Angebot und Öffnungszeiten siehe Internetauftritt.
Adresse: Kirchröttenbach A9, 91220 Schnaittach; Tel. +49 9126 293100; www.fp-sportreisen.de

Rodel- und Kartbahnen

- »Erlebnisfelsen Pottenstein«; siehe Tour 11

K1 E-Fun-Park Pottenstein

Egal ob E-Go-Karts oder Segways, das Fahren über die verschiedenen Parcours macht mit allen Spaß. Bistro mit Getränken und kleinen Speisen.
Öffnungszeiten: Siehe Internet.
Adresse: Am Langen Berg 28, 91278 Pottenstein; Tel. +49 9243 7014011 od. +49 179 9148212; www.e-fun-park-pottenstein.de

Nur ein Pferd zieht das Treidelschiff »Elfriede« durch den »Alten Kanal«.

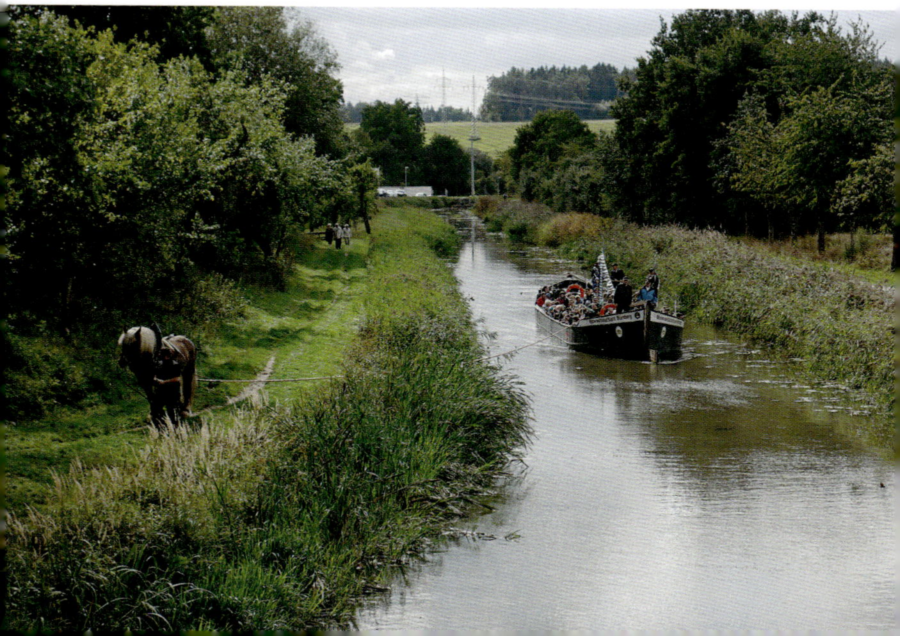

K2 Indoor Kartbahn Nürnberg

Rasante Fahrt auf 380 m Bahnlänge, geeignet für Anfänger und Profis. Zum Boxenstop lädt das eigene Pit-Stop-Bistro ein. Helme und Overalls stehen kostenlos zur Verfügung, Sturmhaube gegen Gebühr.

Öffnungszeiten: Von Montag bis Donnerstag 15–21 Uhr, Freitag 14–22 Uhr, Samstag 12–23 Uhr, Sonn- und Feiertage 12–21 Uhr.

Adresse: Kilianstraße 102, 90425 Nürnberg, Tel. +49 911 3663030, www.formula.de

Minigolfplätze

- Minigolf-/Pit-Pat-Platz Gößweinstein; siehe Tour 9
- Minigolfanlage Familygolf am Rothsee; siehe Tour 36
- Minigolfplatz Gasthof-Pension Schlehenmühle; siehe Freizeittipp M6

L1 Minigolfanlage Strullendorf

18 Bahnen umfassende Filzgolfanlage direkt neben der Hauptsmoorhalle und dem Skatepark.

Öffnungszeiten: Siehe Internet. Bei schlechten Wetter geschlossen.

Adresse: Hauptsmoorstraße 2, 96129 Strullendorf; Tel. +49 9543 851175; www.fun-sports-germany.com/minigolfstrullendorf

L2 Adventure Golf Forchheim

Schön gestaltete 18-Loch-Adventure-Minigolfanlage neben der ehemaligen Tennishalle. Holz, Steine und Hügel dienen dabei als natürliche Hindernisse beim Minigolfspiel.

Öffnungszeiten: Siehe Internetauftritt. Öffnungszeiten abhängig von der Wetterlage.

Adresse: Friedrich-Ludwig-Jahn-Str. 14, 91301 Forchheim; Tel. +49 9191 2811 od. 2805; www.up-sports.de

L3 Minigolfplatz Muggendorf

Minigolfplatz am Rathaus von Muggendorf mit 18 Bahnen.

Öffnungszeiten: Mo. bis Fr. ab 8 Uhr, Sa. und So. ab 11 Uhr

Adresse: Forchheimer Straße 8, 91346 Wiesenttal-Muggendorf; Tel. +49 9196 929931; www.wiesenttal.de

L4 Minigolfplatz Pottenstein

Direkt am Parkplatz »Am Stadtgraben« gelegener idyllischer 18-Loch-Minigolfplatz mit Fahrradverleih.

Öffnungszeiten: Von Mai bis Oktober täglich ab 10 Uhr und auf Anfrage.

Adresse: Neben dem Parkplatz »Am Stadtgraben«, 91278 Pottenstein; Tel. +49 9243 812.

L5 Abenteuer-Golfanlage Weidenloh

Minigolf spielen in einer Nachbildung der hügeligen und kurvenreichen Landschaft der Fränkischen Schweiz mit all ihren Attraktionen. Ein Biergarten bereichert die Anlage.

Öffnungszeiten: Siehe Internetauftritt.

Adresse: Weidenloh 35, 91278 Pottenstein; Tel. +49 9243 9181; www.saeger-golf.de

L6 3D-Minigolfanlage Schwarzlichtfabrik

Schwarzlicht-Minigolfparcours mit 18 Bahnen und einer leuchtenden 3D-Fantasiewelt aus Farben, Licht und Formen, verrückten Hindernissen und optischen Sinnestäuschungen.

Öffnungszeiten: Siehe Internetauftritt. Am Wochenende ist Reservierung erwünscht.

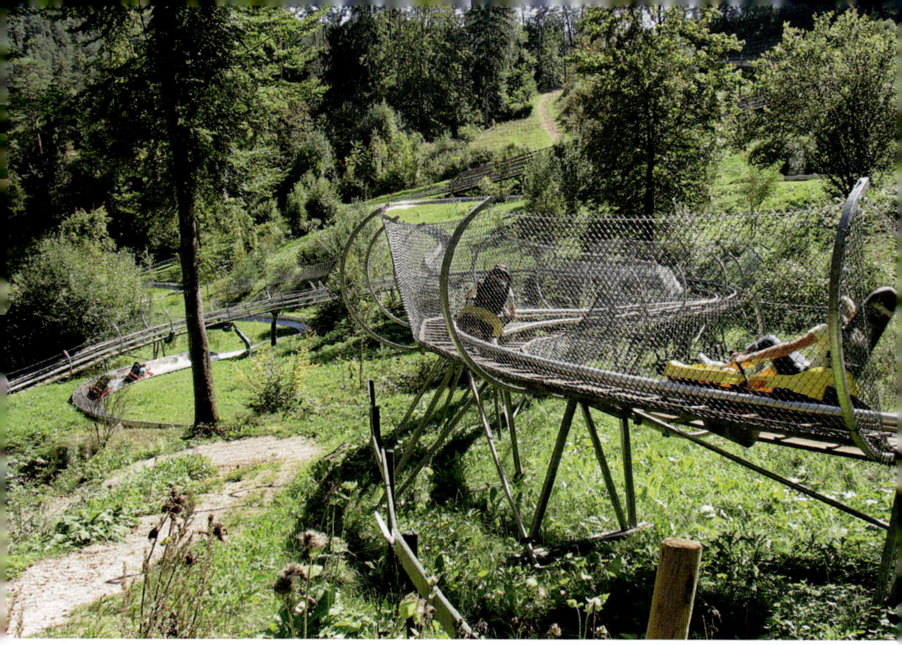

Die Rodelbahn schlängelt sich hinab ins Weihersbachtal (Tour 11).

Adresse: Nimrodstraße 10, 90441 Nürnberg; Tel. +49 911 23566490; Straßenbahnhaltestelle Gibitzenhof; www.schwarzlichtfabrik.de

L7 Minigolfanlage Indoorsport

Indoor-Minigolfanlage für die ganze Familie. Jeden 1. Samstag im Monat von 21.30 Uhr bis 23 Uhr wird bei Schwarzlicht gespielt.

Öffnungszeiten: Siehe Internetauftritt.

Adresse: Leyher Straße 80, 90763 Fürth; Tel. +49 911 7806286; www.indoor-nbg.de/minigolf

L8 Swingolf & Fußballgolf

Auf neun Spielbahnen darf die Trendsportart Swingolf aus Frankreich ausgeübt werden. Beim Fußballgolf muss ein Hindernis-Parcours mit dem Ball überwunden werden.

Öffnungszeiten: Ganzjähriges Spielen, außer bei Schnee. Mittwoch bis Freitag ab 14 Uhr bis Sonnenuntergang. Samstag, Sonn- und Feiertag ab 10 Uhr bis Sonnenuntergang. Montag und Dienstag Ruhetag.

Adresse: Vogelgasse 6, 90579 Langenzenn-Horbach; Tel. +49 9101 9007981; swingolf-horbach.de

Sonstige Freizeittipps

M1 Baggerfahren im Monsterpark

Einmal wie ein Bauarbeiter unterwegs mit großen und kleinen Radladern, Minibaggern, Miniraupen und Kettenbaggern. Für Kinder ab 6 Jahren.

Öffnungszeiten: Siehe Internetauftritt.

Adresse: Im Stock 11/14, 96179 Rattelsdorf; Tel. +49 9547 304; www.monsterpark.de

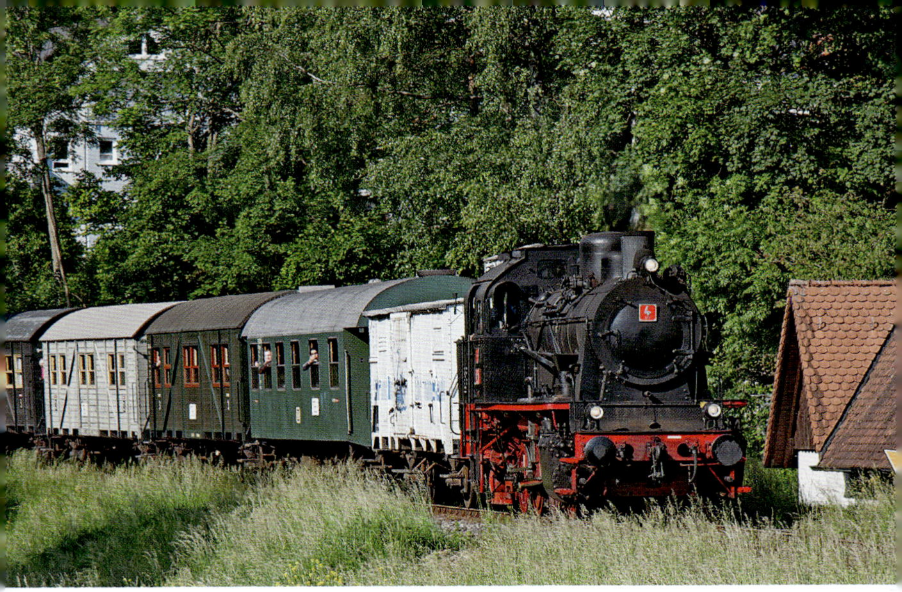

Unterwegs mit der Dampfbahn Fränkische Schweiz durchs Wiesenttal.

M2 Sternwarte Feuerstein

Vom Verein Sternwarte Feuerstein e.V. erbaute und betriebene Sternwarte. Zahlreiche Veranstaltungen und Vorträge vermitteln Themen aus Astronomie und Raumfahrt.

Öffnungszeiten: Besuch nur nach Anmeldung und unter Beachtung einiger Verhaltensregeln (siehe Internetauftritt).

Adresse: Sternwarte 1, 91320 Ebermannstadt; Tel. +49 174 2436032 oder Tel. +49 9194 518865; www.sfeu.ebermannstadt.de

M3 Dampfbahn Fränkische Schweiz

Fahrt mit historischen Dampf- oder Dieselloks durchs Wiesenttal von Ebermannstadt bis nach Behringersmühle. Mit der Bahn lassen sich viele interessante Ziele der Fränkischen Schweiz bequem erreichen (siehe Touren 5,6,7 und 9).

Öffnungszeiten: Termine und Zuginformationen siehe Internetauftritt.

Adresse: Bahnhofplatz 1, 91320 Ebermannstadt; Tel. +49 9194 725 175; www.dampfbahn.net

M4 Spannende Führungen in Pottenstein

- Fledermaus-Exkursion (für Kinder ab 6 Jahren): Im Rahmen einer abendlichen Stadtführung kann die wundersame Welt dieser fliegenden Säugetiere entdeckt werden.
- Gruselführung (bei jedem Wetter; für Kinder ab 10 Jahren): Nächtliche Stadtführung durch die dunklen Gassen von Pottenstein mit schaurigen Geschichten über Henker, Totengräber und mittelalterliche Redewendungen.
- Nachwächter-Tour (bei jedem Wetter; für Kinder ab 6 Jahren): Wir begleiten den Nachtwächter mit seiner Hellebarde und Laterne auf seinen nächtlichen Streifzug durch die Stadt. Dabei erfahren wir viel Wissenswertes über seinen Beruf und über die Geschichte Pottensteins.

▶ Scharfrichter-Führung (für Kinder ab 12 Jahren): Besuch vieler ehemaliger Orte der mittelalterlichen Rechtssprechung mit dem Henker von Pottenstein. Inklusive Besuch des Scharfrichtermuseums und optionaler Henkersmahlzeit im ältesten Gasthaus Pottensteins.
Termine: Vorherige Anmeldung für alle Führungen unbedingt erforderlich! Siehe Veranstaltungskalender der Stadt Pottenstein oder telefonisch bei Herrn Büttner.
Adresse: Hr. Büttner, 91278 Pottenstein; Tel. +49 15752713310; www.pottenstein.de

M5 Fossilienklopfplatz und Geozentrum Hohenmirsberg

Neben dem Aussichtsturm gelegen. Unter fachkundiger Anleitung von Herrn Groß dürfen Kinder und Erwachsene die fossilen Überreste des Jurazeitalters freilegen.
Öffnungszeiten: Während der Sommermonate geöffnet. Öffnungszeiten bitte beim Eigentümer anfragen.
Adresse: Geozentrum Hohenmirsberger Platte, 91278 Pottenstein-Hohenmirsberg, Tel. +49 170 8861400.

M6 Fossilienklopfplatz und Minigolfplatz Gasthof-Pension Schlehenmühle

Klopfplatz hinter dem Gasthof beim 12-Bahnen-Minigolfplatz. Hammer und Augenschutz können im Gasthof ausgeliehen werden.
Öffnungszeiten: Siehe Internet.
Adresse: Schlehenmühle 1, 91349 Egloffstein; Tel. +49 9197 291; www.gasthof-schlehenmuehle.de

M7 3D-Bogenparcours am Geierfelsen

Der Parcours bietet 40 Stationen mit 3D-Tierattrappen für die ganze Familie.
Öffnungszeiten: Siehe Internet.
Adresse: Pruppach 3, 92275 Hirschbach; Tel. +49 9665 91450 und Tel. +49 9665 915020; www.bogenparcours-geierfelsen.de

M8 Regiomontanus-Sternwarte Nürnberg

Die von der Nürnberger Astronomischen Arbeitsgemeinschaft e.V. betriebene Sternwarte führt regelmäßig Himmelsführungen mit Fernrohrbeobachtung durch.
Öffnungszeiten: Führungen bei sternklarem Himmel Freitag und Samstag in den Abendstunden. Beginn ist abhängig vom jahreszeitlichen Dämmerungsbeginn (siehe Internetauftritt).
Adresse: Regiomontanusweg 1, 90491 Nürnberg; Tel. +49 911 959 3538; www.sternwarte-nuernberg.de

M9 Nicolaus-Copernicus Planetarium Nürnberg

Besondere Vorführungen im Kuppelsaal für Kinder zu den Themen Planeten, Sterne und Astronomie.
Öffnungszeiten: Veranstaltungstermine siehe Internetauftritt.
Adresse: Am Plärrer 41, 90429 Nürnberg; Tel. +49 911 9296553; www.planetarium-nuernberg.de

Unterwegs mit dem Nachtwächter von Pottenstein.

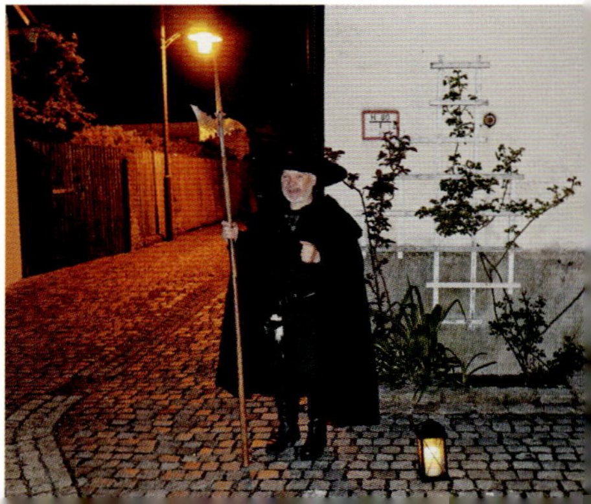

Stichwortverzeichnis